D1724976

Sandra Schubert

Happy Sales

Sandra Schubert

Happy Sales

**Mit Motivation und Organisation
zum Erfolg im Verkauf**

2. Auflage

WILEY

WILEY-VCH Verlag GmbH & Co. KGaA

2. Auflage 2020

© **2020 Wiley-VCH Verlag GmbH & Co. KGaA,
Boschstr. 12, 69469 Weinheim, Germany**

**Bibliografische Information
der Deutschen Nationalbibliothek**

Die Deutsche Nationalbibliothek
verzeichnet diese Publikation in der
Deutschen Nationalbibliografie;
detaillierte bibliografische Daten sind
im Internet über http://dnb.d-nb.de
abrufbar.

Umschlaggestaltung: Torge Stoffers,
Leipzig
Icons: © Erahn Ergin – fotolia.com
Satz: Lumina Datamatics Ltd
Druck und Bindung: CPI books GmbH,
Leck

Print ISBN: 978-3-527-51019-1
ePub ISBN: 978-3-527-82979-8

10 9 8 7 6 5 4 3 2 1

Was Sie von Happy Sales erwarten dürfen

Happy Sales bedeutet Verkaufslust statt Verkaufsfrust!

In unserer Zeit der digitalen Kommunikation ist der gelungene, zwischenmenschliche Kontakt extrem wichtig: Erfolg hat, wer mit Lockerheit und Leichtigkeit täglich aktiv verkauft und an den Begegnungen mit seinen Kunden Spaß hat. Deshalb lautet **die *Happy Sales* Kernaussage: glücklicher Verkäufer – glücklicher Kunde.**

Auf Basis der Positiven Psychologie und der Verkaufserfahrung der Autorin bekommen Verkäufer zahlreiche pragmatische Tipps, wie sie permanent glücklich im Verkauf werden. Und zwar unabhängig von konjunkturellen Einflüssen und der aktuellen Auftragslage.

***Happy Sales* sorgt nicht nur für mehr Motivation, sondern auch für mehr Erfolg im Vertrieb und Verkauf.**

Mit Hilfe einer klaren Verkaufsstrategie und einer zeitgemäßen Verkaufsgesprächsführung unterstützt die Methode Unternehmen und deren Mitarbeiter dabei, auf das heute veränderte Kundenverhalten effektiv einzugehen.

***Happy Sales* liefert wirksame organisatorische Werkzeuge, um Freiräume zu schaffen für den aktiven Vertrieb.** Ein gut funktionierendes Selbst- und Zeitmanagement schafft die Grundlage für klar definierte Prioritäten und eine gut geplante, möglichst stressfreie Arbeitswoche. So bleibt endlich Zeit für die wirklich wichtigen Dinge – Neukundengewinnung und Spaß am Verkaufserfolg.

Inhalt

Einleitung: Mit Happy Sales »fit for Future Sales«

Am Anfang einer neuen Dekade, den 2020er Jahren, steckt die Geschäftswelt in einer Phase der Disruption und Transformation. Das lesen Sie auf jedem Business- und Newsportal, in der Wirtschaftspresse und in jeder Fachzeitung. Vielleicht spüren Sie die Auswirkungen auch selbst? Auf jeden Fall beschäftigen die radikalen Umbrüche unsere Psyche, und das nicht gerade positiv. Veränderungen machen den meisten von uns Angst. Unser Gehirn kann die Risiken schwer einschätzen und reagiert mit Stressmechanismen, um unser Überleben in unsicheren Zeiten zu sichern. Zusätzlich hängt die Rezession wie ein Damoklesschwert über uns. Keiner weiß aktuell, ob sie nach einer langen Phase des Aufschwungs kommt und wenn ja in welchem Ausmaß! Genau in diesem Szenario sind die *Happy-Sales*-Philosophie und ihre Handlungsempfehlungen notwendiger und hilfreicher denn je,

- weil Sie mit Hilfe der praktischen Tipps aus der Positiven Psychologie tagtäglich etwas für Ihr Glücksempfinden tun können und sollten.
- weil eine optimistische Grundhaltung, die Sie beim Lesen dieses Buches unweigerlich entwickeln werden, Ihren Fokus auf die positiven Dinge des Lebens richtet und Sie widerstandsfähiger gegen die Rückschläge im Verkauf werden lässt.
- weil *Happy Sales* Ihnen einen neuen, bejahenden und frischen Verkaufsansatz und eine ebensolche Einstellung vermitteln wird.

Happy Sales bedeutet, jeden Kundenkontakt zu einem Glückserlebnis für beide Seiten zu machen – für Kunde und Verkäufer! Wer heute und morgen Erfolg im Verkauf haben will, braucht das richtige Mindset. Für tragfähige, langfristige Kundenbeziehunen gilt es eine Symbiose herzustellen, eine Beziehung aus der beide Seiten gleichermaßen profitieren. Ich nenne das »symbiotic selling«, also symbiotisches Verkaufen. Diese Einstellung passt hervorragend in unser Zeitalter der Digitalisierung, denn der Mensch steht als Gegenpol zur Technologie mehr denn je im Mittelpunkt.

Das heißt nicht, dass wir Internet, neue Software & Apps, sowie künstliche Intelligenz ignorieren sollten – im Gegenteil! Es gilt die Chancen der Digitalisierung für uns und unser Business zu nutzen, um uns mit Hilfe der Technik lästige, zeitaufwändige Prozesse vom Hals zu schaffen und uns mehr auf unsere Kernkompetenz, der emotionalen statt künstlichen Intelligenz im Verkauf zu konzentrieren. Um »fit for future sales« zu sein, sollten wir auf jeden Fall unsere Verkaufsstrategie und Verkaufsgesprächsführung updaten. Genau dabei hilft Ihnen besonders das Kapitel 6 in diesem Buch.

Wenn wir schon über »fit for future sales« nachdenken, sollten wir uns natürlich zu allererst auch fragen, ob das Verkaufen bald nebensächlich wird? Auf gar keinen Fall, denn der Kunde ist zwar informierter, aber gleichzeitig auch unentschlossener denn je. Er kann jederzeit, jedes Produkt und jede Leistung von überall her beziehen. Genau diese Vielfalt der Möglichkeiten macht ihm zu schaffen. Ich nenne dieses Phänomen »Zuvielisation«. Die aus dieser Vielfalt folgenden negativen Randerscheinungen, die »Zuvielisationskrankheiten«, lauten »Aufschieberitis« und »Vergleicheritis«, denn komplexe Entscheidungen sind unbequem für unser Gehirn und werden lieber vertagt als getroffen. Das gilt besonders auch für Kaufentscheidungen. Wenn nicht ein beherzter Verkäufer die Rolle des Guides im Angebotsdschungel übernimmt, der den überinformierten, und leider immer häufiger auch menschlich isolierten Kunden, mit Empathie und Charisma den Entschluss leicht macht. Dafür braucht es allerdings einen ehrbaren Verkäufer, der das Herz am rechten Fleck hat und geschickt den Nutzen des Kunden mit dem eigenen Nutzen verbindet. Einen echter Happy Seller eben!

Was macht die *Happy-Sales*-Strategie und dieses Buch aus?

Happy Sales ist ein gelungener Mix aus strategischer, emotionaler und organisatorischer Selbstführung. Es ist nicht nur Strategie, sondern auch Philosophie und Methode gleichermaßen. »Führ dich selbst, bevor du andere führst!«, dieses Credo gilt nicht nur für Führungskräfte, sondern gerade auch für Verkäufer! Die Fähigkeit der positiven Selbstführung brauchen wir im Vertrieb mehr denn je, denn auch wir leiden unter zu vielen Informationen, zu vielen Möglichkeiten und zu vielen Ablenkungen. Wir als Verkäufer, Dienstleister und Unternehmer sind natürlich ebenfalls nicht immun gegenüber den »Zuvielisationskrankheiten« in unserer agilen, komplexen und digitalen Welt.

Happy Sales beinhaltet wichtige Elemente aus:
- der Positiven Psychologie, der anerkannten wissenschaftlichen Glücksforschung,
- Verkaufsstrategie, Verkaufsgesprächsführung und meinen jahrzehntelangen Verkaufserfahrungen,
- Verhaltenstypologie, Stärkenforschung und Motivation, sowie
- Selbstorganisation und Zeitmanagement.

Ein bunter Strauß an Themen, so spannend und abwechslungsreich wie das Verkaufsleben selbst, und dabei nie abgehoben, sondern immer praktisch verankert – das zumindestens ist meine Absicht als Autor und das Feedback meiner Leser der letzten *Happy-Sales*-Ausgabe.

Sie zu inspirieren, zu unterhalten und Sie vor allem als Verkäufer*in noch glücklicher und erfolgreicher zu machen, das ist mein Ziel mit *Happy Sales*. Ich wünsche Ihnen viel Spaß beim Lesen und vor allem beim Umsetzen – damit Sie tagtäglich aktiv und glücklich verkaufen und sich und Ihre Kunden glücklich machen!

Rosenheim, im Februar 2020

Ihre SCHUBs, Sandra Schubert

1. Verkaufen macht glücklich

Glück im Verkauf und glücklich sein im Verkauf, oder sogar durch den Verkauf, sind zwei komplett unterschiedliche Themen: »Glück zu haben« wird im Deutschen oft mit zufälligem Glück gleichgesetzt. Und gerade darum geht es bei *Happy Sales* nicht! *Happy Sales* bedeutet: glücklicher Verkäufer – glücklicher Kunde! Warum? Wenn wir lieben, was wir tun und die schönen Seiten unseres (Berufs-)Lebens genießen, dann fließt positive Energie und die spüren wir nicht nur selbst, in dem wir die Welt positiver wahrnehmen und öfters mal Zeit und Raum vergessen, also in dem sogenannten Flow-Zustand kommen. Diese Energie spürt vorallem auch unser Kunde durch unser Glückscharisma – unsere authentische, fröhliche und überzeugende Wirkung. In der Folge verkaufen wir leichter und erfolgreicher, was uns wiederum glücklicher macht. Nun ist es an der Zeit, dass wir uns gemeinsam mit den Grundlagen der Positiven Psychologie, der wissenschaftlichen Glücksforschung beschäftigen und dadurch für unsere tägliche Verkaufsrolle lernen und profitieren!

Was ist Glück überhaupt?

Martin Seligman benutzt den Begriff »Glücklichkeit«. Damit meint er nicht nur momentane positive Glücksgefühle, sondern versteht darunter ein »gutes Leben« im Sinne eines erfüllten Lebens zu führen. Glück bedeutet nach Ed Diener, einem weiteren sehr bekannten Wissenschaftler auf dem Gebiet der Positiven Psychologie mit dem Spitznamen »Dr Happiness«: »die Fähigkeit, ein anhaltendes, subjektives Wohlbefinden zu verspüren«. Subjektives Wohlbefinden umfasst sowohl das Verhältnis von positiven gegenüber negativen Emotionen, als auch die persönliche Zufriedenheit mit den Rahmenbedingungen des eigenen Lebens. Das Rezept für dieses subjektive Wohlbefinden

(SWB) setzt sich demnach aus verschiedenen Zutaten zusammen. Glück ist zum Beispiel im Wesentlichen davon abhängig, wie stark jemand in seinem sozialen Umfeld verwurzelt ist und wie sehr er den Kontakt zu seinen Mitmenschen lebt und als Freude empfindet. Eine weitere wichtige Zutat ist die Genussfähigkeit im Alltag: Wie stark ist der Verkäufer in der Lage, kleine Momente des Glücks in seinen eigenen Verkaufsalltag zu erleben und zusätzlich zu integrieren? Klingt simple, ist aber im hektischen Vertriebsalltag praktisch gar nicht so einfach!

Mindestens genauso wichtig für das subjektive Wohlbefinden ist die Frage, wie sehr der Verkäufer sein berufliches Wirken für sinnvoll empfindet und welche Erfüllung er dadurch verspürt. Und es kommt darauf an, wie gut er sich in seinem Umfeld persönlich weiterentwickeln kann, also gefordert und gefördert wird. Sinn und Erfüllung im Beruf sind zwei Komponenten, die gerade im Business extrem in Mode sind und oft als »Purpose« bezeichnet werden. Unternehmen übernehmen zunehmend Verantwortung und möchten ihren Mitarbeitenden Sinn und Erfüllung durch das Berufsleben bieten.

Auch wenn dieses Umdenken Richtung Glück im Business vielleicht nicht immer ganz freiwillig erfolgt, sondern vorallem auch als Aushängeschild für Mitarbeiter- und Kundenloyalität verwendet wird, so begrüße ich diese Entwicklung ausdrücklich. Sie bietet uns einen notwendigen Anker in unserer agilen und digitalisierten Welt.

Die Positive Psychologie unterscheidet zwischen zwei Arten von Glück: dem hedonistischen und dem eudaimonischen Glück. Das hedonistische Glück könnte man auch als »Wohlfühlglück« oder einfach als »Freude« bezeichnen. Das eudaimonische als »Glück durch Erfüllung«, »Werteglück« oder »Leistungsglück«, wie mein Speakerkollege Gabriel Schandl es sehr treffend bezeichnet. Meine persönlichen Erfahrungen decken sich mit der Meinung der Philosophen, Psychologen und Neurologen: Es braucht beide Komponenten, um langfristig wirklich glücklich zu sein.

Wissen Sie was das Schöne ist? Ich bin der Meinung, der Verkäuferberuf bietet zahlreiche Möglichkeiten, um auf beiden Feldern tagtäglich Glückspunkte zu sammeln. Immer vorausgesetzt, wir vergessen vor lauter Erfolg das Genießen und Feiern nicht ☺.

Das Glück im Verkauf, das sie mit Hilfe von Happy Sales finden bzw. verstärken können, meint dieses »subjektive Wohlbefinden« und die »Glücklichkeit« als Lebenszustand und nicht nur das Erleben von flüchtigen Glücksmomenten oder die scheinbaren Glücksfälle, die man auch als »Zufallsglück« beschreiben könnte.

Ist Glück angeboren? Kurzfristige Hochstimmung oder anhaltend hoher Glückslevel?

Seit der »Happiness Twin Studie«, die von Professor Lykken in den 1980er Jahren in Minnesota durchgeführt wurde, wissen wir aufgrund der umfangreichen Untersuchungen an eineiigen Zwillingen, dass die Fähigkeit, anhaltendes Glück zu empfinden, zum Teil genetisch bedingt ist. Man hat eineiige Zwillingspaare untersucht und zwar sowohl Paare, die zusammen aufgewachsen sind, als auch solche, die getrennt voneinander groß geworden sind. Bei der Beobachtung der Zwillinge wurde festgestellt, dass der genetisch angeborene Glücksfixpunkt genau gleich ausgeprägt ist und nicht, wie zunächst vermutet, von den äußeren Umständen abhing, in denen die Kinder aufgewachsen sind.

Jeder von uns hat einen bestimmten Glücksausgangspunkt, einen sogenannten Glücksfixpunkt geerbt. Dieser genetische Fixpunkt ist eine Art Nullpunkt, zu dem wir nach großen Enttäuschungen oder großen Triumphen immer wieder zurückkehren.

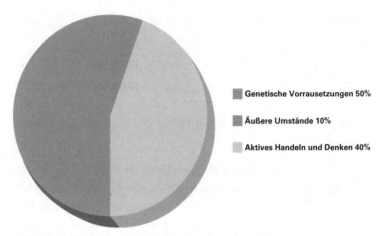

■ Genetische Vorrausetzungen 50%

■ Äußere Umstände 10%

■ Aktives Handeln und Denken 40%

Abbildung 1: Der Glückskuchen auf Basis des Tortendiagramms von Lyubomirsky

In einer weiteren, sehr umfassenden Studie hat die Forscherin Sonja Lyubomirsky die Unterschiede des Glücksempfindens einer sehr großen Personengruppe untersucht. Dabei hat sie das sogenannte Tortendiagramm veröffentlicht (siehe auch Abbildung 1 »Der Glückskuchen«).

Die Forschungsergebnisse von Lyubomirsky zeigen, dass ungefähr 50 Prozent unseres Glücksempfindens von unseren Genen abhängen. Weitere 10 Prozent unseres Glücksniveaus sind von unseren äußeren Lebensumständen abhängig und ganze 40 Prozent werden durch unsere alltäglichen Verhaltensmuster, Handlungen und Gedanken beeinflusst. Und obwohl dies durchschnittliche Werte aus der untersuchten Personengruppe sind, wird deutlich: Hier liegt ein enormes Potenzial zur Steigerung unseres persönlichen Glücks. Die gute Nachricht ist: Durchschnittliche 40 Prozent Anstieg unseres Glücksniveaus haben wir durch aktives Gestalten selbst in der Hand!

Martin Seligman hat diese Erkenntnisse mit seiner Glücksformel folgendermaßen definiert:

G= V + L+ W

G steht dabei für das aktuelle Glücksniveau. V für die vererbte Bandbreite, also den eigenen Glücksfixpunkt. L für die äußeren Lebensumstände und W für das willentlich beeinflussbare Verhalten.

Fazit aus der Happiness Twin Studie, dem Tortendiagramm und der Glücksformel:

Ziel ist es, Ihr subjektives Wohlbefinden durch aktives Glückstraining über Ihre Grundveranlagung hinaus zu steigern und dann dauerhaft erhöht zu halten.

Das eigene Glücksniveau dauerhaft zu steigern, wie funktioniert das praktisch?

Das gelingt, in dem Sie die Zahl Ihrer positiven Gefühle und Gedanken deutlich vergrößern und diese bewusst erleben und genießen.

Happy Sales bietet Ihnen ausgezeichnete Möglichkeiten, wie Sie die wissenschaftlichen Erkenntnisse aus der aktuellen Glücksforschung für sich nutzen können, um nachhaltig in Ihrer Verkäuferrolle und darüber hinaus glücklich zu werden. Dazu gilt es zunächst Ihr jetziges Glückslevel zu bestimmen.

Wie messe ich mein Glück?

Die Glücksforschung ist oft auf die subjektive Einschätzung der Menschen angewiesen. Martin Seligman verwendet für diese persönliche Einschätzung den sogenannten »Fordyce Emotionsfragebogen«, wie er ihn auch in seinem Buch *Der Glücks-Faktor* beschreibt und wie Sie ihn auch online unter https://www.authentichappiness.sas.upenn.edu/de/testcenter finden. Natürlich kommt es vor, dass Menschen bei der subjektiven Einschätzung mit unterschiedlichem Maß messen, aber das ist hier nicht entscheidend. Entscheidend ist, dass Sie sich darüber bewusst werden, wie glücklich Sie sich momentan fühlen. Sie können das für sich beantworten, indem Sie sich auf Ihren umfassenden, persönlichen Glückszustand konzentrieren oder sich auf Ihren beruflichen Kontext, zum Beispiel als Verkäufer oder Unternehmer, fokussieren.

Übung:

Auf einer Skala von 0 bis 10, wobei 0 der niedrigste Wert und 10 der höchste Wert ist, wie glücklich fühlen Sie sich gerade?

Beschreibung der Skala:

0   Sie fühlen sich momentan extrem unglücklich, leicht depressiv

3   Sie fühlen sich etwas unglücklich

5   neutral: Sie fühlen sich weder gut noch schlecht

7   etwas glücklich: einigermaßen glücklich und fröhlich

10   extrem glücklich: Sie fühlen sich fantastisch, schon fast euphorisch

Diese Bewertung des eigenen Glückszustandes ist immer eine Momentaufnahme. Wenn Sie mit diesem Buch arbeiten, empfehle ich Ihnen, diese Bewertung in regelmäßigen Abständen vorzunehmen.

Haben Sie Ihren momentanen Glückszustand auf der Skala markiert?

Was halten Sie dann davon nachstehende Fragen für sich zu beantworten?

Was macht Sie besonders glücklich?

*   Generell?

_____

_____

_____

_____

*   In Ihrer Verkäuferrolle?

_____

_____

_____

Wenn Sie Ihren Wert auf der Skala steigern möchten:

Was hat Sie in der Vergangenheit glücklich gemacht und was möchten Sie wieder mehr erleben und tun? Denken Sie dabei gerne an beide Glückskomponente – dem Werteglück und dem Wohlfühlglück!

_____

_____

_____

Und auf die Zukunft gerichtet:Was soll Ihr zukünftiges Glück noch vervollständigen?

_____

_____

_____

Anmerkung zur subjektiven Glückseinschätzung:

Der Wissenschaftler Daniel Gilbert schreibt im April 2012 in seinem Artikel »Glücklich im Job« im *Harvard Business Manager*: »Man kann einen Menschen fragen ›Wie glücklich bist Du gerade?‹ und ihn das Ausmaß seines Glücks anhand einer Skala bewerten lassen. Man kann die Durchblutung des Gehirns mit der

Magnetresonanztomografie oder die Aktivität der Lachmuskeln im Gesicht mit Hilfe der Elektromyografie messen. In den meisten Fällen korrelieren diese Messergebnisse sehr stark miteinander.«

Warum also zu so komplizierten Messmethoden greifen, wenn es einfach auch geht ☺.

Eine alternative Bewertungsskala zur Fordyce Skala hat Ed Diener entwickelt. Er nennt sie »Lebenszufriedenheits-Skala« (»Satisfaction with Life Scale«, SWLS). Sie können den Test auf Deutsch online machen, unter: http://bildungswissenschaften. uni-saarland.de/personal/jacobs/diagnostik/tests/free/swls_ deutsche_normen.php.

Oder, da er wirklich nur kurz und übersichtlich ist, gleich hier in Ihrem *Happy-Sales*-Buch:

Im Folgenden sind fünf Feststellungen, denen Sie vielleicht zustimmen oder die Sie ablehnen. Benutzen Sie eine der folgenden sieben Beurteilungen und schreiben Sie hinter jede Zeile die entsprechende Zahl.

7   Starke Zustimmung
6   Zustimmung
5   Schwache Zustimmung
4   Weder Zustimmung noch Ablehnung
3   Schwache Ablehnung
2   Ablehnung
1   Starke Ablehnung

Die Feststellungen:

1. In den meisten Bereichen verläuft mein Leben nahe an meinen Idealvorstellungen.
2. Meine Lebensbedingungen sind ausgezeichnet.
3. Ich bin zufrieden mit meinem Leben.
4. Bis jetzt habe ich die wichtigen Dinge, die ich haben wollte, bekommen.
5. Wenn ich mein Leben wiederholen könnte, würde ich fast nichts anders machen.

Auswertung:

Hier ist die Auswertung des Fragebogens »Lebenszufriedenheit« von Ed Diener:

Zählen Sie alle Punkte zusammen und finden Sie heraus, an welcher Stelle der Lebenszufriedenheitsskala Sie stehen.

Summe aller Punkte	Lebenszufriedenheit
35–31	Extrem zufrieden
30–26	Zufrieden
25–21	Etwas zufrieden
20	Neutral
19–15	Etwas unzufrieden
14–10	Unzufrieden
9–5	Extrem unzufrieden

Vom Homo oeconomicus zum Homo happycus

Ich habe das Glück, seit nun mehr vielen Jahren eine ganz besondere Freundin, Unternehmerin und Verkäuferin zu kennen. Sie hat mich ganz maßgeblich zu diesem Buch und zur Happy-Sales-Philosophie inspiriert.

Persönliche Glücksdefinitionen gibt es so viele, wie Menschen auf dieser Erde. Deshalb unterstützt Eva-Imana Meier als Glücks-Scout Menschen dabei, ihren persönlichen Weg zum Glück zu definieren und zu verfolgen. Hauptberuflich leitet die diplomierte Betriebswirtin sehr erfolgreich eine mittelständische Versicherungsagentur, in der sie zusammen mit ihrem Team eine ganz spezielle Verkaufsphilosophie und Unternehmensstrategie tagtäglich gewinnbringend umsetzt. Eva-Imana berichtet über Ihren persönlichen Erfolgsweg:

»Meine jahrelange Erfahrung als Unternehmerin und Vertriebsprofi hat mir gezeigt, dass wir immer emotionale Wesen sind und zwar gerade auch im Wirtschaftsleben. Das Bild vom ›Homo

oeconomicus‹, der nur auf seinen wirtschaftlichen Vorteil abzielt, ist nicht länger haltbar. Was heute angesagt ist, ist der ›Homo happycus‹, der glückliche Mensch und Verkäufer!

Unsere Entscheidungen und Handlungen werden zu einem Großteil von unseren Gefühlen bestimmt. Wenn ich meine Kunden berate, liegt meine ganze Aufmerksamkeit darin, deren echte Bedürfnisse herauszufiltern und ihnen die bestmögliche Lösung anzubieten. Das kann durchaus auch dazu führen, dass das Ergebnis einer Beratung keinen Abschluss bedeutet, sondern gegebenenfalls sogar eine Reduzierung bestehender Verträge. Meine Kunden schenken mir durch diese Vorgehensweise ihr volles Vertrauen und schätzen mein ehrliches Wohlwollen ihnen gegenüber. Sie belohnen mich durch Treue und decken ihren Versicherungsbedarf in jedem Fall über mich ab. Darüber hinaus empfehlen mich meine Kunden aus Überzeugung an ihre Verwandten, Freunde, Arbeitskollegen und Bekannten weiter.

Ich berate kompetent, herzlich und heiter und bringe so das Thema Versicherungen auf sehr entspannte und angenehme Weise rüber. Ich liefere mit meiner Leistung Schutz und Vorsorge und vermittle positive Gefühle, wie Sicherheit, Vertrauen und Vorfreude auf die Zukunft.«

Ich bringe Eva-Imana Meiers Philosophie einfach mal so auf den Punkt:

»Glückliche Verkäuferin – glückliche Kunden«, und genau darum geht es beim Homo happicus und, wie Sie bereits am Anfang des Kapitels gelesen haben, bei *Happy Sales*.

So werden Sie als Verkäufer zum Homo happycus!

Da wir gerade bei ganz wesentlichen Erkenntnissen sind, möchte ich Ihnen auch gleich das PERMA-Modell von Martin Seligman vorstellen – für mich eine der wichtigen Quintessenzen der Positiven Psychologie.

Ins Deutsche übersetzt steht P für positive Emotionen oder Gefühle. Selbstverständlich ist eine positive Grundhaltung für einen Verkäufer absolut erfolgsentscheidend.

Im Verkauf hilft es ganz klar ein Optimist zu sein. Was es mit den positiven Emotionen auf sich hat und wie man diese öfter und bewusster erleben kann, ergründen wir gemeinsam in den folgenden Kapiteln drei und sieben.

E steht für Engagement und ich verstehe darunter die eigenen Stärken zu kennen und im Verkauf einzusetzen. In der Positiven Psychologie spricht man von den »Signatur-Stärken«. Diese zu kennen und im Verkauf einzusetzen ist ein wichtiger Bestandteil von *Happy Sales*! Mehr dazu in Kapitel fünf.

R ist gleich »Relations«, übersetzt Beziehungen. Menschen, die in einem stabilen sozialen Gefüge leben und über ein gutes Netzwerk verfügen sind nachweislich glücklicher, gesünder und produktiver. Für uns im Verkauf kann eine gute, partnerschaftliche Beziehung zu unseren Kunden zu einer Quelle der Freude werden.

M steht für Meaning, also Sinn und Bedeutung. Es geht darum, den Sinn in seiner Verkäufertätigkeit zu erkennen und zu erleben. Und es bedeutet, das Interesse des Kunden mit dem Eigeninteresse zu verbinden, also eine Win-win-Situation herzustellen.

Wir werden uns ausführlich im Kapitel zwei mit Ihren Werten im Verkauf beschäftigen.

A ist gleich »Accomplishment« und heißt frei übersetzt etwas erreichen, sich erfolgreich und selbstwirksam zu erleben. Gerade die Einschätzung selbswirksam zu agieren ist für Verkäufer und Unternehmer gleichermaßen überlebensnotwendig. Gerade in Zeiten mit wenig Verkaufsabschlüssen und Aufträgen ist es wichtig auch die Stufen zum Geschäftsabschluss zu sehen und uns unsere Teilerfolge täglich vor Augen zu führen.Was Erfolg im Verkauf eigentlich bedeutet und ob es neben dem monetären auch einen nicht-monetären Erfolg gibt, das beschäftigt uns in Kapitel vier. Wie wir uns auch während verkäuferischer Durststrecken motiviert halten, erfahren wir am Ende des Buches, in Kapitel 15.

PERMA heißt im Übrigen nicht nur wegen der fünf Buchstaben so, sondern auch weil es eine Anspielung auf permanentes Wohlbefinden sein soll, meint Daniela Blickhan in ihrem Handbuch der Positiven Psychologie.

Abschließend kann ich sagen, dass PERMA für mich wie ein Executive Summary der Positiven Psychologie ist und damit auch eine effektive Kurzzusammenfassung für Glück im Verkauf.

Wenn Sie Ihre PERMA-Werte testen wollen, dann empfehle ich Ihnen den realtiv neuen Perma Profiler. Die durch das Institut für Positive Psychologie und Mental Coaching 2015 validierte deutsche Version finden Sie hier: http://www.ippm.at/perma-profiler/.

Der Verkäuferberuf – Job, Karriere oder Berufung?

Betrachten Sie Ihren Beruf als Job um Geld zu verdienen, als Zwischenstufe auf der Karriereleiter oder als Ihre Mission, Ihre Berufung? Die drei Einstellungen:
- Job: »Ich arbeite, um Geld zu verdienen!«,
- Karriere: »Ich will vorankommen und etwas erreichen!«,
- Berufung: »Durch meine Arbeit leiste ich einen wertvollen Beitrag!«

basieren auf Forschungen der Yale University. Höchstwahrscheinlich ist für Sie Ihr Verkäuferberuf eine gute Mischung aus allen drei Elementen, oder? Das ist auch durchaus okay so. Wenn wir allerdings unser Glücksempfinden steigern wollen, dann gilt es den »gefühlten Anteil der Berufung« stetig zu erhöhen. Denn die Einstellung, dass wir mit unserer Arbeit Positives bewirken, lässt uns täglich engagierter agieren und motivierter verkaufen. Es geht also um die innere Haltung, mit der wir unsere Arbeit machen. Deshalb ist es an der Zeit zu beweisen, dass der Verkäuferberuf das Zeug zum Traumberuf hat!

Die schönen Seiten des Verkäuferberufs

Der Beruf des Verkäufers ist überaus sinnvoll. Gerade im digitalen Informationszeitalter erfüllt der Verkäufer für viele Kunden eine extrem wichtige Funktion: Der Verkäufer fungiert als Guide im Angebotsdschungel, als KomplexitätsreduziererWie ein Pfandfinder hilft er dem Kunden im Dickicht der Informationen dabei, die für sich richtige Kaufentscheidung zu treffen. Immer vorausgesetzt, der Verkäufer hat nicht nur sein eigenes Wohl, sondern auch das des Kunden im Fokus.

Damit wären wir auch schon beim nächsten Grund: Der Beruf des Verkäufers ist deutlich besser als sein Image. Dem Verkaufen haftet ja oft der negative Beigeschmack des Überredens und Übervorteilens an. Gerade wenn Sie als Verkäufer partnerschaftlich verkaufen, dann können Sie jeden Tag etwas Gutes für sich und für Ihre Kunden tun, und verbessern ganz nebenbei das Image des Verkaufens.

Ich kenne kaum einen Beruf, der so viele positive Seiten aufweist, wie der des Verkäufers und damit eine gute Möglichkeit darstellt, dauerhaft glücklich zu werden. Glauben Sie nicht?

Dann lassen Sie sich von den nachstehenden positiven Aspekten überzeugen:

A. Erfolg & Anerkennung:

- Als Verkäufer bekommen Sie unverzügliche Rückmeldung bezüglich Erfolg oder Misserfolg, wobei es wichtig ist, nicht nur den Verkaufsabschluss als Erfolg zu betrachten und alles andere als Misserfolg. Das meint auch Martin Seligman mit seinem »A« in PERMA.

- Sie erfahren Wertschätzung durch Ihre Kunden, wenn diese mit dem von Ihnen gekauften Produkt oder der gekauften Dienstleistung zufrieden sind. Das schlägt sich auch in positiven Online-Bewertungen und Weiterempfehlungen nieder.
- Als Verkäufer oder aktiv verkaufender Unternehmer werden Sie insgeheim von vielen Menschen ob Ihrer Verkaufsfähigkeit bewundert. Menschen schätzen Ihren Mut, Ihr Selbstbewusstsein und Ihre Zielstrebigkeit – Sie sind wie ein Action-Held in der modernen Businesswelt und dienen Ihrem Umfeld als Vorbild!

B. Wohlstand & Fülle:

- Da ist zunächst einmal der materielle Wohlstand: Eine Tätigkeit im Vertrieb gibt Ihnen die Möglichkeit überdurchschnittlich gut zu verdienen. Außerdem kommen Sie im Außendienst meist in den Vorzug eines Firmenwagens, eines Laptops, Smartphones und weiterer Vergünstigungen.
- Durch den variablen Anteil Ihres Gehalts oder durch die Höhe der Provision steuern Sie selbst, wie viel Aufwand Sie betreiben und wie viel Sie verdienen wollen. Sie können sogar Ihr Engagement über den Jahresverlauf hinweg verändern.
- Während guter Zeiten können Sie sich ein Polster zulegen, um in konjunkturschwachen Monaten und Jahren nicht auf Ihren unmittelbaren Verdienst angewiesen zu sein. So sichern Sie sich Ihren Lebensstandard und Ihre Sorgenfreiheit.
Sie sehen, Sie haben eine Fülle an Möglichkeiten, Ihren materiellen Wohlstand selbst zu bestimmen und auszukosten. Nicht minder glücklich macht der immaterielle Wohlstand, der sich in den anderen schönen Seiten des Verkäuferlebens zeigt.

C. Abwechslung & Entwicklung:

Die Schweizer Hirnliga schreibt auf ihrer Internetseite www.hirnliga.ch: »Vielfalt im Leben hat den nachweisbar stärksten

Einfluss auf unser Wohlbefinden – weit mehr als jeder äußere Umstand wie Geld, Status oder Annehmlichkeiten.«

- Als Verkäufer werden Sie tagtäglich mit unterschiedlichen Situationen und Menschen konfrontiert. Es wird Ihnen nur selten langweilig werden.
- Sie können kreativ sein. Ja, Sie sollten sogar kreativ und findig sein. Wie würden Sie sich sonst von vorgefertigten, automatisierten Angeboten aus dem Internet abgrenzen und immer neue Lösungen für Ihre Kunden finden. Seien Sie stolz auf Ihre Empathie, Ihre Intuition und die damit zusamenhängende Kreativität!
- Ihr Beruf bietet Ihnen stetig neue Chancen, sich weiter zu entwickeln. Nirgendwo gibt es so viele Perspektiven und Karrierechancen wie im Verkauf.

D. Beziehungen & Kontakte:

- Sie pflegen gute Beziehungen zu Ihren Kunden und Interessenten. Oft entwickeln sich hieraus echte und gute Partnerschaften. Übrigens hier gilt das Resonanzprinzip: Auf die Dauer bekommen Sie die Kunden, die Sie sich wünschen.
- Zwischenmenschliche Kontakte sind ein menschliches Grundbedürfnis. Wenn Sie sich als Verkäufer nicht zu sehr in Administration und Controlling vertiefen, ist dieses Grundbedürfnis schon mal definitiv erfüllt.
- Als Verkäufer sind Sie immer auch Netzwerker. Ein gutes Netzwerk funktioniert durch Geben und Nehmen. Beides macht Freude und Freunde. Zwei wichtige Zutaten für Ihr persönliches Glück.

E. Unabhängigkeit & Selbstbestimmtheit

- Wenn Ihr Produkt stimmt und Sie nicht allzu sehr auf die Zuarbeit von Lieferanten, Entwicklern und Technikern angewiesen sind, dann sind Sie für einen Großteil Ihres Erfolges selbstverantwortlich. Das ist grundsätzlich einmal sehr positiv.

- Sie steuern selbst, wann Sie welche Kunden besuchen, wann und wie Sie reisen und wann und wie Sie Ihre Vor- und Nacharbeit machen. Sie sind Herr über Ihre eigene Zeit.
- Sie sind in und mit Ihrem Beruf unabhängig. Als Verkäufer können Sie das Unternehmen und die Branche, ja sogar das Land wechseln. Der Verkäuferberuf ist zukunftssicher und bietet Ihnen eine Vielzahl an Möglichkeiten und zwar gerade auch im Zeitalter der Digitalisierung. Sie sind kein angestellter Vertriebsmitarbeiter, sondern selbständiger Unternehmer? Dann gilt dieser Punkt umso mehr für Sie: über das aktive Verkaufen sichern Sie sich Unabhängigkeit von einzelnen Großkunden und Markttrends. Mehr dazu im nächsten Kapitel!

F. Sinn & Erfüllung

- Sind Sie ein werteorientierter, ehrbarer Verkäufer? Darunter verstehe ich den fairen Umgang mit Ihren Kunden und den Wunsch Ihrem Kunden nützlich zu sein. Wenn Sie dazu aus voller Überzeugung »Ja« sagen, dann haben Sie einen der schönsten Berufe der Welt, denn Sie können tagtäglich anderen Menschen helfen und echten Sinn stiften.
- Im Verkauf benötigen Sie die unterschiedlichsten Stärken und können diese nutzbringend einsetzen. Ihrer freien Entfaltung und geistigen Weiterentwicklung steht also nichts im Wege.
- Sich selbst und anderen Gutes tun, sorgt für seelisches Gleichgewicht und eine positive geistige Grundhaltung. Wenn Sie sich dessen bewusst sind, können Sie praktisch nicht anders, als glücklich zu sein.

Wie stark treffen die positiven Seiten des Verkäuferberufs auf Sie zu?

Ob die Rolle des Verkäufers auch Ihre Traumrolle ist, hängt davon ab, wie sehr Sie sich der positiven Seiten dieser Profession bewusst sind und wie stark Sie sie tagtäglich leben und erleben. Die nachstehenden Fragen helfen Ihnen dabei herauszufinden, wie stark der »Berufungsanteil« in Ihrer Arbeit ausgeprägt ist:

Welche positiven Seiten des Verkäuferberufs sehe ich?

_____

_____

_____

_____

Welche treffen besonders stark auf mich zu?

_____

_____

_____

_____

Welche sind für mich eher weniger relevant?

_____

_____

_____

_____

Welche will ich wieder stärker ausleben und wie kann das praktisch funktionieren?

_____

_____

_____

_____

Wenn Sie wollen, können Sie mit nachstehender Tabelle eine Ist-Analyse bzgl. der Glücksfelder machen und einen Maßnahmenplan für sich entwickeln. Außerdem gibt es noch Platz in den letzten beiden Spalten für persönliche Ergänzungen, wenn Sie noch mehr schöne Seiten des Verkaufens für sich entdeckt haben.

Berufsvorteil	Bedeutung für mich?	Momentaner Grad der Erfüllung in Prozent	Maßnahmen (Was mache ich mehr? Was mache ich weniger?)
Erfolg & Anerkennung			
Wohlstand & Fülle			
Abwechslung & Entwicklung			
Beziehung & Kontakte			
Unabhängigkeit & Selbstbestimmtheit			
Sinn & Erfüllung			

Mein Tipp zur Tabelle: Dort wo Sie den niedrigsten Erfüllungsgrad aufweist, dort sollten Sie als Erstes mit Maßnahmen zur Glückssteigerung ansetzten.

Wenn Sie erkennen, dass Sie zu wenig Gestaltungsspielraum bezüglich Ihrer Verkäuferrolle haben, dann besteht unter Umständen – je nach persönlichem Leidensdruck – die Notwendigkeit eine größere Veränderung vorzunehmen.

Vielleicht stellen Sie auch fest, dass die dargestellten schönen Seiten des Verkaufs Sie als Person zu wenig ansprechen oder Sie gar nicht damit übereinstimmen. Dann kann das ein Indiz dafür sein, dass der Verkäuferberuf oder die Verkäuferrolle nicht zu Ihnen passt. Das wäre zwar kein so schönes Ergebnis dieser Selbstreflektion, aber dennoch eine sehr wichtige Erkenntnis für Sie und Ihr eudaimonisches Glück.

Fazit:

Für mich liegt es definitiv in der Veranlagung und Verantwortung eines jeden Verkäufers, ob er oder sie dauerhaft glücklich ist. Glück ist Einstellungsache und eine Frage des Trainings. Die Investition in Ihr Glück lohnt sich in jedem Fall menschlich und wirtschaftlich. Sie können also nur gewinnen und Ihr Glückslevel anheben, also verkaufen Sie sich glücklich!

2. Die DNA des Happy-Sales-Verkäufers

Identifikation mit der eigenen Verkäuferrolle

Wie stark identifiziere ich mich eigentlich mit meinem Verkäuferberuf oder meiner Verkäuferrolle als Unternehmer? Das ist ein ganz entscheidendes Erfolgskriterium und hat große Auswirkungen auf die tägliche Motivation, aktiv zu verkaufen. In den meisten Fällen ist diese Identifikation stark steigerungsfähig. Das kann zum Beispiel daran liegen, dass in vielen Unternehmen die Funktion des Verkäufers gar nicht so klar definiert bzw. kommuniziert ist.

Einige Jahre lang habe ich ein interessantes Unternehmen sehr intensiv bei seiner vertrieblichen Ausrichtung betreut und unterstützt. Bei dieser Firma handelt es sich um den Betreiber von Seniorenwohnstiften. Die Firma ist schon sehr lange auf dem deutschen Markt tätig. Man kann sagen, sie haben das Konzept eines hochwertigen Seniorenwohnstiftes erfunden. Wie ich finde, ein ganz tolles Konzept. Es geht darum, dass Senioren ein abgeschlossenes Appartement mit Zusatzleistungen in einer gehobenen Einrichtung mieten. Neben der eigenen Wohnung stehen ihnen hervorragende Leistungen, wie zum Beispiel ein tägliches Dreigänge-Menü im À-la-Carte-Restaurant, Nutzung des Schwimmbades und der Bibliothek, Teilnahme am kulturellen und sportlichen Programm etc. zur Verfügung. Außerdem haben die Bewohner die Möglichkeit, in der eigenen Wohnung bei Bedarf kurzfristig und auch dauerhaft gepflegt zu werden.

Wie ich finde, ein wirklich tolles Angebot. Dass ich mit dieser Meinung nicht alleine bin, zeigt sich in der überwiegend sehr guten Auslastung der Wohnanlagen. Doch auch in dieser Branche nimmt der Wettbewerb zu, und jetzt komme ich ins

Spiel. Meine Aufgabe ist es, diese Auslastung noch zu erhöhen bzw. die zuständigen Mitarbeiter dazu anzuleiten. Und jetzt raten Sie mal, was auf den Visitenkarten der Verkäufer stand? »Vertragsreferenten«!

Das erste Mal, als ich eine solche Visitenkarte in der Hand hielt, war ich mehr als verdutzt. Auf meine Nachfrage hin erklärte man mir, dass die Mitarbeiter so heißen, weil sie die Verträge mit den Bewohnern abschließen. Außerdem würden sich die Vertragsreferenten nicht als Verkäufer sehen. Die meisten von ihnen hatten den Beruf gewählt, weil sie alte Menschen unterstützen wollten. Davon konnte ich mich dann in zahlreichen Begegnungen auch gleich selbst überzeugen. Trotz des tollen Produkts haben wir ungefähr zwei Jahre intensivster Zusammenarbeit gebraucht, um die Berührungsängste gegenüber dem Verkaufen abzubauen und festzustellen, dass anderen helfen und verkaufen kein Gegensatz sein muss.

Zugegeben, das ist jetzt ein extremes Beispiel aus einer Branche, die eben sehr sozial eingestellt ist, was auch gut so ist. Aber auch in anderen, weniger sozialen Branchen wird der Verkäufer nicht oft als solcher bezeichnet.

Ich habe mir mal zum Spaß alle Bezeichnungen notiert, die mir auf Visitenkarten und Social-Media-Profilen schon untergekommen sind: Gebietsleiter, Gebietsverkaufsleiter (beide Personen leiten übrigens in der Regel nur sich selbst), Bezirksleiter, Repräsentant, Gebietsvertreter, Generalagent, Handelsreisender, Vertriebsmanager, Kundenberater, Sachbearbeiter, Fachberater für …, Außendienst …Wahrscheinlich könnten wir die Liste noch beliebig fortsetzen. Und wenn Sie weitere spannende Berufsbezeichnungen kennen, dann mailen Sie mir diese bitte unbedingt. Das würde mich sehr freuen.

Warum amüsiere ich mich über diese Visitenkarten bzw. die Bezeichnungen darauf? Weil sie für mich ein Zeichen dafür sind, dass sich das Unternehmen, das die Karten ausgibt, noch nicht wirklich mit der Verkäuferrolle auseinandergesetzt hat. Vielleicht macht es sogar den weitverbreitenden Fehler, den Inhabern dieser Karten gar nicht reinen Wein einzuschenken bezüglich der Erwartungshaltung ihnen gegenüber – dass sie nämlich verkaufen sollen und nichts anderes!

Ich erlebe das immer wieder in Einstellungsverfahren für Verkäufer. Die Aufgaben neben der Kaltakquise von Kunden werden aufgebauscht und die Neukundengewinnung als scheinbare Nebensache dargestellt. Und dann wundert man sich hinterher, dass die neuen Mitarbeiter nicht aktiv verkaufen. Was soll das denn?

Neulich hatte ich zwei Teilnehmerinnen im Seminar, die wurden als Assistentinnen der Geschäftsführung eingestellt. Wenig später fanden sie heraus, dass sie eigentlich am Telefon Anzeigen für eine Wochenzeitung verkaufen sollten. Die eine fühlte sich der Aufgabe leidlich gewachsen, die andere weniger und war ziemlich demotiviert und unschlüssig, wie es weitergehen soll.

Für mich ist das eine sehr kurzfristige Denke der Unternehmen und eine sinnlose Flucht vor dem Verkaufen obendrein. Viel wichtiger erscheint es mir, sich mit dem aktiven Verkaufen zu identifizieren. Das geht allerdings nur, wenn wir mit der richtigen Einstellung verkaufen.

Der ehrbare Verkäufer – mit welchen Werten verkaufe ich eigentlich?

Ist Ihnen eigentlich schon einmal aufgefallen, dass in der deutschen Sprache die Vorsilbe »ver« meist bei Worten mit negativer Bedeutung vorkommt? Verfahren, Verletzen, Vergessen … Die Liste lässt sich beliebig fortsetzen. Kein Wunder, dass für viele

Menschen das Verkaufen auch keine positive Konnotation hat! Deshalb würde ich meine Lieblingsbeschäftigung sehr viel lieber so geschrieben sehen: »Fairkaufen«!

Das Wort »fair« ist durchaus positiv belegt und gehört zur DNA eines echten Happy Sellers. Unfairer Verkauf ist sowieso nur kurzfristig ertragreich und in der heutigen transparenten Zeit auch kaum mehr möglich. Der ehrbare Verkäufer steht für Integrität. Er hebt sich durch positive Eigenschaften, wie Interesse, Neugier und Kreativität, ab. Er zeichnet sich durch sein Wissen um die Produkte und die Bedürfnisse seiner Kunden aus. Und er macht seinen Berufsethos als »Fairkäufer« durch seine Werte erlebbar. Mit dem moralisch richtigen Verhalten machen wir nicht nur unsere Kunden glücklich, sondern tun auch etwas für unser eigenes Glück.

Während meiner Ausbildung zum Professional Speaker der GSA University gab es ein Modul, das sich mit unserer Energie als Vortragsredner befasste. In diesem Modul ging es unter anderem darum, eine klare Vision zu haben und im Einklang mit seinen Werten zu leben. Die Inhalte der Vorlesung waren grundsätzlich sehr gut und deckungsgleich mit dem, was ich in meinem Seminar »Aktiv und glücklich verkaufen mit der *Happy-Sales*-Methode« vermittle. Trotzdem wuchs im Laufe des Vormittags mein Unmut zunehmend. Kurz vor der Mittagspause war ich mittlerweile richtig aggressiv geworden und konnte mich nicht mehr auf die Themen konzentrieren. Ich fragte mich warum. Auf einmal ging mir ein ganzer Kronleuchter an Erkenntnissen auf. Was war passiert? Der Referent verhielt sich nicht im Einklang mit seinen Werten und den Werten, die er predigte. Sein von mir als mangelndes Interesse an der wirklichen Meinung der Teilnehmer wahrgenommenes Verhalten verletzte meine Werte der Herzlichkeit und Offenheit. Bei mir war ganz klar eine Schieflage auf der Beziehungsebene zum Referenten entstanden. Dadurch konnte ich mich nicht mehr auf die wichtigen und richtigen Inhalte konzentrieren, sondern war nur mehr mit meinen eigenen Gefühlen beschäftigt.

Warum erzähle ich Ihnen das? Weil die Vereinbarkeit Ihrer Werte mit Ihrer Tätigkeit ganz entscheidend für Ihre Identifikation mit Ihrer Verkäuferrolle ist. Mit Werten meine ich das, was Ihnen wichtig und wertvoll ist. Je mehr Sie Ihre Werte einbringen können, desto glücklicher werden Sie sein. Sie leben und arbeiten im Einklang mit Ihren Idealen.

Und es gibt noch eine zweite, ganz entscheidende Perspektive: Wenn Sie und Ihr Kunde die gleiche Wertebasis haben, dann wird jedes Verkaufsgespräch geradezu zum Vergnügen. Ich habe Ihnen bereits von meinem Kunden, dem Betreiber der Wohnstifte erzählt - da war das zum Beispiel so. Die Verkaufs- und Marketingleiterin war eine tolle, witzige und intelligente Frau. Immer wenn wir aufeinander trafen, waren wir nicht nur sehr effektiv, sondern auch gleichzeitig sehr kreativ. Keine Frage, das machte uns beiden richtig Spaß und die Kundenbeziehung hielt, bis sich die Entscheidersituation änderte und die Werte eben leider nicht mehr stimmten.

Sich der eigenen Werte bewusst zu werden ist nicht immer ganz einfach. Sie klar zu definieren finde ich nahezu genial, denn sie haben im Anschluss ein treffsicheres Radar bezüglich Ihrer eigenen Gedanken und Gefühle. Und genau dazu haben Sie jetzt in der nächsten Übung Gelegenheit!

Übung: Meine Ideale als Verkäufer

Sie finden nachstehend eine Skala von 130 Werten. Bitte überlegen Sie, was Ihnen in der Ausübung Ihres Berufes und in Ihrem Leben wirklich wichtig ist. Markieren Sie die zehn Werte, die für Sie persönlich entscheidend sind.

Agilität	Gelassenheit	Partnerschaft
Anerkennung	Genauigkeit	Perfektion
Arbeit	Gerechtigkeit	Persönlichkeit
Ästhetik	Gesundheit	Phantasie
Aussehen	Gewaltfreiheit	Qualität
Autonomie	Gewinnen	Reichtum
Altruismus	Glaube	Reife
Beharrlichkeit	Gleichberechtigung	Reisen
Bekanntheit	Großzügigkeit	Risikobereitschaft
Begeisterung	Harmonie	Ruhe
Bescheidenheit	Herzlichkeit	Selbstständigkeit
Bequemlichkeit	Hilfsbereitschaft	Selbstbestimmung
Bewegung	Humor	Selbstlosigkeit
Beziehungen	IdealismusImage	Selbstverwirklichung
Dazugehören	Individualität	Selbstwert
Digitalkompetenz	Integrität	Sicherheit
Disziplin	Intelligenz	Siegen
Echtheit	Intuition	Sinn
Ehre	Kompetenz	Solidarität
Ehrlichkeit	Körperliche Aktivität	Soziale Verantwortung
Eigentum	Kreativität	Spannung
Eigenverantwortung	Lachen	Sparen
Einfachheit	Lebensfreude	Spiritualität
Einfluss	Lebensqualität	Spontaneität
Einfühlungsvermögen	Lebensstandard	Status
Engagement	Leistung	Stärke
Entspannung	Lernen	Team
Entwicklung	Liebe	Technik
Erfolg	Loyalität	Toleranz
Ernährung	Lust	Umweltbewusstsein
Ethik	Macht	Unabhängigkeit
Fairness	Meinungsfreiheit	Verantwortlichkeit
Familie	Mitgefühl	Vertrauen
Flexibilität	Moral	Wahrheit
Freiheit	Mut	Weisheit
Freude	Nachdenken	Wertschätzung
Freundschaft	Nachhaltigkeit	Wettbewerb
Führung	Natürlichkeit	Wissen
Fürsorglichkeit	Naturverbundenheit	Wohlbefinden
Ganzheitlichkeit	Neugier	Wohlstand
Geborgenheit	Offenheit	Würde
Gedankenfreiheit	Optimismus	Zielstrebigkeit
Gefühle	Ordnung	Zufriedenheit

In einem zweiten Schritt überlegen Sie jetzt, welche dieser Werte Sie momentan wie stark in Ihrem Beruf einsetzen können. Wenn Sie mögen, können Sie die Verwirklichung der Werte auch mit Schulnoten bewerten. Nach dem deutschen System bedeutet dann 1=sehr gut verwirklicht und 6= ungenügend verwirklicht.

Meine zehn Top-Werte	Schulnote

Erkenntnisse aus der Übung:

Welche Werte kann ich voll ausleben? => Glücksmomente-Potenzial ☺

_____

_____

_____

Welche Werte will ich im Beruf wieder stärker einsetzen?

Wie kann ich das bewerkstelligen?

_____

_____

_____

Wenn ich Werte im Beruf nicht leben kann, wie kann ich das privat kompensieren?

_____

_____

_____

Wichtige weiterführende Übung:

Wenn Sie es jetzt noch schaffen, Ihre 10 Top-Werte auf drei bis maximal fünf Kernwerte zu reduzieren, dann haben Sie so etwas, wie Ihre Markenwerte als Verkäufer.

Wenn Sie Unternehmer sind, dann können Sie jetzt überprüfen, ob diese Werte in Ihre Marke und in Ihre Unternehmensphilosophie eingehen.

Meine Kernwerte

_____

_____

_____

Gerade in der Verkäuferrolle ist Ihre Persönlichkeit ein entscheidender Erfolgs- und Glücksfaktor. Ich darf Sie dazu ermuntern, offen über diese Werte zu sprechen, zum Beispiel in einem Kundengespräch oder wenn Sie sich persönlich vorstellen. Sie können außerdem Ihre Philosophie auf Ihrer Homepage oder Ihrem Social-Media-Profil veröffentlichen.

Wenn Sie Führungskraft sind, können Sie mit Ihren Mitarbeitern über deren Werte sprechen oder sogar bei einer Einstellung eines Verkaufsmitarbeiters auf dessen Werte achten. Wird zwar viel zu selten gemacht, ist aber sehr hilfreich und schützt vor Fehleinstellungen und vor späteren Missstimmungen im gemeinsamen Alltag!

Und noch eine kurze Anmerkung in Sachen Generationen: Die Generation Y, also die zwischen 1980 und 1990 Geborenen, wird manchmal auch als Generation »Why« bezeichnet. Nicht umsonst, denn sie hinterfragt deutlich mehr und legt sehr viel mehr Wert auf sinnvolles und wertekongruentes Handeln im Berufsleben. Das mag daran liegen, dass sie und die Nachfolgegeneration Z leider in einer sehr krisenreiche Zeit aufgewachsen sind. Seit dem 11. September 2001 beschäftigt die Welt eine Krise nach der anderen und das führt unweigerlich zu einer stärkeren Konzentration auf die wirklich wichtigen Dinge, die ein gutes Leben (vergleiche Glücksdefinitionen aus Kapitel 1) ausmachen.

Werte im Verkauf – kurzfristiges Denken oder langfristige Lösung?

Was haben Sie in der Übung »Meine Ideale als Verkäufer« für sich herausgefunden?

Ich wünsche Ihnen von Herzen, dass Sie bereits jetzt weitestgehend im Einklang mit Ihren Werten leben. Was aber wenn nicht? Ist es möglich für die fehlende Entfaltung von persönlichen Werten im privaten Umfeld einen Ausgleich zu schaffen? Das ist eine wichtige Frage, die sich jeder nur selbst beantworten kann, ja beantworten sollte. Denn sonst lebt er oder sie in einem dauerhaften Konflikt.

Die entscheidende Frage dabei ist, wie wichtig ist Ihnen dieser Wert bzw. wie schwerwiegend ist der Konflikt, der bei Vernachlässigung entsteht. Machen wir ein praktisches Beispiel. Nehmen wir einmal an, Ihr Wert »persönliche Weiterentwicklung« kommt in Ihrem momentanen Beruf zu kurz. Das ist etwas, was Sie kompensieren können durch nebenberufliche Schulungen bzw. durch eine berufsbegleitende Weiterbildung oder durch eine persönliche Weiterentwicklung in einem Ehrenamt.

Und Sie können dieses Defizit mit Ihrer Führungskraft besprechen und gemeinsam daran etwas verändern.

Oder ein anderes Beispiel: Wenn Ihnen ausreichend Zeit für Ihre Familie besonders am Herzen liegt, Sie sich aber auch sehr gerne für Ihre Kunden engagieren, dann ist es gut zu erkennen, dass beides für Ihr Glück wichtig ist. Erst mit dieser Klarheit können Sie zu einer tragfähigen Regelung im Alltag kommen. Wann und wie viel Zeit nehmen Sie sich für Ihre Kunden und welche Zeitfenster gehören fest der Familie?

Ein drittes Beispiel habe ich neulich im Training erlebt: Eine sehr sympathische Optikergesellin kam bei ihrem letzten Arbeitgeber mit dem dort vorherrschenden Verkaufsdruck nicht klar. Ihr

Chef hatte die Vorstellung, dass kein Mensch, der den Optikladen betritt, diesen wieder verlassen dürfte ohne eine Brille zu kaufen. Das widerstrebte ihr zutiefst, denn ihre Werte »Fairness« und »Ehrlichkeit« wurden verletzt. Sie hat sich dann dazu entschieden, die Arbeitsstelle zu wechseln. Jetzt fühlt sie sich wohler, ist aber von ihrem Selbstwert her so eingeschüchtert, dass dieser nach und nach wieder aufgebaut werden muss.

Das ist ein gutes Beispiel für einen Wertekonflikt im Verkauf, der essenziell und auf die Dauer nicht tragfähig ist.

Eigentlich ist ja die Denke »Das Einzige, was zählt, ist der Abschluss!« und »Hauptsächlich verkauft!« ziemlich aus der Mode geraten, dennoch hält sich diese »Hardselling-Philosophie« in manchen Vertriebsorganisationen sehr hartnäckig.

Deshalb kann ich Ihnen die folgende wahre Geschichte, die im Geschäftskundenvertrieb einer Mobilfunkfirma spielt, auch nicht vorenthalten. Sie zeigt so klar und deutlich, was ich mit einem unüberbrückbaren Wertekonflikt meine.

Herzlichen Dank an meine Kollegin Tanja Peters, Autorin des Buches *Mutmuskeltraining*, die ihr Verkaufserlebnis bei einer Mobilfunkfirma mit uns teilt:

»Nach vier Wochen ›Feldtraining‹, das aus einer Kombination von Seminaren und Kaltakquise in einem Gewerbegebiet in der Nähe von Frankfurt bestand, heißt es nun mindestens 60 Mobilfunkverträge pro Monat an Geschäftskunden zu verkaufen. Das teilt mir auch mein neuer Chef ganz stoisch jeden Tag noch mal telefonisch mit. Als könnte ich die Zielvorgabe einfach über Nacht vergessen haben. Mein Tag besteht aus fleißiger, telefonischer Kaltakquise entweder aus dem Homeoffice oder aus dem kalten Auto auf irgendeinem Parkplatz im Gewerbegebiet im winterlichen Siegerland. Nach circa 1,5 Wochen Vertriebserfahrung und meinem allabendlichen Telefonat mit meinem Chef, was immer relativ gleich abläuft: ›Na, heute was verkauft? Nein, noch immer nicht? Na, Sie wissen schon, Sie müssen dann noch 60

Verträge diesen Monat...‹ kündigt – oder sollte ich liebe sagen droht – mir mein Chef seine Unterstützung an.

Ich habe für den übernächsten Tag schon vier Termine vereinbaren können, und er wird mich begleiten, um mir mal zu zeigen, wie ein erfahrener Verkäufer vier Ersttermine in mindestens zwei bis 20 Mobilfunkverträge verwandelt. Eine Bitte hat er an mich, ich möge doch die Termine noch ein wenig umlegen, damit sie besser in seinen Tag passen. Leider führen meine Anfragen zur Terminverschiebung zur Absage und Verschiebung der Termine. Aus vier geplanten Terminen bleibt am Ende nur ein Termin übrig. Mein Chef ist alles andere als begeistert und teilt mir seine Unzufriedenheit sehr offen mit. Wir starten also ganz wunderbar in den gemeinsamen Tag. Unser erster und einziger gemeinsamer Termin verläuft sehr einseitig. Der Kunde und ich schweigen die meiste Zeit. Mein Chef jedoch zieht alle Register der vertrieblichen Gesprächsführung und baut dermaßen viel Druck im Gespräch auf, dass nicht nur unser Gesprächspartner froh ist, dass wir irgendwann gehen, sondern auch ich erleichtert aufatme. Anstelle der geplanten Termine stehen wir nun auf einem Aldi-Parkplatz im kalten Siegerland und ich darf die Gelben Seiten, auf der Suche nach weiteren willigen Geschäftskunden hoch und runter telefonieren. Das alles fühlt sich eher nach einer Strafarbeit an, als nach einem Job im Geschäftskundenvertrieb.

Mein Chef jedoch ist guter Dinge und hat sich vorgenommen, mir nicht nur nach jedem Gespräch ein entsprechendes Feedback zu geben, sondern auch die Gespräche live zu verfolgen und zu lenken. Das Telefon auf laut gestellt, versuche ich mich voll und ganz auf meinen Gesprächspartner zu konzentrieren, um diesem meine geballten Kenntnisse aus vier Wochen Vertriebstraining um die Ohren zu hauen und möglichst schnell, vielleicht sogar für heute, neue Termine zu vereinbaren. Wenig unterstützend ist dabei, dass mein Chef abwechselnd auf seine Uhr schaut oder sich an den Kopf schlägt, diesen schüttelt oder nickt und winkt. Das wilde Gestikulieren hilft jedoch nicht, denn ich verstehe nur Bahnhof und werde *zunehmend irritierter. Entsprechend schlecht fällt sein Feedback nach jedem weiteren Gespräch aus. Ich werde immer unsicherer und verzweifelter, er immer unzufriedener und meine Terminquote geht gegen Null. Irgendwann gibt mein Chef auf und möchte nach Hause fahren: ›Sie können ja noch ein bisschen Kaltakquise im Gewerbegebiet machen, damit sich der Tag dann doch noch gelohnt hat.‹ Er will los, aber kommt nicht weit. Da wir den ganzen Tag mit Klimaanlage im Auto verbracht haben, ist die Batterie seines Autos leer. Wir organisieren also gemeinsam ein Überbrückungskabel und ich fahren mein Auto von links ganz nah an sein Auto ran. So nah, dass ich nicht mehr über die Fahrerseite aussteigen kann. Da er mir mal wieder nicht erklärbare Zeichen gibt, möchte ich über die Beifahrerseite aussteigen, um live mit ihm zu sprechen. Ich versuche im engen Rock mit hohen Stiefeln auf die Beifahrerseite zu kommen und höre dabei wie die hintere Naht meines Rockes reißt, während ich mit dem rechten Fuß gerade meine Freisprecheinrichtung von der Armatur befördere. Dabei schreit mein Chef mich durch die geschlossene Tür an: ›Was machen Sie denn, bleiben Sie doch einfach sitzen.‹ Meinem Chef ist nämlich kalt und er möchte auf dem Beifahrersitz einsteigen. Ich wurschtle mich auf den Fahrersitz zurück und schaffe dies, ohne weiteren Schaden an mir oder dem Auto anzurichten. So sitzen wir im kalten Auto und warten darauf, dass seine Auto-Batterie wieder soweit aufgeladen ist, dass er gut in seinen Feierabend fahren kann. Mein Chef ist gefahren und ich bleibe sprachlos und heulend in meinem Auto sitzen. Ich hatte immer gedacht, Vertrieb hat mit Kommunikation zu tun, mit Begeisterung für ein Produkt, und damit, Menschen zu begegnen und sie zu überzeugen. Nichts davon ist mir in den letzten sechs Wochen begegnet und so steht meine Entscheidung fest: Ab morgen muss mein Chef meine 60 Verträge auch noch mit verkaufen, ich kündige.«*

Was für eine traurige und zu gleich lustige Geschichte, oder? Und noch einmal Hut ab, liebe Mutberaterin Tanja Peters, für diese Konsequenz.

Fazit:

Mein Appell an Sie lautet ganz klar: Leben Sie Ihre Ideale im Verkauf. Machen Sie Kompromisse langfristig nur dort, wo Sie Ihnen möglich sind und stellen Sie sie dort ab, wo sie Sie in Ihrem Glücksempfinden hindern. Das ist die Grundvoraussetzung für Happy Sales und dafür, dass Sie und Ihre Kunden glücklich werden.

Und es ist die Grundlage dafür, dass Sie Tag für Tag mit guter Stimmung aktiv verkaufen.

Was passiert, wenn ich zu wenig aktiv verkaufe?

Eine selbstständige Grafikdesignerin, die ich noch aus meiner ehrenamtlichen Tätigkeit bei einem Unternehmerverband kannte, besuchte neulich einen meiner Vorträge. Beim Verabschieden meinte sie: »Sandra, kannst du mich kurzfristig coachen, ich brauche dringend Neukunden!« Meine Reaktion war: »klar, gerne« und wir vereinbarten einen Telefontermin und kurz darauf das erste zweistündige Coaching.

Da wir uns, wie gesagt, schon länger kennen, gestand sie mir gleich zu Anfang: »Meine Auftragslage ist ein Desaster, ich muss dringend was ändern!« Auf meine Nachfrage hin, wie lange das denn schon so sei, meinte sie »zwei Jahre«. Ich war erst mal erschüttert. Als Vertriebsprofi kann ich mir nicht vorstellen, wie man es aushält, so lange scheinbar nur zuzusehen und nichts an der Situation zu ändern. Wie sich herausstellte, hat sie über viele Jahre sehr gut verdient und viel gearbeitet, und war schlicht und ergreifend nicht in der Lage gewesen, zusätzlich noch für Neukunden zu sorgen. Hinzu kam die Abhängigkeit von einem großen Kunden, der ihr alleine schon 60 000€ Jahresumsatz einbrachte. Irgendwann brach dieser Kunde dann weg und das

Kind war in den Brunnen gefallen. Verschlimmert wurde die Situation durch die Digitalisierung der Werbewelt. Ihre Kunden waren immer mehr zum »Do it yourself-Prinzip« übergegangen, nach dem Motto: »Ich habe auch ein Grafikprogramm auf meinem Rechner!« Außerdem ersetzen die sozialen Medien immer stärker die herkömmliche Printwerbung.

Bei meiner Klientin ging also nicht nur ein Kunde verloren, sondern gleich mehrere. Und das ohne irgendeine »Schuld«, also zum Beispiel Schlechtleistung, ihrerseits.

Wenn Sie im Verkauf oder als Unternehmer tätig sind, kennen Sie solche Situationen ganz bestimmt, oder? Und wenn nicht, dann nehmen Sie diese wahre Geschichte als kleinen Warnhinweis an. Man braucht ja schließlich nicht jeden Fehler selbst zu machen, oder?

Wie ging es mit meiner Kundin weiter? Sie ist eine ganz ausgezeichnete Kommunikationsdesignerin. Deshalb ist es mir als Coach und Ratgeberin leicht gefallen, ihr zu helfen. Gemeinsam haben wir uns wieder auf ihre Stärken besonnen, an ihrer Positionierung gefeilt und ihr Produktportfolio überarbeitet. Wir haben dafür gesorgt, dass sie sich wieder »sexy«, also begehrenswert fühlt und auch so wirkt.

Und dann habe ich ihr Stück für Stück mit klarer Anleitung beigebracht, sich aktiv selbst zu verkaufen.

Liebe Leser, müssen wir wirklich erst unsere Reserven aufzehren, um ins Handeln zu kommen? Wäre es nicht sehr viel besser, jeden Tag aktiv zu verkaufen?

Natürlich braucht das Zeit und Energie. Aber, ist es das nicht wert, wenn wir hinterher unabhängig sind von einzelnen Kunden? Wenn wir bessere Preise am Markt durchsetzen können und nicht jedes Angebot annehmen müssen?

Und wenn wir vielleicht sogar das Luxusproblem hätten, Kunden auf später vertrösten zu müssen? Und wenn wir vor allem ein strahlendes Selbstbewusstsein hätten und eine ebensolche Ausstrahlung?

Was ermöglicht mir mein aktives Verkaufen?

Wir Menschen haben ein sogenanntes bipolares Antriebssystem. Wir wollen entweder von etwas weg, was uns Angst oder Unbehagen bereitet. Wir wollen Schmerz vermeiden. Oder wir wollen zu etwas hin, was uns Lust, Freue und Glück beschert. Wir wollen zum Beispiel Freiheit und Unabhängigkeit erlangen.

Beide Antriebskräfte sind stark, wenn ich persönlich auch die »Hin-zu-Motivation« sympathischer finde. Bezüglich dieses Motivationssystems sind übrigens alle Menschen gleich. Sehr unterschiedlich ist jedoch, was der Einzelne als Schmerz oder Lust ansieht. Darum hilft es, dieses persönliche Antriebssystem gerade im Verkauf mal etwas genauer zu untersuchen.

Übung: Meine Verkaufsmotivation

Stellen Sie sich vor, Sie verkaufen jeden Tag aktiv. Ab sofort gelingt es Ihnen, dafür Tag für Tag Zeit zu finden. Sie sorgen dafür, dass Ihre bestehenden Kunden aktiv bleiben und dafür, dass Sie regelmäßig Neukunden dazugewinnen.

Was ermöglicht Ihnen dieser aktive Verkauf?

Und wie verändert sich Ihre Situation?

Was werden Sie mit Ihrem gestiegenen Einkommen anfangen?

Welche weiteren positiven Auswirkungen stellen Sie fest?

_____

_____

_____

Was passiert hingegen, wenn Sie zu wenig aktiv verkaufen?
Was wären die negativen Auswirkungen?

_____

_____

_____

Was wollen Sie unbedingt durch Ihre Verkaufsaktivitäten vermeiden?

_____

_____

_____

Die Antworten auf die positiven und negativen Konsequenzen sind wirklich sehr individuell und unterschiedlich. Auf die Frage nach der positiven Konsequenz antwortete neulich ein Verkäufer: »Ich will, dass meine Familie komfortabel und sicher lebt. Meiner Frau soll es möglich sein, unsere Kinder selbst zu betreuen und bei ihnen zu Hause zu bleiben.« Eine Frau im gleichen Kreis hingegen antwortete: »Ich will meiner Leidenschaft, dem Segeln, nachgehen und mir ein Boot leisten!« Und wieder jemand anderes möchte gerne reisen, lesen, sich weiterentwickeln.

Egal was es bei Ihnen ist, es hat eine ungeheure Kraft sich diese »Hin-zu-Motivation« kontinuierlich vor Augen zu führen. Am besten Sie malen sie sich immer wieder ganz klar aus, stellen sich die konkrete Situation vor, spüren wie sich ihre ganz persönliche Wunscherfüllung anfühlt.

Übung: Motivationsposter/Visionboard

Wie leicht ist Ihnen das Beantworten der Fragen aus der vorherigen Übung gefallen?

Wenn Sie ein eher visueller oder kreativer Typ sind, dann gibt es eine wunderbare Zusatz- oder Ersatzübung zur Ergründung Ihrer »Von-Weg-« oder »Hin-Zu-Motivation«: Fertigen Sie Ihr eigenes Motivationsposter – gängig ist auch der aus dem Englischen stammende Begriff »Vision- oder Dreamboard« - an!

Erst kürzlich habe ich selbst für mich wieder ein solches Motivationsposter in Form einer Collage erstellt und ich kann Ihnen sagen, das hat echt Power! Erstens werden Ihnen bei der Erstellung dieses »Traumbildes« Ihre Ziele und Wünsche klar. Sie wissen hinterher wieder ganz klar, wofür Sie täglich aktiv verkaufen. Zweitens macht es Spaß und sie gewinnen bereits beim Anfertigen viel Energie für den aktiven Verkauf. Und drittens ist es eine wunderbare Visualisierung, die Ihnen auch über die Erstellung hinaus hilft.

Wie gehen Sie bei der Erstellung Ihres persönlichen Visionboards vor?

Die einfachste Methode ist es, Zeitschriften, Bilder, Postkarten und Überschriften zu sammeln, die Sie persönlich ansprechen. Dann nehmen Sie sich ein großes Blatt Papier, idealerweise mindestens im A3-Format. Was auch gut ist, ist ein Blatt eines großen Malblockes oder wenn Sie haben ein Flipchart-Papier. Des Weiteren brauchen Sie noch einen Klebestift und bunte Stifte, falls sie manuell etwas ergänzen wollen. Und schon kann es losgehen: Seien Sie kreativ und fügen Sie die Bilder auf dem Blatt Papier zu Ihrer Verkaufsvision zusammen. Der Aufbau der Collage bleibt vollkommen Ihnen überlassen. Sie können zum Beispiel am linken Blattrand Ihre »Von-Weg-Motivation« darstellen und auf der rechten Seite Ihre »Hin-zu-Antreiber« visualisieren. Das ist aber nur ein unverbindlicher Vorschlag meinerseits. Sie können Ihre

Werte miteinfließen lassen und Ihre persönlichen Stärken, die Sie im aktiven Verkauf einsetzen. Einfach alles, was für Klarheit und Motivation sorgt. Noch besser fließt Ihre Kreativität, wenn Sie für eine ansprechende Atmosphäre mit schöner Musik, Duft und einem tollen Getränk sorgen.

Mein Extratipp: Collagen anfertigen macht auch in Gesellschaft Spaß. Es ist eine tolle Übung für Verkaufsteams, Unternehmerfreunde, Peergroups und Erfolgsteams. Im Anschluss an die »Kreativsession« stellt jeder seine Collage vor. Das schafft noch mehr Klarheit, Motivation und Verbindlichkeit.

Ist das Motivationsposter dann fertig, sollten Sie es unbedingt in Sichtweite aufhängen, idealerweise gegenüber Ihrem Schreibtisch, damit Sie es zum Beispiel beim Telefonieren sehen.

Oder Sie speichern Ihr Motivationsbild zusätzlich als Hintergrundbild auf dem Smartphone oder I-Pad/Tablet ab. Ich zähle da auf Ihren Erfindungsreichtum. Wichtig ist, die Collage öfters anzuschauen und präsent zu haben.

Je nach Gestaltung hilft Ihnen dieses Bild definitiv bei Durchhängern und auch bei der Bekämpfung von negativen Glaubenssätzen und aufkommenden Selbstzweifeln.

Entwickeln Sie positive Glaubenssätze im Verkauf!

Nach Identifikation und Werten sind wir nun bei einem weiteren, wichtigen Bestandteil unserer *Happy-Sales*-DNA angelangt: unseren Denkmustern, den Glaubenssätzen. Unsere Glaubenssätze, also unsere ganz persönlichen Wahrheiten, beeinflussen unser Denken, unsere Emotionen und unser Verhalten. Unsere Glaubenssätze sind Meinungen und Überzeugungen, entstanden aus unseren Erlebnissen und Erfahrungen. Oft haben wir auch Glaubenssätze unserer Eltern oder anderer Vorbilder übernommen. Glaubenssätze sind wie Untertitel, die im Film unseres Lebens mitlaufen. Die Frage ist nur, sind wir uns dieser Botschaften bewusst oder laufen sie scheinbar unbemerkt mit?

Einer meiner Überzeugungen, die mir meine Eltern mit auf den Weg gegeben haben, ist: »Streng Dich an, dann bringst Du es zu was!« Dieser Satz ist so nicht wortwörtlich gefallen, aber war bestimmt so ähnlich formuliert oder tauchte immer wieder in Variationen auf. Dieses Leistungsbewusstsein macht mich zum Beispiel im Verkauf recht erfolgreich. Auf der einen Seite. Auf der anderen Seite erzeugt diese Grundprägung auch gehörigen Druck. Sie kennen bestimmt auch Glaubenssätze wie »Glück hat nur der Tüchtige« oder »Jeder ist seines Glückes Schmied«. So formuliert vermitteln diese Aussagen unheimlich Stress. Sie erzeugen manchmal mehr Druck als nötig. Was meine ich damit? Ich verfüge zum Beispiel über ein extrem gutes Netzwerk und viele zufriedene Kunden. Dadurch werde ich immer wieder weiterempfohlen und habe so ohne scheinbares Zutun meinerseits automatisch einen gewissen Zustrom an Neukunden. Ich schreibe bewusst »ohne mein scheinbares Zutun«, denn ich investiere sehr wohl viel Energie in mein Netzwerk und meine Kundenbeziehungen. Ein positiver Glaubenssatz heißt in dem Fall: »Ich gebe mein Bestes für meine Kunden und freue mich, wenn sie mich dadurch weiterempfehlen!«

Dieser Glaubenssatz ist wie eine positive Handlungsanweisung für mich. Er erlaubt mir Zeit in mein Netzwerk zu investieren und gibt mir gleichzeitig das Selbstbewusstsein, um meine Kunden konkret nach Empfehlungen zu fragen.

Wie ich finde, ist dies ein schönes Beispiel dafür, dass unsere Denkmuster sowohl hinderlich als auch förderlich sein können, je nachdem wie wir sie formulieren.

Und fällt Ihnen beim Lesen dieser Zeilen schon spontan einer Ihrer Glaubenssätze ein?

Wie bewusst ist Ihnen diese Einstellung bis dato gewesen? Stärkt Sie diese Überzeugung oder schwächt sie Sie eher?

Ist Ihr Glaubenssatz positiv formuliert, dann ist alles gut. Wenn er negativ formuliert ist, dann schauen Sie doch mal, ob Sie daraus nicht einen »Erlauber«, einen Energie- oder Kraftsatz machen können, wie in meinem Beispiel mit der Empfehlung.

Ein Glaubenssatz, der mich definitiv geprägt hat und bis heute begleitet, wurde mir von meinem ersten Direktor und obersten Vorgesetzten in der Bank geschenkt. Er war ein richtiger Grandseigneur mit einer persönlichen Ausstrahlung, an die ich mich auch nach über zwanzig Jahren immer noch sehr deutlich erinnere. Es gab nicht viele Begegnungen mit diesem Vorgesetzten, denn er hatte ein großes Verantwortungsfeld und ich war nur eine unter vielen Mitarbeitern. Und dennoch erinnere ich mich ganz genau, wie er zu mir als frisch ausgelernte Bankkauffrau sagte: »Fräulein Schubert, merken Sie sich eines, Ihr Lächeln kostet Sie scheinbar nichts, bedeutet für unsere Kunden aber die Welt!« Diese einfache und doch so wirksame Philosophie verkörperte mein damaliger Chef übrigens auch persönlich. Sie war spürbar, greifbar und fühlbar. Ich freue mich immer ganz besonders, wenn mich meine Kunden als Frohnatur bezeichnen, denn ich weiß, dass heute noch mehr als damals mein Lächeln die Leute ansteckt. Gibt es etwas Schöneres, als Menschen mit gelebten Glaubenssätzen positiv zu beeinflussen?

Zurück zum Verkauf. Dummerweise gibt es auch einen sehr hinderlichen Glaubenssatz, der weit verbreitet ist und uns Verkäufern das Leben schwer macht: »Nimm nichts von Fremden!« Das bekommt jedes Kindergartenkind eingeimpft und das verfolgt uns bis ins Erwachsenenalter. So lapidar wie es klingt, ich glaube, er hindert uns im Verkauf auch daran, ein gesundes Selbstbewusstsein zu entwickeln. Nach einem Vortrag kam neulich ein sympathischer Mann auf mich zu und fragte: »Frau

Schubert, wie schaffen Sie es immer wieder, wildfremde Menschen anzurufen, die sie doch nicht kennen und die sie nur stören?« Einen Moment war ich sehr erstaunt, dann freute ich mich über seine Ehrlichkeit und seine Offenheit. Ich blickte ihn an und antwortete:»Woher wollen Sie wissen, dass ich die Menschen nur störe? Womöglich kann ich meinem Gesprächspartner durch mein Angebot einen großen Nutzen stiften. Auf jeden Fall kann ich ihn erheitern und für Abwechslung in seinem Alltag sorgen!«

Vor dieser Begegnung hatte ich im Vortrag über »Verkaufen auf Augenhöhe« gesprochen. Ein ganz wichtiges Thema, ohne das dieses Buch nicht komplett wäre, und ohne dessen Umsetzung alle Weisheiten in diesem Werk umsonst wären.

Ein Happy Seller verkauft auf Augenhöhe!

Viele von Ihnen werden das Kommunikationsmodell kennen und die verschiedenen Ich-Ebenen aus der Transaktionsanalyse. Stark vereinfacht geht es darum, dass in der Kommunikation zunächst alles auf der Beziehungsebene stimmen muss, damit die Botschaft auf der Sachebene klar vom Sender zum Empfänger transportiert werden kann. Dabei hat der Sender, zum Beispiel wir als Verkäufer, die Verantwortung, dass der Empfänger = zum Beispiel der Kunde die Information auch richtig versteht. In einem guten Verkaufsgespräch – damit meine ich einen ausgewogenen Dialog zwischen Verkäufer und Kunde – wechseln die Rollen des Sender und Empfängers natürlich beständig hin und her!

Als Verkäufer können wir die Beziehungsebene zum Kunden in mehrerlei Hinsicht positiv beeinflussen. Indem wir uns zum Beispiel am Anfang eines Kundengesprächs bewusst dafür Zeit lassen, den anderen als Mensch wahrzunehmen und Vertrauen aufzubauen. In dem wir gut gelaunt in ein Gespräch gehen, beschließen, dem Kunden erst mal einen Sympathievorschuss zu geben und ihm dies auch mit einem Lächeln signalisieren. Und indem wir dafür sorgen, dass wir mit einem gesunden Selbstbewusstsein in die Kundenbegegnung rein gehen, mit der Grundeinstellung: »Ich bin okay – Du bist okay!«

Abbildung 2: Verkaufen auf Augenhöhe

In der Abbildung 2 sehen wir das Sender-Empfänger-Modell mit der förderlichen Gesprächsebene »Ich bin okay – Du bist okay«. Durch diese Grundeinstellung sorgt der Verkäufer dafür, dass die Informationen auf der Sachebene fließen können. Er stellt damit die entscheidenden Weichen für einen positiven Verlauf des Verkaufsgesprächs.

Warum diese Gesprächsebene so entscheidend ist, zeigen die nachfolgend beschriebenen Abweichungen und Beispiele.

Verkäufer mit mangelndem Selbstbewusstsein, sei es generell oder situationsbedingt, verkaufen oft in dem Ich-Zustand »Ich bin nicht okay – Du bist okay«, im Schauspiel auch Tiefstatus genannt. Die eben angesprochene Situation der Telefonakquise ist dafür ein gutes Beispiel. Wenn ich mit dem Bewusstsein zum Hörer greife »wahrscheinlich störe ich nur« oder »der braucht ja eh nichts!« wird das meine Stimme, meine

Sprechweise und meine Wortwahl beeinflussen. Ich werde zögerlich, wenig zuversichtlich und schon gar nicht fröhlich klingen. Ein ähnliches Problem haben Verkäufer, die nicht hinter ihrem Preis stehen oder in Verhandlungen dazu neigen, dem anderen zu sehr entgegenkommen zu wollen. Sie werden wenig überzeugend auftreten und ihre Preise eben auch nicht durchsetzen.

Die Überzeugung »Ich bin nicht okay« wird im Verkauf einen großen Teil dazu beitragen, dass wir immer wieder Enttäuschungen erleben, da wir selbst durch unsere Erwartungshaltung oft genau solche Situationen anziehen, in denen wir unsere oftmals unbewussten Denkmuster bestätigt sehen.

Bei erfolgsverwöhnten Verkäufern mit großem Erfahrungsschatz und entsprechendem Auftreten ist oft genau das Gegenteil der Fall. Sie laufen häufig mit dem Glaubenssatz »Ich bin okay – Du bist nicht okay«, im Schauspiel Hochstatus genannt, durch die Gegend. Selbstverständlich wirkt sich auch das auf ihr Kommunikationsverhalten aus. Oft werden sie von anderen als arrogant, intolerant und dominant beschrieben. Diese Verkäufertypen sind Mitschuld an dem schlechten Ruf des Verkaufens.

Aber Achtung, wir können auch auf einzelne Situationen bezogen in die Ebene »Ich bin okay – Du bist nicht okay« kommen, wenn uns zum Beispiel ein Gegenüber nicht sympathisch ist, welches sehr dominant auftritt oder sich im Recht wähnt.

Denken Sie zum Beispiel klassischerweise an eine Situation, in der der Kunde aus unserer Sicht unberechtigterweise reklamiert. Wetten, dass derjenige das recht schnell mitbekommt und dann noch mehr aufdreht. Und da ist dann unser Glaubenssatz auf wunderbare Weise wieder bestätigt. Wir denken: »Der war doch jetzt wirklich unverschämt mit seinen Forderungen und seinem Kommunikationsstil. Sein Verhalten war wirklich nicht okay!«

Ganz gefährlich wird es, wenn wir mit dieser Erkenntnis in das nächste Kundengespräch gehen, denn die Situation wird sich wiederholen und verschärfen, so lange bis wir erkennen, welcher selbststeuernde Mechanismus gerade abläuft.

Die innere Haltung »Ich bin okay – Du bist okay« bedeutet, seinem Gesprächspartner offen, neugierig, freundlich und doch souverän und selbstsicher zu begegnen. Eben auf Augenhöhe – mit echtem Interesse an seinem Gegenüber und mit einem gesunden Bewusstsein, dass es bestimmt etwas gibt, was ich kann oder habe, was meinem Kunden weiterhelfen wird.

Ein Überzeugungssatz, der Kraft spendet!

»Ich bin okay – Du bist okay« heißt für mich angewandt auf das aktive Verkaufen: »**Ich habe ein wertvolles und nützliches Angebot! Der Kunde darf selbst entscheiden, wann er dieses Angebot annimmt!**«

Damit kennen Sie meinen Glaubenssatz im Verkauf. Aber pssst, verraten Sie ihn nicht an meine Kunden ☺. Es ist überaus hilfreich, wenn Sie Ihren positiven Glaubenssatz kennen, ihn formulieren und schriftlich festhalten.

Ich habe mir ein fröhliches Bild mit meinem »Überzeugungssatz«, meinem Credo gemacht. Dieses befindet sich sowohl an meinem Schreibtisch, als auch in meiner Präsentationsmappe, mit der ich zum Kunden gehe.

Wie lautet Ihr positiver Glaubenssatz, Ihr Überzeugungssatz im Verkauf?

Er könnte zum Beispiel heißen: »Ich bin zuverlässig und wertvoll für meinen Kunden!«

Oder: »Ich ergreife jede Verkaufschance, die sich mir bietet!«

Übung: Mit welcher Einstellung verkaufen Sie künftig?

Wenn Sie Ihre Einstellung im und zum Verkauf überprüfen wollen, empfehle ich Ihnen die Beantwortung folgender Fragen:

Wenn ich auf meine unterschiedlichen Aufgaben in meinem Berufsleben blicke, wie geht es mir mit meiner Verkäuferrolle?

Welche positiven Assoziationen verbinde ich damit?

_____

_____

_____

_____

Welche negativen Gefühle kommen hoch, wenn ich an das Verkaufen denke?

_____

_____

_____

_____

Wie kann ich mit diesen negativen Gefühlen umgehen?

Wie kann ich diese Glaubenssätze auflösen?

_____

_____

_____

_____

Damit ich und meine Kunden glücklich werden, mit welchen Werten will ich verkaufen?

Welche Grundsätze vereinbare ich mit mir selbst?

_____

_____

_____

_____

Wie lautet Ihr neuer Überzeugungssatz?

Mein Tipp: schauen Sie sich Ihren positiven Überzeugungssatz vor einem wichtigen Gespräch, einer Verkaufspräsentation oder einer Telefon-Akquise-Aktion ganz bewusst an.

Wenn Sie im Handel arbeiten, dann hängen Sie Ihren Glaubenssatz genau an der Stelle auf, die Sie sehen können, wenn Sie die Verkaufsräume betreten. Und dann tief durchatmen, Körperspannung aufbauen, Lächeln und Los geht's!

Fazit:

Wenn Sie Ihre Identifikation mit der Verkäuferrolle stärken, Ihre Ideale im Verkauf verwirklichen, Ihre Motivation für den aktiven Verkauf klar visualisiert haben und von positiven Überzeugungen geleitet werden, glauben Sie mir, dann kann gar nichts mehr schiefgehen. Mit dieser Happy Sales DNA werden Sie definitiv zu einem glücklichen und erfolgreichen Verkäufer.

3. Als Optimist verkauft sich's leichter!

Lachen ist ansteckend, das wusste ich eigentlich schon immer. Man kann sagen, ich bin der beste Beweis dafür. Ich lache gerne und viel. Und zwar nicht nur privat. Eigentlich lache ich sogar mehr beruflich als privat. Am liebsten lache ich mit meinen Seminarteilnehmern, mit meinem Vortragspublikum, mit meinen Coaching-Kunden und mit meinen »Schon-Bald-Kunden«.

Was ist ein Schon-Bald-Kunde? So nenne ich Personen oder Unternehmen, die noch nicht wissen, dass sie schon bald mein Kunde sein werden. Früher nannte ich diese Personengruppe immer »Interessenten« oder im Verkäuferjargon auch »Leads«, also Menschen, mit denen ich mich noch im Kontaktstadium und eben noch nicht im Kundenstadium befinde. Wie viel schöner ist es von »Schon-Bald-Kunden« zu sprechen, das drückt doch ganz klar die eigene Überzeugung aus, dass wir diese Kontakte zu unserem Kunden machen werden. Das hat doch viel mehr Power, oder?

Aber zurück zum Lachen. Und zurück zur Ansteckungsgefahr, oder sollte ich besser sagen, zur emotionalen Ansteckungschance? Die Fähigkeit sich von den positiven Gefühlen anderer Menschen anstecken zu lassen und diese selbst anzustecken, nennt Barbara Fredrickson »Positivitätsresonanz«. Dr. Fredrickson, Professorin für Psychologie an der University of North Carolina und Leiterin des »Positive Emotions and Psychophysiology Lab (PEPLab)«, ist eine der Vorreiterinnen der Positiven Psychologie und trägt ganz wesentlich zu ihrer Weiterentwicklung bei. Sie ist Autorin der Bücher *Die Macht der guten Gefühle* und *Die Macht der Liebe*, und sie hat die entscheidende »Broaden und Build«-Theorie, zu Deutsch »Horizont erweitern und wachsen« entwickelt. Sie beschreibt darin den Effekt, wie unsere Emotionen unsere Wahrnehmungs- und Verhaltensmuster beeinflussen.

Die Wissenschaftlerin selbst vergleicht den ersten Teil dieser Theorie, das »Broaden« mit dem Bild einer Seerose, die am kühlen Morgen eines Tages noch ganz geschlossen ist. Wenn die wärmenden Strahlen der Sonne kommen, öffnen sich die Blätter mehr und mehr und die Blüte erstrahlt zu ihrer vollen Schönheit. So verhält sich das auch mit uns Menschen. Je mehr positive Momente wir wahrnehmen und je mehr positive Gefühle wir empfinden, umso mehr öffnen wir uns. Das Öffnen der Blütenblätter steht für die glückliche Stimmung, in der wir uns dann befinden. Dieses Glücksgefühl wird noch durch die Tatsache verstärkt, dass wir einen Wahrnehmungsfokus für weitere positive Dinge entwickeln und dadurch natürlich auch mehr Glücksmomente erleben. Wir befinden uns in einer positiven Aufwärtsspirale.

Der zweite Teil der Theorie »Build« erklärt den Effekt, dass diese entstandene Positivität uns dazu verhilft »Glücksressourcen« aufzubauen. Wir entwickeln eine optimistischere Grundhaltung, eine stabilere Gesundheit und ein höheres Energielevel. Die Offenheit sorgt auch für einen erweiterten Blickwinkel und gibt uns die Chance, besser zu kommunizieren, zu wachsen und uns weiterzuentwickeln. Außerdem passiert noch etwas, für den Verkauf ganz Entscheidendes: unsere Widerstandskraft gegen Rückschläge, wie zum Beispiel abgesagte Termine, nicht gewonnene Aufträge, Stornos, harte Preisverhandlungen etc., wächst kontinuierlich. Dank dieser Resilienz kommt uns die Achterbahnfahrt, die der Beruf des Verkäufers durchaus mit sich bringen kann, nicht mehr so rasant vor!

Was kann die »Broaden und Build«-Theorie in der Vertriebspraxis bedeuten?

Ein wichtiger Weg, neue Kunden zu gewinnen, ist das aktive Netzwerken. Ich bin seit Anbeginn meiner Selbstständigkeit, also seit 1998, in verschiedenen Verbänden sehr engagiert. Da waren zunächst die Wirtschaftsjunioren, der führende Verband junger Führungskräfte und Unternehmer. National brachte ich es vom Kreisvorstand über den Landesvorstand bis in den Bundesvorstand. Diese aktive Netzwerkphase von über 10 Jahren war sehr wichtig für meine Persönlichkeitsentwicklung und hat mir bis heute entscheidende berufliche Kontakte verschafft. Auf internationaler Ebene hatte ich ebenfalls einige entscheidende Positionen inne und habe maßgeblich dazu beigetragen, das internationale Trainingsinstitut von JCI (Junior Chamber International) mitaufzubauen, wofür ich mit der Senatorenehre belohnt wurde.

Warum erzähle ich Ihnen das alles? Weil ich während dieser ganzen Zeit einer für den Verkaufserfolg entscheidenden Philosophie gefolgt bin: erst einen wichtigen Beitrag zum Netzwerk leisten und dann einen Rückfluss erwarten!

Als Verkäufer und Unternehmer kennen Sie das bestimmt. Sie gehen auf ein beliebiges Businessfrühstück, und Sie werden immer wieder feststellen, es gibt Menschen die dort mit guter Laune fröhlich neue Kontakte knüpfen (= Broaden). Diese echten Netzwerker haben einen erweiterten Horizont und eine langfristige Denke. Deshalb überlegen sie während der Gespräche immer, welchen Nutzen sie ihren Gesprächspartnern bieten können. Sie empfehlen die anderen Mitglieder des Netzwerks aktiv weiter und bekommen so auch irgendwann wertvolle Kontakte vermittelt. Über die Zeit bauen sie sich so ein ausgezeichnetes eigenes Netzwerk auf und verfügen über Ressourcen, die sie ohne Ihre positive Einstellung nicht hätten aufbauen können (= Build).

Diese Auslegung der »Broaden und Build«-Theorie in der *Happy-Sales*-Variante hat gleich zwei Vorteile:
1. Sie erhöhen Ihre Resilienz und Ihren Positivitäts-Level und bauen dadurch Ressourcen auf.
2. Sie bauen sich vertriebliche Ressourcen im Sinne von Kontakten auf.

Lächeln, nur ein Ausdruck unserer guten Stimmung?

Im Juni 2014 habe ich die Wissenschaftlerin auf dem Kongress der Positiven Psychologie in Graz erlebt. In einem faszinierenden Vortrag erläutert Barbara Fredrickson die unterschiedlichen Dimensionen des Lächelns. Sehr lange ging man in der Emotionsforschung davon aus, dass unser Lächeln einen positiven inneren Zustand ausdrückt. Etwas später hat man herausgefunden, dass es auch genau andersherum funktioniert: Wenn wir lächeln, dann hebt sich unsere Stimmung. Das ist also die erste Dimension unseres Lächelns, unser eigenes Wohlbefinden. Sehr interessant finde ich die zweite Dimension des Lächelns! Die zweite Dimension oder Intention des Lächelns ist es, ein positives Gefühl beim Gegenüber auszulösen. Ihn also in den Zustand des eigenen Wohlbefindens zu integrieren oder ihn mit unserem Lächeln positiv zu infizieren.

Diese Erkenntnis ist im Verkauf ausgesprochen hilfreich, denn Menschen kaufen gute Gefühle. Sie kaufen Lockerheit, Leichtigkeit und eben Lächeln, oder noch besser Lachen.

In meinem zweitägigen Seminar »Aktiv und glücklich im Verkauf« hatte ich neulich eine Teilnehmerin dabei, die sich bei der anfänglichen Einschätzung auf der Emotionsskala neun von zehn Punkten gegeben hat. Ihr Job ist es, Heizöl am Telefon zu verkaufen und zwar acht Stunden am Tag. Das macht sie nach eigenen Aussagen sehr glücklich und ist ihr Traumjob. Sie beschreibt eindrücklich, dass es ihr beim Erstkontakt mit einem neuen Kunden hauptsächlich darum geht, eine gute Beziehung herzustellen.

Im Idealfall bringt sie den Gesprächspartner mindestens einmal kurz zum Lachen.

Jeder der schon mal Telefonakquise im Privatkundenbereich gemacht hat, kann ungefähr nachempfinden, welche große Leistung das ist. Sie steckt Menschen mit ihrer Fröhlichkeit und

Unbekümmertheit am Telefon förmlich an und hat sich so über die Jahre einen großen Stammkundenkreis erarbeitet.

Die Hirnforschung hat sich in den letzten Jahren vermehrt auf das Thema Glück konzentriert und hat Glücksgefühle wissenschaftlich untersucht. Neue Abbildungstechniken machen sichtbar, was im Gehirn geschieht, wenn sich jemand freut. Die Aktivitäten im gesamten Gehirn laufen auf Hochtouren, ein wahres Neuronenfeuerwerk zeigt sich mit Hilfe des sogenannten Positronen-Emissions-Tomografen bzw. mit Hilfe des dazu gehörigen Computerbildschirms.

So geschehen am Hammersmith Hospital in London, sichtbar gemacht durch die Wissenschaftler um Jane Warren. Die dabei untersuchten Testpersonen machen dabei nichts weiter als lachenden, prustenden, gackernden Menschen über Kopfhörer zuzuhören. Das alleine reicht schon aus, um die Probanden selbst in Hochstimmung zu versetzen und zum Mitlachen zu bewegen.

Die deutsche Glücksforscherin und selbsternannte »Glücksministerin« Gina Schöler nennt den Effekt des sich gegenseitigen Ansteckens einen positiven Dominoeffekt. Die so mit einem Lächeln infizierten Menschen können nämlich diese positive Stimmung gleich wieder an andere weitergeben und so ebenfalls für gute Laune in ihrem Umfeld sorgen.

Nun kennen Sie auch den Grund, warum Ihnen in jedem guten Telefontraining vermittelt wird, dass es erfolgsentscheidend ist, dass Sie am Anfang eines Akquise-Telefonats lächeln. Lächeln beeinflusst Ihre Stimmung, lässt Ihre Stimme weich und fröhlich klingeln und versetzt Ihren Gesprächspartner ebenfalls in eine gute Stimmung. Wie ansteckend wirkt da erst ein herzhaftes Lachen, ausgelöst durch einen spaßigen Gedanken oder eine humorvolle, lustige Bemerkung. Ich bin ein großer Fan von Situationskomik in Verkaufsgesprächen, immer vorausgesetzt ich kenne meinen Ansprechpartner schon ein bisschen und kann seinen Persönlichkeitstyp einschätzen.

Was aber, wenn es Ihnen gar nicht nach Lachen zumute ist?

Das erinnert mich an meinen Urlaub in Kenia vor ein paar Jahren. Nach einem 12 Stunden-Flug und einem zweistündigem Bustransfer kommen wir endlich in unserem Boutiquehotel am Diani Beach in der Nähe von Mombasa an. Vor dem Hotel befindet sich eine ausgedehnte Rasenfläche, die nur durch einen kleinen Steinabsatz vom breiten weißen Sandstrand getrennt ist. 30 Meter weiter funkelt das türkisblaue Meer. Und genau dahin mache ich mich jetzt sofort auf. Ich bleibe nicht lange alleine. Schon nach wenigen Schritten mache ich die Bekanntschaft von Captain Ahab, wie sich der junge Kenianer selbst vorstellt. Er heißt mich herzlich willkommen in seiner Heimat, erkundigt sich nach meinem Namen und wünscht mir einen schönen Urlaub.

Kaum komme ich wieder aus dem Wasser, ist Ahab schon wieder zur Stelle und überreicht mir strahlend einen kleinen Holzdelphin mit einem eingeschnitzten »Sandra« als Geschenk und der Einladung, bald mal mit seinem Boot zur Sandbank zum Schnorcheln überzusetzen. Das stolze Schiff ist eine Art Einbaum mit Ausleger dran und einem notdürftig zusammengeflickten Stück Plane als Segel. Und das Geschenk ist Ahabs Verkaufstaktik und das Begrüßungsritual für alle Mozarellas, wie er die bleichen Neuankömmlinge heimlich nennt. Quasi jedes Mal, wenn ich mich ins türkisblaue Wasser stürzen will, ist Ahab zur Stelle und fragt mich beharrlich freundlich, wann wir denn nun die unglaublichen Unterwasserschätze rund um die Sandbank erkunden wollen. Um die Geschichte abzukürzen, der Diani Beach ist berühmt berüchtigt für seine beharrlichen Strandverkäufer und die ersten zwei Tage finde ich das, wie alle anderen Touristen, mehr als störend. Irgendwann beschließe ich, mir durch die geschäftstüchtigen Jungs und Mädels nicht den Urlaub verderben zu lassen. Im Gegenteil! Zwischenzeitlich ist mir nämlich aufgefallen, dass diese wirklich lässige Verkaufstechniken anwenden und überhaupt vieles genauso machen, wie ich es meinen Promotoren und Verkäufern immer beibringe. Die Beachboys kennen zum Beispiel den Namen und den Herkunftsort jedes Touristen am Strand. Sie wissen, wann er angekommen ist und wann er wieder fährt. Sie lachen und scherzen mit den Leuten, und sie sorgen mit kleinen Freundschaftsdiensten, wie günstigen Getränken aus dem Supermarkt, für deren Loyalität. Warum erzähle ich Ihnen das alles? Weil hinter dieser freundlichen Beharrlichkeit natürlich pure Armut steckt. Weil es um das nackte Überleben für diese Beachboys und -girls geht. Sie hätten Grund genug, deprimiert auf die anfänglich miesepetrigen Touristen zu reagieren. Sie tun es aber nicht, weil sie genau wissen, ihr Lachen ist ihre einzige Chance und die nutzen sie.

Wenn ich eines gelernt habe in meinem Urlaub am Diani Beach, dann dass wir immer eine Wahlmöglichkeit haben, ob wir der Welt mit einem trüben oder einem freundlichen Gesicht entgegen blicken.

Die Beachboys und -girls haben allerdings auch einiges von mir in Sachen Verkauf und Marketing gelernt, das ist allerdings eine andere Geschichte. Fragen Sie mich gerne danach, wenn wir uns einmal live begegnen. Vielleicht haben Sie im Austausch dann auch ein paar nette Geschichten für mich ☺.

Fake it till you make it oder der Trick mit der Hypophyse

Von der ersten Dimension des Lächelns habe ich Ihnen schon erzählt, nämlich dem äußeren Ausdruck eines inneren Wohlbefindens. Weniger bekannt ist die wissenschaftliche Erkenntnis, dass das Lächeln nicht nur ein äußerliches Anzeichen ist, sondern im Gegenteil sogar Ursache des Wohlbefindens sein kann. Lächeln ist ein praktisches Mittel zum Zweck, um positive Gefühle in uns selbst zu bewirken, also praktisch Glücksgefühle auszulösen. Das ist die zweite Dimension des Lächelns. Wir wissen heute aus der Neurobiologie, dass Lachen im Gehirn neue

Nervenverbindungen, sogenannte neuronale Verknüpfungen entstehen lässt. Wir lernen dazu und unser Gehirn verändert sich dadurch positiv. Darum ist mir in meinen Verkaufsseminaren und Vorträgen eine humorvolle Atmosphäre so wichtig.

Medizinische Langzeituntersuchungen haben darüber hinaus ergeben, dass Lächeln gesundheitsfördernd ist. Es senkt den Pulsschlag und hat so positive Auswirkungen auf unser Herz-Kreislauf-System. Menschen, die viel lachen haben einen ähnlich niedrigen Ruhepuls wie Sportler! Lachen fördert die Bildung von weißen Blutkörperchen und Antikörpern und stärkt so unser Immunsystem. Eine tolle Sache oder? Lachen ist die beste Medizin, wie der Volksmund sagt!

Die deutsche Managementtrainerin, Rednerin und Vordenkerin Vera F. Birkenbihl hat oftmals in ihren Vorträgen über die Auswirkung unserer Mundwinkel auf unseren Gemütszustand gesprochen. Wenn man seine Mundwinkel länger als nur ein paar Sekunden nach oben zieht, also lächelt ☺, dann wird in unserem Gehirn, genauer gesagt in unserer Hypophyse, der Hirnanhangsdrüse, der Befehl zur Produktion von Glückshormonen gegeben. Wenn man das Lächeln nicht selbstständig zu Stande bringt, kann man auch einen Stift zu Hilfe nehmen und diesen einfach mal der Länge nach in den Mund stecken. Klingt blöd, funktioniert aber! Probieren Sie es doch einfach mal aus, wenn Sie das nächste Mal vor einem Kundengespräch Ihrer guten Laune etwas nachhelfen wollen. Am besten suchen Sie sich dazu allerdings rechtzeitig einen ungestörten Ort. Ein öffentlicher Parkplatz ist dafür allemal ein besserer Ort, als der Besucherparkplatz auf dem Firmengelände Ihres Kunden.

Der Tipp lautet also einfach ausgedrückt »Fake it, till you make it!«, täusche ein Lächeln vor, bis Dir nach Lächeln zumute ist, bis Du in einer besseren, fröhlichen Stimmung bist.

Vielleicht sagt eine innere, rationale Stimme in Ihrem Kopf gerade: »Vera F. Birkenbihl ist schon lange tot und wer weiß ob das wirklich stimmt?« Nun, kennen Sie die »Ted Talks«? Die Idee der Ted Talks sind kurze Reden, die Ideen vermitteln sollen, die es wert sind, verbreitet zu werden. Es gibt eine jährlich wiederkehrende, international stattfindende Ted-Konferenz. Die Videos der Ted Talks sind einem breitem Publikum im Internet, zum Beispiel über Youtube zugänglich. Einer der meistgesehenen Ted Talks zeigt die Rede von Amy Joy Cuddy, einer amerikanischen Sozialpsychologin, die an der Harvard Business School forscht und unterrichtet. Sie erklärt eindrücklich, dass unsere Körpersprache unsere Haltung beeinflusst und umgekehrt. Sie beantwortet die Frage, ob unsere Körpersprache reguliert, wie selbstbewusst oder optimistisch wir uns fühlen und sie belegt, dass es tatsächlich funktioniert. Schuld daran sind die Hormone. Und was lernen wir daraus? Wenn wir uns deprimiert fühlen, können wir entweder etwas gegen dieses Gefühl unternehmen, oder wir können unsere Körperhaltung verändern. Wir können uns aufrichten, die Schultern zurücknehmen, den Kopf hochhalten und vor allem lächeln und schon bald wird es uns besser gehen. Sie zeigt außerdem anhand einer Studie auf Basis von Jobinterviews, dass es einen großen Unterschied ausmachen kann, ob wir eine selbstbewusste positive Körperhaltung einnehmen oder eine unsichere, zusammengesunkene, denn Menschen mit einer selbstbewussten Ausstrahlung bekommen deutlich häufiger und bessere Jobangebote. Diese Erkenntnis sollten wir definitiv für unsere Wirkung und damit unseren Erfolg im Verkauf nutzen! Es gilt sich vor jeden Verkaufsgespräch, egal ob telefonisch, online oder persönlich, nicht nur mental, sondern vorallem auch körperlich aufzurichten. Mein Zusatztipp für unser digitales Zeitalter: Oft sitzen wir nach vorne gebeugt, mit gesenktem Kopf vor Laptop oder Smartphone, also genau in der Haltung, die nicht nur Schmerzen im Nacken sondern auch negative Stimmung produziert. Ich wünsche mir ein häufigeres Aufblicken und Aufrichten – das ist nicht nur gut für unsere Entspannung, sondern sorgt auch für bessere Wahrnehmung. Wir driften dadurch nicht komplett in unsere digitale

Parallelwelt ab, sondern bleiben präsenter in der wirklichen Realität.

Optimisten leben leichter

Ist Optimismus und Pessimismus eigentlich ein angeborener Charakterzug oder beschreiben die beiden Ausdrücke einen momentan sonnigen oder trüben Gemütszustand? Beides ist richtig, für uns ist allerdings wichtig, dass Optimismus und Pessimismus Merkmale unserer Persönlichkeit sind, die uns in der Regel lebenslang prägen und begleiten. Warum ist das wichtig?

Erstens, weil sich Optimisten wesentlich leichter tun im Verkauf. Zweitens, weil wir unsere Prädisposition, unsere Prägung, nur dann verändern können, wenn wir Sie kennen.

Die beiden australischen Wissenschaftler Headey und Wearing erkannten in ihrer umfassenden Studie, die seit 1989 an der Universität von Melbourne durchgeführt wird, dass die Persönlichkeit des Menschen großen Einfluss darauf hat, was uns im Leben geschieht. Dieser begünstigte oder benachteiligte Verlauf ändert sich meistens auch nur wenig, es sei denn, wir arbeiten aktiv daran.

Woher kommt die Grundveranlagung zum Optimismus oder Pessimismus?

Die renommierte Wissenschaftlerin Elaine Fox fasst in ihrem Buch *In jedem steckt ein Optimist*, das in der deutschsprachigen Ausgabe 2014 erschienen ist, aktuelle Erkenntnisse aus Psychologie, Neurologie und Genetik zusammen.

Sie schreibt: »… sich einer Belohnung anzunähern und einer Bedrohung zu entgehen, sind die großen Motivationskräfte. Das Wahrnehmen von Belohnungen und Gefahren sowie das Ausschalten von anderem, von weniger Wichtigem, dieses Selektieren also, ist von dem Augenblick an, da wir in diese Welt eintreten, in unserem Wesen verankert – und es ist auch der Grund dafür, dass wir sowohl ein sonniges als auch ein umwölktes Gemüt besitzen.«.

Für uns Menschen ist es lebensnotwendig, sowohl auf das Gute als auch auf das Schlechte zu reagieren. Und doch hat jeder von uns eine Grundprägung. Diese Prägung ist abhängig von unseren Genen, unseren Erfahrungen und unserer Wahrnehmung.

Das Zusammenspiel von evolutionstechnisch uralten und relativ jungen Gehirnregionen entscheidet darüber, wie wir die Welt sehen – ob überwiegend positiv oder negativ. Elaine Fox schreibt weiter: »Die gute Nachricht ist, dass die Schaltkreise, die dem Empfinden von Angst oder Freude, Vergnügen oder Trauer zugrunde liegen, zu den formbarsten im gesamten Gehirn gehören.«

Wenn Sie herausfinden wollen, ob Sie eher zum Optimismus oder zum Pessimismus neigen, empfehle ich Ihnen den Life-OrientationTest - Revised, kurz LOT-R, zu machen. Eine deutsche Version davon finden Sie im Buch *In jedem steckt ein Optimist* von Elaine Fox oder im Internet unter: http://www.detect-studie.de/Instrumente/LOT_R_Websiteinfo.pdf

Übung: Ein kurzer Optimistentest

Sie können auch gleich hier und jetzt überlegen, ob Sie den nachstehenden fünf Fragen zustimmen oder nicht:

1. Auch in ungewissen Zeiten erwarte ich üblicherweise das Beste.
2. Ich erwarte kaum, dass sich die Dinge nach meinen Vorstellungen entwickeln.
3. Bei einem neuen Projekt/Auftrag sehe ich oft die Probleme, die dieser mit sich bringt.

4. Eine gute Leistung meinerseits betrachte ich als selbstverständlich.
5. Fehler versuche ich tunlichst zu vermeiden.

Na, wie haben Sie sich entschieden?

Meine Kommentare zu den einzelnen Fragen bzw. Antworten finden Sie hier:

Frage Nr. 1 ist eine klare Frage, die die optimistische oder pessimistische Grundhaltung klärt. Wenn Sie üblicherweise das Beste für sich oder zu mindestens einen guten Ausgang der Situation erwarten, dann sind Sie klar optimistisch eingestellt. Prima, das ist klasse. Bitte aber nicht drauf warten, dass Ihnen die Verkaufsabschlüsse in den Schoss fallen! Kombinieren Sie lieber Zuversicht mit proaktivem Verhalten!

Sollten Sie der Frage Nr. 2 zugestimmt haben, dann sind Sie ganz klar pessimistisch voreingestellt. Das wird Ihnen Ihr Verkäuferleben nicht gerade erleichtern. Tun Sie etwas um diese Grundhaltung zu verändern und Ihre Wahrnehmung auf das Positive auszurichten. Nutzen Sie die Übungen im Buch, wie zum Beispiel den täglichen Positiv-Check und genießen Sie mehr Glücksmomente, siehe zum Beispiel »Schmunzelliste«.

Zu Frage 3: es ist gut, wenn Sie vorsichtig agieren. Vertrauen Sie aber auch auf Ihre Stärken. Wenn Sie Herausforderungen annehmen und auch mal Ihre Komfortzone verlassen, werden Sie wachsen und sich weiterentwickeln. Nur Mut, dann stellt sich auch der Erfolg im Verkauf ein.

Zustimmung bei Frage 4? Dann sind Sie also ein hart arbeitender, perfektionistischer Mensch. Das lässt Sie sicher sehr erfolgreich sein. Vergessen Sie nicht, Ihre Erfolgserlebnisse auch gebührend zu feiern. Auch das hedonistische Glück will gefördert und erlebt werden.

Frage Nr. 5: Sie vermeiden tunlichst Fehler? Dann seien Sie ein bisschen großzügiger mit sich und anderen. Schließlich steckt in dem Wort »gescheitert« auch das Wort »gescheit« drin. Über die eigenen Fehler Lachen zu können und eine positive Fehlerkultur zu entwickeln, lässt Sie im Verkauf langfristig erfolgreicher werden.

Wie Optimisten und Pessimisten Situationen im Verkauf bewerten

Einer der wesentlichen Unterschiede zwischen Optimisten und Pessimisten ist ihre Denkweise bzw. die Art und Weise, wie sie negative und positive Ereignisse bewerten.

Stellen Sie sich vor, Sie halten eine Produktpräsentation bei einem Unternehmen, das Sie gerne als Kunde gewinnen möchten. Es ist eine Präsentation, die Sie schon öfter gehalten haben und die meistens gut ankommt. Dieses Mal sind die Reaktionen Ihres Publikums eher gemischt und für Sie nicht genau greifbar.

Wie denken Sie jetzt über sich? Wenn Sie eher optimistisch veranlagt sind, werden Sie eine Erklärung finden, wieso gerade heute oder gerade bei diesem Kunden die Produktvorstellung nicht so überzeugend rüberkam. Vielleicht werden Sie denken: »Der Ansprechpartner beim Kunden hatte keinen guten Tag. Wer weiß, was vor dem Meeting war!«

Wenn Sie eher pessimistisch veranlagt sind, werden Sie diese Situation nicht nur negativer bewerten, sie werden sie vielleicht sogar verallgemeinern, also den Eindruck haben, dass sich solche Dinge permanent ereignen. Außerdem typisch für Pessimisten: Sie sehen den Grund von negativen Ereignissen oftmals in ihrer eigenen Person bzw. denken, dass es immer ihnen passiert. Vielleicht denken Sie dann so etwas wie: »Ich bin schuld, ich habe mich nicht genug vorbereitet!« Oder: »PowerPoint-Präsentationen waren noch nie meine Stärke!«

Der Begründer der Positiven Psychologie Martin Seligman empfindet sich übrigens selbst als geborenen Pessimist. Er empfiehlt aus eigener und wissenschaftlicher Erfahrung, dass Sie sich beim Denken genau beobachten und eingreifen, sobald sich eine gedankliche Negativ-Spirale in Gang setzt. Widersprechen Sie sich selbst und bringen Sie ein Argument, warum es beim nächsten Mal wieder besser gelingen wird und was Sie selbst dazu tun können.

Bleiben wir bei der Produktpräsentation, dieses Mal stellen wir uns vor, sie ist ausgezeichnet abgelaufen.

Der Optimist klopft sich auf die Schulter, und denkt: «Das hast Du gut hinbekommen, kannst stolz auf Dein Präsentationstalent sein!«

Der Pessimist hingegen winkt innerlich ab. »Nicht der Rede wert. Ich hatte Glück!«, sind seine Gedanken und er geht zur Tagesordnung über. Dabei bringt er sich um das Auskosten des Erfolgserlebnisses und das bewusste Einsetzen seiner Stärke. Er erlebt sich nicht als selbstwirksam und wird weit weniger Glück empfinden als der Optimist.

»Ein Optimist ist ein Mensch, der ein Dutzend Austern bestellt, in der Hoffnung, sie mit der Perle, die er darin findet, bezahlen zu können.«

Dieses Zitat des deutschen Schriftstellers Theodore Fontane zeichnet das Bild eines über alle Maßen optimistischen Menschen. Das ist sicherlich nicht das, was wir im Verkauf anstreben sollten. Gesunder, dem Verkauf förderlicher Optimismus sollte mit einer guten Portion Realismus ausbalanciert sein. Wir sollten eher ein realistischer Optimist sein, also jemand der seine Verkaufschancen positiv sieht, dabei aber am Boden der Tatsachen bleibt. Ein Verkäufer, der zum Beispiel klar unterscheiden kann, wann es sich lohnt in die Akquise eines potentiellen Neukunden weiter zu investieren und wann es Energieverschwendung ist.

Ein realistischer Optimist zu sein bedeutet auch die eigene Auftragslage und Sales Pipeline nicht zu euphorisch oder zu positiv zu sehen, denn das könnte uns dazu verleiten, zu wenig aktiv zu verkaufen. Im Verkauf kommt es immer auch auf den Fleiß an und darauf die richtigen Dinge zu tun. Die richtigen Kunden mit den richtigen Argumenten auf den richtigen Wegen zum richtigen Zeitpunkt anzusprechen.

Eine optimistische Grundeinstellung allerdings öffnet unseren Horizont und gibt uns erweiterten Denkspielraum. Wir finden dadurch bessere Argumente und kreativere Lösungen. Wichtig dabei ist, dass wir uns nicht ständig selbst kritisieren, zum Beispiel mit Gedanken wie »Das klappt sowieso nicht!« oder: »Das wird der Kunde eh nicht gut finden!«

Einen Chancenblick entwickeln

Hermann Scherer ist einer der größten Optimisten der deutschen Rednerszene und ein begnadeter Verkäufer obendrein.

Er sagt in seinem Buch *Glückskinder*: »Probleme sind Chancen in Verkleidung.« Seiner Meinung nach verfügen eben diese in seinem Buch beschriebenen Glückskinder über eine Chancenintelligenz, das heißt, sie erkennen die Möglichkeiten, die selbst in scheinbar ungünstigen Entwicklungen stecken. Ich teile seine Meinung, denn ich bin selbst so ein Glückskind. Und ich habe schon früh einen echten Blick für Chancen entwickelt. Als Mädchen habe ich mir mein Taschengeld durch Babysitten aufgebessert. Die gefragtesten Babysitter-Abende waren Freitag und Samstag. Der Stundensatz war ähnlich wie die Termine ziemlich festgelegt und lag damals zwischen sechs und acht Mark. Wie konnte ich es schaffen, an den gefragten Abenden mehr Geld zu erzielen? Ich habe kurzerhand mehrere Babysitter-Jobs zusammengelegt, und die Kinder zu mir bringen lassen. Dadurch hatte ich mein Einkommen an einem Abend maximiert.

Ich wurde älter und die Chancen bzw. die Folgen aus den ergriffenen Gelegenheiten wurden bedeutender. Nach meiner Ausbildung zur Bankkauffrau war ich auf einer längeren Auslandsreise in USA unterwegs. Eines Abends treffe ich einen Typen in einer Sportsbar. Wir kommen ins Gespräch und er fragt mich nach meinem Job. Ich erzähle ihm von meiner Bankausbildung. Das findet er cool, denn er meint, im weitesten Sinne sei er auch Banker. Er erzählt, er arbeite an der Chicago Board of Trade, der damals größten Devisen-Termin-Präsenz-Börse der USA und fragt mich, ob ich Lust hätte, ihn am nächsten Tag auf der Arbeit zu besuchen. Was für eine Frage und wie ich Lust hatte. Gesagt getan, am nächsten Tag finde ich mich Downtown Chicago ein und werde von ihm wie versprochen auf dem Börsenparkett herumgeführt.

Als wir wieder in seinem Büro ankommen, werde ich Zeuge der amerikanischen »Hire und Fire«-Politik. Ein junger Mann, der dazu da ist, den Markt zu beobachten und wichtige Informationen an die Händler weiterzugeben, hat offensichtlich Mist gebaut, bekommt gerade einen gehörigen Anschiss und ist danach seinen Job los. Der Chef meiner Barbekanntschaft sieht sich um, erblickt mich und fragt mich, wer ich denn sei. Ich berichte ihm von meiner deutschen Herkunft und meinem Beruf als Bankkauffrau und was soll ich sagen, er bietet mir den jetzt freien Job als »Marktbeobachter« an, zunächst natürlich befristet und auf Probe. So kommt es, dass ich die nächsten sechs Monate an der Chicago Board of Trade verbringe und zum Experten für DM, Schilling und Schweizer Franken werde. Wow, was für eine Lern- und Lebenserfahrung.

Ich hätte nach den sechs Monaten auch dauerhaft in den USA an der Börse bleiben können, aber ich wollte meine Bodenhaftung nicht verlieren. Der Job in Amerika und der Auslandsaufenthalt verhelfen mir zurück in Deutschland natürlich zu neuen Chancen, die sich mir so vorher nicht geboten hätten.

> **Fazit:**
>
> **Als Verkäufer sollte ich ein realistischer Optimist sein
> und immer die Chancen in den Problemen sehen.**

Der Optimistendreisprung

Was aber, wenn Sie noch kein realistischer Optimist sind? Und
wie werden Sie vor allem zum täglich praktizierenden Optimisten im Verkauf? Was halten Sie davon, wenn Sie die von mir
entwickelte Methode des Chancendreisprungs ausprobieren?
(siehe Abbildung 3)

Abbildung 3: Der Optimistendreisprung

Wie funktioniert der Optimistendreisprung?

1. Sprung: Ich sehe die Möglichkeiten statt den Hindernissen,
   ich denke lösungsorientiert.
2. Sprung: Ich schalte den inneren Kritiker aus.
3. Sprung: Ich ergreife die Chance ... und lande im Ziel!

Das ist mein Optimistendreisprung. Das ist ganz einfach, oder?

Und wie funktioniert das im Verkauf? Ich persönlich nutze jede
Gelegenheit, die sich mir bietet, interessante Menschen kennenzulernen und die Leute neugierig zu machen auf meine
Person und meine Dienstleistung. Das funktioniert ganz ausgezeichnet, wenn ich zum Beispiel selbst an Seminaren teilnehme, wenn ich auf Messen oder bei Firmenvorstellungen unterwegs bin oder sogar im Urlaub.

Den inneren Kritiker auszuschalten und Gedanken wie, »Das
klappt ja eh nicht« oder »Der sagt bestimmt Nein!« zu stoppen, ist
essenziell im Verkauf. Wie wollen Sie denn sonst Kaltakquise betreiben oder den ganzen Tag im Laden aktiv Leute ansprechen?
Machen Sie sich selbst Mut und denken Sie lieber an Redewendungen wie: »Wer nicht wagt, der nicht gewinnt!« Das Schlimmste,
was passieren kann, ist, dass Sie ein Nein kassieren. So what? Dann
war es eben nicht das richtige Timing oder nicht die richtige
Strategie.

Ich will ja verkaufen, aber andere sind einfach schneller!

Kennen Sie das? Neulich im Seminar »Wie Sie jeden Kunden
gewinnen!« war ein Verkäufer bei mir. Er arbeitet in einem gut
sortierten Möbelhaus, in dem es sowohl günstige als auch
hochwertige Möbel gibt. Er wurde für den Verkauf von Premium-Polstermöbel eingestellt, also tolle Ledercouches, moderne
Loungesofas, stylische Relax-Sessel. Grundsätzlich liebt er es,
genau diese Produkte zu verkaufen, allerdings mit sehr wechselndem Erfolg. Denn dummerweise sind die günstigen Polstermöbel am Anfang der Etage untergebracht und da alle Verkäufer auf Provision bezahlt werden, schnappen ihm seine
Kollegen am Eingang immer alle Kunden weg. Mit einem
traurigen Gesichtsausdruck bittet er mich um Rat.

Was würden Sie ihm empfehlen? Was würde ein Optimist tun?
Hoffen, dass sich die richtigen Kunden schon zu ihm durchkämpfen?

Hm, das wäre mir persönlich zu unsicher. Ein realistischer Optimist wird sich wahrscheinlich auch im Eingangsbereich positionieren, vielleicht in der Nähe von Sofas, die eine Ähnlichkeit mit den ausgestellten Produkten in seiner Abteilung haben und dann die Kunden aktiv ansprechen. Ein strategischer Optimist würde vielleicht sogar mit seinem Chef sprechen und fragen, ob man im Eingangsbereich eine Sonderfläche mit zwei bis drei ausgewählten hochwertigen Sofas platzieren könnte, mit einem Hinweis auf die Premiumabteilung und einem Kundentelefon mit der Durchwahl des Premiumverkäufers. Das wäre sowohl für die Kunden, als auch für das Möbelhaus und den Verkäufer eine Win-win-win Situation. Und genau solche Ideen entstehen, wenn Sie den Optimistendreisprung anwenden und den inneren Kritiker ausschalten.

Ein weit verbreiteter Satz des inneren Kritikers ist auch »der hat eh kein Geld«!

Kennen Sie das auch? Wenn dieser Fatalist das nächste Mal bei Ihnen zu Wort kommt, dann verbieten Sie auch ihm ganz schnell das Wort! Denn woher wollen Sie das wissen? Ich kann Ihnen aus meiner langjährigen Bankpraxis und aus meiner dreifach so langen Verkaufserfahrung berichten: Man sieht es den Leuten nicht an, wie viel Geld sie haben. Und noch viel weniger kann man es den Menschen ansehen, was Ihnen wirklich wichtig ist. Menschen sparen für hochwertige Polstermöbel oder hochwertiges Parkett oder eine tolle Urlaubsreise zu einem besonderen Anlass oder oder oder.

Es ist unsere schöne Aufgabe als Verkäufer, die Wünsche unserer Kunden zu erfahren, manchmal auch zu erahnen und vor allem diese zu erfüllen. Und es ist definitiv nicht unsere Aufgabe, der Controller unserer Käufer zu sein und für sie zu sparen.

Fazit:

Meine klare Empfehlung lautet: nicht lang zögern, sondern handeln. Sonst schnappt Ihnen ein praktizierender Verkaufsoptimist kaufwillige Kunden weg!

Von meiner Freundin, der Versicherungsagentin, habe ich Ihnen schon berichtet. Sie lebt fast alles, was in diesem Buch steht, und hat mich auch mehrmals dazu ermutigt, meine Philosophie *Happy Sales* endlich zu Papier zu bringen. Als ich ihr die Sache mit dem inneren Einwand »der hat kein Geld« erzählt habe, bestätigt auch sie: »Genau auf das muss ich extrem achten bei der Altersvorsorge-Beratung meiner Kunden. Ich kenne ja in der Regel deren verfügbares Einkommen. Da habe ich oft die Scheu, ihnen dann eine Lebensversicherung anzubieten. In solchen Situationen ermahne ich mich dann immer, dass ein gesichertes Einkommen in der Rente ein ganz wichtiger Punkt ist und dass ich meinen Kunden mit dem richtigen Vorsorgeprodukt ermögliche, sorgenfrei zu leben – und zwar jetzt und in der Zukunft!«.

Was im Umgang mit Privatkunden gilt, gilt auf jeden Fall auch im Verkauf an Geschäftskunden. Neulich bekam ich einen Hinweis auf eine interessante Firmenveranstaltung in der Region. Ich freute mich über die Einladung zum Vortrag, hätte dort aber am liebsten selbst gesprochen, anstatt nur teilzunehmen. Also habe ich nach kurzem Zögern zum Telefonhörer gegriffen und in der Personalabteilung des Unternehmens angerufen. Vor Kurzem hatte ich dort ein Kennenlern-Gespräch in dem wir uns über mehrere Optionen der Zusammenarbeit ausgetauscht haben. Noch weiß ich nicht, was dabei rauskommt, ich bin aber zuversichtlich, dass wir zusammen kommen werden. Das meine ich mit »Chancen ergreifen«. Ich freue mich, wenn Sie an den Optimistendreisprung denken, falls Sie das nächste Mal nur einen Hauch von Zögern verspüren ☺.

Die eigene Wahrnehmung schulen

Wir leben in einer Welt der Informationsflut. Da ist es doch sensationell, das unser Gehirn die Gabe besitzt, manche Sinnesreize bewusst wahrzunehmen und andere hingegen nicht. Könnten wir das nicht, wären wir ständig überfordert und stünden unter Dauerstress. Wir könnten keinen klaren Gedanken mehr fassen. Die erste spannende Frage ist, was wir überhaupt bewusst wahrnehmen. Und fast noch spannender ist die Frage, wie wir diese Sinneseindrücke bewerten.

Ich habe zum Beispiel eine Kundin mit einer sehr spannenden Mimik. In den ersten Monaten unsere Zusammenarbeit hat mich ihr Blick, der auf mich sehr kritisch und eher ablehnend wirkt, regelmäßig ziemlich verunsichert. Erst mit der Zeit fand ich heraus, dass der Blick keineswegs generelle Ablehnung bedeutet, sondern, dass sie einfach so schaut, wenn sie nachdenkt. Mittlerweile werte ich ihren Blick eher so, dass sie bemüht ist, keine Fehler zu machen. Meine Deutung hat sich verändert. Und doch muss ich auch heute noch in Gesprächen mit ihr innehalten und mir bewusst machen, dass es gut ist, zuversichtlich zu bleiben und dass mein Vorschlag von ihr einfach nur gut durchdacht wird.

Wir können unsere Wahrnehmung schulen bzw. unsere Deutung hinterfragen und das ist gut so. Das hilft uns im Verkauf insbesondere auch dann, wenn einmal ein Verkaufsgespräch nicht so gelaufen ist. Frei nach dem Motto: »Es ist nie zu spät, ein gutes Verkaufsgespräch geführt zu haben!«

Übung: Die Vergangenheit umschreiben

Diese Übung nenne ich insgeheim auch die Pippilotta-Viktualia-Übung. Pippi war eine der Heldinnen meiner Kindheit und beeinflusst mich auch heute immer noch stark. Ihr Leitsatz »Ich mach mir die Welt, wie sie mir gefällt!« kommt jetzt zur

Anwendung. Das mag Ihnen kindlich blauäugig erscheinen, es ist allerdings psychologisch erwiesen, dass es hilft. Also, losgeht's:

Erinnern Sie sich an ein Verkaufsgespräch, das ihrer momentanen Meinung nach positiver hätte verlaufen sollen. Schreiben Sie die Situation, die Ihnen jetzt spontan einfällt, gleich hier auf:

_____

_____

_____

Lassen sie jetzt die Situation Revue passieren und notieren Sie sich: Was war gut?

_____

_____

_____

Und jetzt schreiben Sie auf: Was hätte besser laufen sollen?

_____

_____

_____

Loben Sie sich für alles, was Sie gut gemacht haben!

Jetzt fragen Sie sich:

Wie hätte ich anders, ja besser darauf reagieren können?

Was hätten Sie fachlich, beziehungstechnisch oder taktisch anders machen können?

_____

_____

_____

Wie wollen Sie es künftig handhaben, und was wollen Sie daraus lernen?

_____

_____

Dann sagen Sie sich: »Es ist okay, so wie es gelaufen ist. Es war eine wertvolle Lernerfahrung!« Es geht darum, dass Sie die positiven Aspekte herausstellen, für was das Gespräch trotzdem gut war!

Jetzt erleben Sie die Situation nochmal gedanklich und emotional so durch, als ob Sie entsprechend souverän und verständnisvoll reagiert hätten. Spielen Sie die Begegnung im Geiste nochmal durch. Erzählen Sie gedanklich oder reell einem Kollegen oder Partner von der Begegnung. Betonen Sie, worauf Sie stolz sind und was die Begegnung Gutes für Sie hatte.

Fazit:

Keiner ist Opfer seiner Vergangenheit! Wir können diese umschreiben, indem wir sie neu bewerten oder interpretieren und dadurch anders erleben und fühlen. Das ist eine wertvolle Vorbereitung auf ähnliche Verkaufssituationen in der Zukunft. Sie stellen damit die Weichen für eine optimistische Herangehensweise beim nächsten Mal.

4. Verkaufserfolg neu definiert

Es liegt in der Natur des Menschen, Dinge erfolgreich erledigen zu wollen. Erfolg heißt für viele von uns, möglichst schnell eine Wirkung zu erzielen. Im Verkauf bedeutet das, möglichst rasch einen Verkaufsabschluss zu erzielen. Wir vergessen dabei oft, dass wir diesen Abschluss nicht wie einen Sieg erringen und erkämpfen können. Wir setzen uns und andere unnötig unter Druck.

Die positiven Emotionen, das Glücksempfinden bleibt dabei eindeutig auf der Strecke.

Erinnern Sie sich an das A aus PERMA? »Accomplishment«, also Ziele erreichen und Erfolge verbuchen können? Der Weg bis zum Abschluss ist meistens ein Weg aus vielen einzelnen Stufen. Für unsere Motivation ist es ganz entscheidend, diese einzelnen Stufen auch zu sehen und nicht nur den Auftrag oder die Vertragsunterzeichnung als Erfolg zu werten. Es gibt Branchen, die oft monatelang einen Kunden aufbauen, bis sie den Erstauftrag bekommen. Im Investitionsgüter-Bereich ist das ganz oft so. Da braucht es Durchhaltevermögen und ganz viel Motivation.

Aber auch in Branchen, wo es schneller geht mit dem Abschluss, wie zum Beispiel in der Finanzdienstleistung, braucht es viele kleine Zwischenstufen bis zum »Ja« des Kunden.

Und dabei machen Sie als Versicherungsagent, -makler oder Anlageberater definitiv auch nicht jeden Tag einen größeren Abschluss. Die Frage ist, wie halten wir uns als Verkäufer oder Unternehmer dabei motiviert? Woran messen wir unseren Verkaufserfolg? Genau aus diesem Grund heraus, habe ich das Modell der Erfolgspyramide entwickelt (Abbildung 4).

Bei meiner Erfolgspyramide steht ganz am Anfang die Definition eines potenziellen Zielkunden oder die Recherche, um diesen Zielkunden zu identifizieren. Kennen Sie Ihren potenziellen Zielkunden? Wie klar ist das Bild von Ihrem Idealkunden?

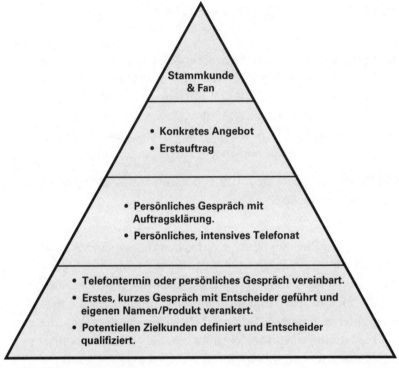

Abbildung 4: Erfolgspyramide Sandra Schubert

Wir werden uns damit im Kapitel 7 noch näher auseinandersetzen. Spätestens dann sollte Ihr »Beuteschema« klar sein.

Zurück zu meiner Erfolgspyramide, die, so wie ich sie lebe, nur eine Möglichkeit unter vielen für die Akquise von Geschäftskunden sein kann. Sie ist außerdem zugeschnitten auf den Weiterbildungsmarkt.Wir befinden uns immer noch auf der ersten Stufe der Pyramide: Wenn mein Zielkunde klar ist und ich die wesentlichen Informationen auf seiner Homepage recherchiert habe, dann greife ich zum Telefonhörer. Im ersten Schritt will ich herausfinden, wer der relevante Ansprechpartner, also Entscheider, bei meinem »Schon-bald-Kunden« ist.

Wenn ich Glück habe, bekomme ich ihn oder sie auch ans Telefon und kann ein kurzes Vorstellungsgespräch führen. Dabei geht es mir als Minimalziel darum, mich, meinen Firmennamen und meine Expertise bzw. mein Angebot bei ihm bekannt zu machen. Ich gehe gar nicht erst davon aus, dass ich immer gleich auf konkretes Interesse stoße. Meistens entwickelt sich aber ein nettes kurzes Gespräch, in dem ich deutlich mehr über die Firma und ihren Aufbau im Vertrieb erfahre als ich bisher wusste. Diese Informationen sind Gold wert! Ich dokumentiere sie daher sehr sorgfältig in meiner Kundenkontaktdatenbank. Sie helfen mir dabei, mich auf meinen nächsten Kontakt mit dem Kunden bestens vorzubereiten.

Apropos nächster Kontakt und da sind wir beim Übergang zur zweiten Stufe meiner Pyramide: Wenn nur das geringste Interesse beim Kunden vorhanden ist, erfrage ich, was am ehesten in Betracht kommt, wer entscheidet und wann wir einen Telefontermin oder Webmeeting zum Thema vereinbaren sollen. Natürlich kommt es an der Stelle oft auch zur Nachfrage nach Unterlagen – meist per E-Mail.

Hier wäge ich ganz sorgsam ab, ob ich Unterlagen versenden will, wenn überhaupt dann nur an eine persönliche E-Mail-Adresse und nicht an eine info@... oder Ähnliches. Meistens nutze ich die Nachfrage nach Unterlagen aber als Steilvorlage für einen persönlichen Telefontermin. Ich mache gerne »eine geführte Tour« über meine Homepage und erzähle ihm oder ihr dabei mehr über mein Produktportfolio und die Besonderheiten. Dieser zweite Telefontermin macht einen großen Unterschied aus, denn mein »Schon-bald-Kunde« und ich haben uns ja explizit verabredet. Deshalb können wir jetzt auch schon viel konkreter werden. Ich prüfe an der Stelle im Normalfall drei Dinge ab:
1. Gibt es einen konkreten Bedarf? Wenn ja welchen? Kann ich dazu ein Angebot unterbreiten?
   Benötigt der »Schon-bald-Kunde« einen Kompetenzbeweis in Form einer Teilnahme an einem Seminar oder Webinar? Oder kann ich ihm das Angebot gleich unterbreiten?
   => siehe dritte Stufe der Pyramide

2. Wenn momentan kein Bedarf ist, ist in den nächsten ein- bis zwei Jahren einer abzusehen?
   Wenn ja, kläre ich, über welche (sozialen) Medien wir in Kontakt bleiben wollen und sorge dafür, dass mein Ansprechpartner Einladungen zu meinen Webinare und freien Vorträgen bzw. Seminaren bekommt. Selbstverständlich mache ich mir dann auch konkrete Wiedervorlagen und der potenzielle Kunde bekommt eine ABC-Priorität, je nach Potenzial und Auftragswahrscheinlichkeit.
3. Wenn mein derzeitiger Ansprechpartner keinen Bedarf oder kein Budget hat, dann frage ich nach einer internen oder externen Weiterempfehlung. Mittlerweile hat mein Gesprächspartner Vertrauen aufgebaut und mein Leistungsportfolio vorgestellt bekommen. Oft weiß er jetzt bereits genau, wer statt ihm meine Leistung brauchen könnte und nennt mir dessen Namen.

Und noch ein Tipp zum Thema Leadgenerierung im Internet: Auf meiner Homepage www.schubs.com findet der »Schon-Bald-Kunde« verschiedenes Bonusmaterial, Verkaufstipps für Einzelkunden und den Sales Competence Check für Firmenkunden. Dieser »Content« sollte so wertvoll sein, dass der Interessent dazu bereit ist, seine Kontaktdaten zu hinterlassen. So wird aus einem unbekannten Webseitenbesucher ein bekannter Lead, mit dem ich weiter in Verbindung bleiben kann. Dieses Bonusmaterial kann ich natürlich auch beim ersten oder zweiten Kontakt am Telefon anbieten.

Jetzt sind wir mittlerweile auf der dritten Stufe der Pyramide angelangt. Es geht um ein konkretes Angebot und einen potenziellen Erstauftrag. Ich bin grundsätzlich immer sehr positiv und optimistisch eingestellt und gleichzeitig, möchte ich Sie an der Stelle warnen: Bitte tappen Sie hier nicht in die Falle, dass Sie zu euphorisch werden, wenn Ihr Telefonpartner sagt: »Dann schicken Sie mir halt einmal ein Angebot!« Wie hoch ist die Kaufwahrscheinlichkeit des potenziellen Kunden, wenn er sagt

»halt einmal«? Genau, sie ist nicht sehr hoch. Es handelt sich bei Ihrem Gesprächspartner vielleicht um einen Jäger und Sammler, der Ihr Angebot sorgsam in seinem E-Mail-Account aufbewahrt oder wenn Sie Glück haben vielleicht sogar in einem seiner elektronischen Ordner archiviert.

Bevor ich ein konkretes Angebot abgebe, prüfe ich mit jeder Menge konkreter Fragen, wie »käufig« mein Kunde wirklich ist. Wenn er sich die Mühe macht, mir die gewünschten Antworten zu geben und auch noch Details zum Entscheidungsprozess, wie Termin, Mitentscheider etc. verrät, dann ist alles gut. Dann hier mein letzter Tipp an dieser Stelle: Ich habe mir angewöhnt, immer nach dem nächsten Schritt nach dem Angebot zu fragen. Wann hören wir uns wieder? Wer ruft wen an und wann?

Das spart extrem Zeit und erhöht die Auftragswahrscheinlichkeit enorm!

Jetzt bin ich auf meiner Erfolgspyramide beim nächsten Schritt angelangt, die Auftragserteilung. Heureka, und Zeit für eine kleine Belohnung. Ein kurzes Innehalten, um den Erfolg zu feiern. Ich finde es total wichtig, jetzt nicht einfach zum Tagesgeschäft überzugehen. Es kommt natürlich schon drauf an, wie groß der Auftrag ist.

Dann wird mit größter Sorgfalt und guter Laune der Erstauftrag erledigt. Nicht falsch verstehen, jeder Auftrag ist total wichtig und wird von uns nach bestem Wissen und Gewissen erledigt. Die erste Leistungserbringung und die Betreuung nach dem Auftrag sind trotzdem sehr entscheidend, denn ich weiß ja bereits aus der Vorabanalyse, wie viel Potenzial der Kunde hat. Und ich will ihn unbedingt als Stammkunden gewinnen und zum SCHUBs Fan machen.

Bestimmt 50 Prozent meines Umsatzes, wenn nicht mehr, kommt aus Weiterempfehlungen. Darum sind begeisterte Kunden für mich so wichtig. Ganz abgesehen von den Erfolgserlebnissen und Glücksgefühlen, die sie erzeugen. Womit wir wieder beim Thema »Happy Sales« sind. Es ist wirklich ganz wichtig, sich der Teilerfolge im aktiven Verkauf bewusst zu werden und ein Erfolgscontrolling durchzuführen.

Was ich für den Geschäftskundenbereich aufgezeigt habe, funktioniert im Handel oder im Telefonverkauf genauso. Entwickeln Sie Ihr eigenes, einfaches Erfolgscontrolling, indem Sie zum Beispiel in einer Grafik mit den einzelnen Verkaufsphasen wöchentlich eine Strichliste führen, wie weit Sie im Verkaufsgespräch kommen. Sie werden sehen, ihre Striche im Bereich Verkaufsabschluss werden sich allein durch diese Messung häufen. Und ich kann Ihnen versprechen: Aufgrund der neuen Betrachtungsweise der Teilerfolge werden Sie automatisch mehr Erfolgserlebnisse im Verkauf erleben und daher auch mehr Glücksmomente genießen.

Die Erfolgspyramide als Königsweg in der Neukundengewinnung

Neben den Erfolgserlebnissen und Ihrer Motivation gibt es noch einen zweiten ganz entscheidenden Grund, warum Sie Ihren Königsweg zum Neukunden genauestens kennen sollten: Um Klarheit zu haben über die einzelnen Schritte, die notwendig sind, um in Stufen zu denken und diese einzelnen Stufen nach und nach zu beschreiten und um strategisch zu verkaufen und planvoll vorzugehen.

Wenn Sie beim Erklimmen der Stufen feststellen, dass Ihr Kunde schneller zum Auftrag bereit ist, dann lassen Sie ihn natürlich. Hüpfen Sie voller Elan gleich gemeinsam die Stufen hoch. Stufen können selbstverständlich auch übersprungen werden ☺.

Aller guten Dinge sind drei, so sagt der Volksmund. Und auch für die Erfolgspyramide gibt es einen dritten guten Grund: Ihr Marketing. Auf dem Weg zum Vertragsabschluss brauchen Sie unter Umständen Einstiegsprodukte oder Schnupperangebote, damit der Kunde Sie und Ihre Leistung erstmal kennenlernen kann. Und damit Sie im Kundengespräch ein klares Ziel bzw. Angebot haben. Das erhöht die Wahrscheinlichkeit extrem, verbindlich mit einem gemeinsam vereinbarten nächsten Schritt aus dem Gespräch herauszugehen.

Bei mir ist so ein Einstiegsprodukt oftmals ein Speedcoaching via Skype oder Zoom von 30 bis 45 Minuten zu einem sehr interessanten Einstiegspreis. Ich erfahre dabei mehr über den Kunden und seine Problemstellung. Der Kunde gewinnt durch die Beschreibung seiner Ist-Situation und seiner Ziele Klarheit und bekommt von mir erste konkrete Lösungsansätze. Eine klassische Win-win-Situation. Sollten Sie beim Lesen dieser Zeilen Interesse an so einem Speedcoaching bekommen, dann kontaktieren Sie mich gerne per E-Mail: kontakt@schubs.com.

Bei einem Kunden von mir, der unter anderem Workshops für Prozessoptimierung im Büro und Dokumentenmanagement verkauft, ist dieses Schnupperangebot ein Gutschein für eine zweistündige Beratung mit einem extra ausgebildeten und zertifizierten Experten. Wichtig dabei ist, dass dieser Gutschein wertig angeboten und knapp gehalten wird. Pro Monat gibt es nur eine beschränkte Anzahl an vergünstigten Beratungen, die vom Vertrieb Zielkunden mit Potenzial personalisiert angeboten werden. So gibt es bei Besuchen vor Ort, Veranstaltungen und am Telefon eine Möglichkeit die Kaufbereitschaft der Schon-Bald-Kunden aktiv zu testen.

Zurück zum Thema Marketing: Um effektiv und effizient zu arbeiten, ist es entscheidend, dass diese Kennenlern-Angebote ganz genau definiert sind. Wenn Sie im Team arbeiten, sollten alle Kollegen genauestens darüber Bescheid wissen. Und die Unterlagen sollten für alle zugänglich zur Verfügung stehen, um so wenig Rüstzeit wie möglich zu haben.

Also, drei gute Gründe eine *Happy-Sales*-Erfolgspyramide zu haben!

Übung: Erfolgspyramide

Wie sieht Ihre persönliche *Happy-Sales*-Erfolgspyramide aus?

Welche Stufen nehmen Sie auf dem Weg vom Kaltkontakt zum (Stamm-)Kunden?

Um diesen Schritten auf die Spur zu kommen, überlegen Sie sich am besten zwei bis drei Kunden, die Sie bereits für Ihr Unternehmen gewonnen haben.

Oder Sie stellen sich ganz klar einen Kunden vor, den Sie gewinnen wollen.

Jetzt gehen Sie einmal gedanklich die einzelnen Schritte vom Erstkontakt zum Auftrag durch. Wie sehen Ihr Verkaufsprozess und damit Ihre Erfolgspyramide aus?

Tragen Sie Ihre Schritte einmal relativ schnell und intuitiv in diese Pyramide ein:

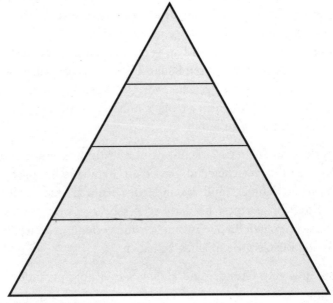

Abbildung 5: Meine Erfolgspyramide

Was haben Sie beim Erstellen der Erfolgspyramide herausgefunden?

Wie klar waren die einzelnen Schritte für Sie?

Am besten Sie besprechen diese Pyramide einmal mit Kollegen, Freunden und Bekannten, ja vielleicht sogar mit einem Kunden, mit dem Sie schon länger zusammen arbeiten.

Die Erfolgspyramide ist auch eine sehr gute Grundlage für ein individuelles Verkaufscoaching. Gemeinsam mit meinen Kunden haben wir immer großen Spaß daran, neue kreative Zwischenschritte zu definieren und auszuprobieren.

Unter Umständen benötigen Sie auch zwei bis drei unterschiedliche Erfolgspyramiden, abhängig von Ihren Kundengruppen,Ihren unterschiedlichen Leistungen, oder auch abhängig von Ihren Vertriebskanälen: direkt, indirekt, online, offline oder »hyprid«, eine Mischung aus Online- und Offline-Kanälen.

Nun zum zweiten Teil der Übung:

Bitte lassen Sie sich von nachstehenden, strategischen Fragen inspirieren und finden Sie Details zu Ihrem Verkaufsprozess heraus:

Wie ist der Kontakt zu diesem Kunden zustande gekommen?

Habe ich ihn aktiv aufgebaut und ergab sich der Kontakt zum Beispiel über Empfehlung, Social Media, die Webpräsenz oder Ähnliches? Lässt sich daraus ein Erfolgsschema ableiten?

_____

_____

_____

_____

Wie fand der erste Dialog mit dem künftigen Kunden statt? Per Social Media, per E-Mail, telefonisch oder kam es sogar schon zu einem Treffen?

_____

_____

_____

_____

Wie habe ich dann meinen potenziellen Kunden mit meinem Angebot vertraut gemacht?
Mit welchen Unterlagen (elektronisch oder gedruckt) habe ich meine Leistung vorgestellt? Mit welchen Argumenten schmackhaft gemacht?
Welche Einwände musste ich aus dem Weg räumen?

_____

_____

_____

_____

Wie sah dann mein konkretes Angebot, meine Offerte an den Kunden aus?
Welche Materialien, Referenzen habe ich beigefügt? Wie habe ich mein Angebot präsentiert? Und wie habe ich das Angebot nachgehalten/nachtelefoniert?

_____

_____

_____

_____

Wie kam es dann zum Auftrag?
Wie lief das erste Projekt ab?
Wodurch habe ich noch weitere Produkte/Dienstleistungen an meinen zufriedenen Kunden verkauft?

_____

_____

_____

_____

Wie viel ist dreimal Glück?

Wenn wir mit der *Happy-Sales*-Erfolgspyramide im Verkauf arbeiten, dann ist schon einmal ein ganz wichtiger Fortschritt in Richtung »glücklich im Verkauf« getan. Wir werden uns viel bewusster über unsere Teilerfolge. Wir erleben eine wichtige Selbstwirksamkeit mit jedem Schritt des aktiven Verkaufens. Und wir bekommen mehr positives Feedback von unseren Kunden und Schon-Bald-Kunden.

Mit Abstand das wirksamste Instrument der Positiven Psychologie ist nach Meinung vieler Studienteilnehmer das Glückstagebuch. Das durfte ich auch schon mehrmals am eigenen Leib erfahren, durch mein eigenes Glücks- und Erfolgsjournal und durch das Feedback meiner Seminarteilnehmer und Verkäufer, die ich aktiv im Salescoaching betreue.

Martin Seligman nennt die Übung auch »Dreimal Glück«, denn es geht darum, jeden Abend inne zu halten, den Tag Revue passieren zu lassen und drei Dinge zu notieren, über die man am heutigen Tag glücklich ist. Nicht jeden Tag geht es uns mit der Führung eines solchen Tagebuchs gleich. An manchen Tagen reichen drei Dinge bei Weitem nicht aus, man könnte eine ganze Liste an Glücksmomenten aufzählen. An anderen Tagen wiederum fällt es einen ziemlich schwer, schöne Dinge zu notieren. Und dennoch, bei genauerem Hinsehen finden wir doch immer etwas, über das wir uns gefreut haben und das uns glücklich gemacht hat. Manchmal müssen wir vielleicht unsere Ansprüche an das Glück etwas herunterschrauben. Was im Übrigen auch sehr heilsam sein kann.

Bei der HappySalesMethode geht es mir in erster Linie darum, sich der glücklichen Momente im Verkaufsleben bewusst zu werden. Und es geht mir darum, jeden Tag aktiv zu verkaufen. Aus diesem Grund habe ich das herkömmliche Glückstagebuch weiterentwickelt und auf den Verkauf zugeschnitten.

Der tägliche Positiv-Check im Verkauf

Das Ritual ist das gleiche geblieben, jeden Abend notiere ich mir drei Dinge, die mir heute im Verkauf geglückt sind und die mich glücklich gemacht haben. Hier können wieder Ihre Stufen und Teilergebnisse der Erfolgspyramide ins Spiel kommen. Oder aber es geht um ganz andere Dinge, die Sie glücklich gemacht haben: eine schöne Begegnung mit einem Kunden, ein tolles Feedback oder ein wertvoller Hinweis, die Teilnahme an einem Netzwerktreffen und der Austausch mit Gleichgesinnten. Vielleicht konnten Sie einem Menschen heute helfen und bei etwas Wichtigem unterstützen. Das sind für mich oft die wertvollsten Momente des Tages.

Übung:

Welche Glücksmomente fallen Ihnen ein? Notieren Sie doch nachstehend einfach mal spontane Ideen, die Sie im Verkauf glücklich machen. Das können tatsächlich schon erlebte Momente sein oder welche, die Sie sich in Zukunft wünschen:

_____

_____

_____

_____

_____

Schauen Sie sich Ihre bisherige Liste noch einmal an. Sind das Glücksmomente, die eher aus dem Bereich Hedonie, also Wohlfühlen und Genuss kommen? Oder liegt die Glücksursache in der Eudaimonie, im Sinn stiften, darin einen wertvollen Beitrag zu leisten und Erfüllung zu erfahren? Diese zuletzt genannten Punkte werden neudeutsch im Business oft als »Purpose« bezeichnet und erleben gerade einen regelrechten Hype, was sie aber nicht weniger wertvoll macht!

Ergänzen Sie bitte noch weitere Glücksmomente, die aus dem bis dato unterrepräsentierten Bereich Hedonie oder Eudamonie kommen:

_____

_____

_____

_____

_____

_____

Prima, gut gemacht. Ich möchte wetten, alleine das Aufschreiben all dieser Glücksmomente hat Ihnen schon ein Lächeln ins Gesicht gezaubert. Und Sie werden staunen, dass Sie diese Momente gefühlt häufiger erleben werden in den nächsten Tagen. Sie werden nämlich Ihr Bewusstsein darauf ausrichten. Und da Sie sie täglich messen werden, erleben Sie gleich zweimal Glück – in dem Moment des Erlebens und beim Aufschreiben am Abend.

Übung: Der tägliche Positiv-Check für den Verkauf

Beantworten Sie täglich für mindestens vier Wochen die nachstehenden Fragen.

Sollten Sie noch kein eigenes Glücks- und Erfolgstagebuch für den Verkauf haben, dann machen Sie Ihre Aufzeichnung zunächst direkt hier im *Happy-Sales*-Buch!

1) Welche drei Glücksmomente im Verkauf haben Sie heute erlebt?
Was daran macht Sie glücklich?

2) Was können Sie aus diesen Glücksmomenten für sich lernen?

3) Was werden Sie morgen tun, um ähnliche Glücksmomente wieder zu erleben?

Legen Sie sich für Ihren täglichen Positiv-Check ein schönes Notizbuch zu, das Sie inspiriert und Ihnen Freude bereitet. Natürlich können Sie auch eine beliebige Notiz-Software/App oder Ähnliches nutzen. Der Vorteil der elektronischen Variante ist, dass Sie Ihre Tagesrückblicke immer dabei haben. Auch ich habe die elektronische Variante für mich ausprobiert, bin aber wieder zum Notizbuch zurückgekehrt. Das manuelle Schreiben lässt einen besser reflektieren und mit dem Tag gut abschließen, finde ich. Probieren Sie es einfach aus, entscheidend ist, Sie machen den Positiv-Check wirklich einmal vier Wochen am Stück und beobachten dann, welche Erfolge Sie damit erleben.

Meine Empfehlung in Sachen Selbstorganisation ist es, nach Möglichkeit jeden Tag eine gleichbleibende Zeit für den Positiv-Check zu reservieren. Und wenn es möglich ist, auch einen festen Ort, wo Ihr Tagebuch schon bereit liegt. Je mehr Sie ein Ritual daraus machen, umso mehr wird die tägliche positive Rückbetrachtung zu einer angenehmen Routine. Und sollten Sie es wirklich einmal nicht tun, dann unbedingt am nächsten Morgen nachholen, das lässt Sie dann gleich positiv in den Tag starten, was auch sehr schön ist!

Nicht jeder Tag ist ein Tag zum Feiern. Sie dürfen sich auch mal Tage erlauben, wo es nicht so läuft, Sie sich ärgern oder sich sorgen. Ich hatte zum Beispiel diesen Frühsommer so eine Phase, wo einige akquirierte Aufträge aus den unterschiedlichsten Gründen heraus storniert wurden. Das hat mich dann schon geärgert und auch mal runtergezogen. Für mich war an diesen Tagen wichtig, einen klaren Schnitt zu machen mit den negativen Gedanken und einen Plan zu machen, wie ich diesen Umsatzverlust ausgleichen kann oder was ich alternativ mit der gewonnen Zeit anfangen kann. Dann habe ich mit einem Glücksmoment, zum Beispiel einem Spaziergang, dafür gesorgt, dass es mir wieder gutging und erst dann habe ich wieder zum Telefonhörer gegriffen und die Kontakte auf meiner Akquise-Liste angerufen.

An Tagen wie diesen war ich nicht sehr motiviert, den Positiv-Check zu machen. Und genau da kam für mich die Überraschung: Bei der Auflistung der positiven Dinge habe ich festgestellt, dass ich doch sehr produktiv war, einige wichtige Teilerfolge gemäß meiner Pyramide erzielen konnte und auch schöne, freudige Momente erlebt habe. Das ist das, was mich wirklich richtig überzeugt, und es ist einer der wichtigsten Gründe, warum ich jedem Verkäufer die tägliche Durchführung des Positiv-Checks ans Herz lege.

Ich empfehle Ihnen auch die Frage: »Was will ich morgen wieder tun um diese oder ähnliche Glücksmomente zu erleben?« jeden

Abend zu beantworten. Es ist eine ausgezeichnete Transferfrage, die Sie überlegen lässt, welche Art von Verkaufsaktivitäten zum Erfolg führen, welche Kontakte Sie weiterbringen und welche Beschäftigungen Ihnen Freude bereiten. So wird mit der Zeit aus Ihrem Tagebuch auch ein Erfolgs- und Inspirationsbuch, in dem Sie Ihre guten Ideen und »Erfolgsmechanismen« festhalten. Eine sichere Quelle an Impulsen, die Sie jederzeit wieder für sich nutzen können.

Aktiv verkaufen und sich belohnen!

Haben Sie Kinder? Wenn Sie wollen, dass Ihre Kinder ein bestimmtes Verhalten an den Tag legen, zum Beispiel den Tisch nach dem Essen abräumen oder das Zimmer aufräumen, wie stellen Sie das an? Klar, Sie geben die Anordnung dies zu tun und verknüpfen sie unter Umständen mit einem Incentive. Ein Incentive ist in dem Fall nichts anderes als eine Belohnung. Und was bei Ihren Kindern funktioniert, funktioniert bei uns Erwachsenen noch ganz genauso. Psychologen wissen schon seit über 100 Jahren, dass Belohnungen deutlich wirksamer sind als Bestrafungen, zumindest wenn es um Verhaltensänderungen geht.

Freilich ist es sehr schön, wenn uns zum Beispiel unser Chef mit einer Prämie belohnt oder der Kunde mit einer tollen Referenz. Extrinsische Motivation ist nett, intrinsische noch viel wirkungsvoller. Warum sich bei einem erreichten Ziel, bei einer durchgeführten Maßnahme nicht einmal selbst belohnen, um genau diese Motivation nachhaltig zu stärken. Außerdem fördert das unsere optimistiche Geisteshaltung, wie wir im letzten Kapitel gelernt haben.

Und noch eine interessante Erkenntnis in Sachen Belohnung: Wissenschaftler haben ein Experiment mit Ratten durchgeführt. Dabei haben sie Elektroden an der Stelle des Gehirns angeschlossen, an der das Belohnungssystem sitzt. Im Rattenkäfig war ein Schalter installiert. Jedes Mal, wenn die Ratten diesen Schalter gedrückt haben, wurde mit einem sanften Stromschlag das Belohnungszentrum angeregt. Die Ratten wurden vollkommen abhängig von der elektronischen Anregung ihres Belohnungszentrums. Sie waren so süchtig nach Belohnungen, dass sie sogar auf die Befriedigung ihrer Grundbedürfnisse durch Fressen, Sex und Schlafen verzichtet haben. Ganz erstaunlich, oder?

Leider habe ich keine solchen dramatischen, empirischen Beweise vorliegen, was den Zusammenhang von Verkaufserfolg und Belohnung anbelangt. Für positive Gefühle sorgen die kleinen »Goodies«, die wir uns selbst zukommen lassen, aber allemal. Und mehr Gründe braucht es eigentlich dafür auch nicht, oder?

Die hohe Kunst des Genießens

Die renommierten Glücksforscher Ed Diener und Martin Seligmann haben in ihren Studien unzählige Menschen, die sich auf der Glücks-Skala 0-10 (vergleiche Kapitel 1) sehr hoch bewertet haben, befragt, worin sie ihre besondere Fähigkeit zum Glücklichsein sehen. Die am meisten genannte Antwort lautete »sich an den kleinen Dingen freuen«.

Das erinnert mich sofort an ein Zitat von Daniel Gilbert: »Das große Geheimnis des Glücks ist es, dass es kein Geheimnis ist!« Denn was theoretisch so einfach erscheint, ist in unserem hektischen Alltag oft so schwer zu realisieren. Das Hedonische Glück, das Wohlfühl- und Genussglück, kommt deutlich zu kurz.

Ich kenne das sehr gut von mir selbst: Wenn ich während meiner Hauptseminar- und Vortragszeiten einen Homeoffice-Tag habe, dann bin ich sehr produktiv. Ohne viele Ablenkungen arbeite ich die Dinge ab, die auf meiner To-do-Liste stehen. Das ist auch schön und gut so und sorgt in der Regel für das Gefühl, richtig viel geschafft zu haben. Meistens vergesse ich in meiner »Abarbeitungstrance« jedoch die Zeit. Irgendwann werden dann die Augen müde und der Nacken signalisiert mit Verspannungen, dass es dringend Zeit ist für eine Pause. Oder ich beginne gar zu frieren, weil der Kreislauf aufgrund des starren Sitzens vor dem Laptop so »runtergefahren« ist. »Also gut, Zeit für eine Pause!«, denke ich mir und die mache ich dann meistens auch. Es ist aber gar nicht so einfach, jetzt vom Arbeitsmodus in den Ruhemodus umzuschalten. Ich überlege mir dann oft, wie ich jetzt meine Pause so nutzen kann, dass mein Körper auf seine Kosten kommt und mein Geist zur Ruhe findet. Und schon sagt der »Produktivist« in mir: »Na, dann pack doch mal schnell deinen Koffer aus und räum auf!« Haben Sie auch so einen »Produktivisten« in sich? Er ist das genaue Gegenteil vom inneren Schweinehund, der auch mal Ruhe geben kann. Mein Produktivist wird genährt von meinem inneren Antreiber »sei immer schnell«. Der ist bei mir sehr ausgeprägt und lässt mich im Alltag auch sehr schnell und sehr effizient arbeiten.

Nun gibt es zurzeit ja ein absolutes Modewort, nämlich das Wort »Achtsamkeit«. Und um genau diese Achtsamkeit geht es jetzt, nämlich nicht schnell den Koffer auszupacken und noch aufzuräumen, sondern innezuhalten (noch so ein Trendwort) und wahr zu nehmen, was einem jetzt im Moment guttut. Ein bißchen für Abwechslung sorgen – etwas Konfetti in den Alltag streuen – das ist jetzt angesagt!

Das sind genau die Situationen, in denen es darauf ankommt, etwas für die eigene Work-Life-Balance zu tun. Jetzt gilt es, die strikte Trennung von Arbeit und Freizeit aufzulösen und etwas für sein Wohlgefühl zu tun, ja Glücksmomente in den Alltag zu holen! Ansonsten habe ich an solchen Tagen, wie eben beschrieben, das Gefühl, zwar produktiv zu sein, aber eben nur zu funktionieren. Das Gegenmittel gegen »Nur-Funktionieren« aus der Positiven Psychologie heißt »Savouring«, ein Begriff der von den Wissenschaftlern Bryant und Veroff 1999 geprägt wurde. Savouring meint »bewusstes Genießen«. Dazu gehört zum Beispiel:

- stolz zu sein auf die eigene Leistung,
- dankbar zu sein, zum Beispiel für positive Begegnungen oder Erlebnisse,
- Staunen und Bewundern,
- sinnlich genießen.

Oftmals gelingt es uns sogar, gleich mehrere Disziplinen zu verknüpfen: Gerade habe ich bei einer internationalen Sales-Tagung in Athen einen Vortrag gehalten. Es ist Samstagmorgen, ein wunderbar sonniger Wintertag und ich bin eigentlich schon auf dem Rückweg nach München. Am Tag zuvor habe ich meinen Kunden gebeten, mir noch eine Extra-Stunde Taxifahrt zu arrangieren, um auf dem Weg zum Flughafen am Meer einen Stopp zu machen. Mein netter Kunde hat mir genau das ermöglicht! So genieße ich eine schöne Fahrt an der Küste entlang und sogar ein Stopp mit kleinem Spaziergang und Kaffee in der Sonne ist noch drin. Dann geht es glücklich, dankbar (weil sehr netter Kunde) und und auch zufrieden (Vortrag ist sehr gut gelaufen) zum Flughafen. Auf nach München, denn dort wartet schon die jährliche Fachmesse der Augenoptik auf mich und ein Wiedersehen mit weiteren netten Kunden!

Wenn Sie jetzt denken: »Kunststück, mal schnell nach Athen im Winter, kein Wunder, dass die Schubs ihr Leben genießt!«, dann darf ich Sie bitten sich zu überlegen, wie oft Sie Ihre Vertriebs- oder Unternehmertätigkeit in tolle Gegenden bringt? Und wie oft gelingt es uns dann wirklich auch etwas davon bewusst zu erleben? Eine halbe Stunde Spaziergang durch einen Park, ein Stopp in einem schönen Café, so etwas muss in meinem Augen einfach drin sein, sonst setze ich falsche Prioritäten oder habe meine Zeitplanung und damit mein Energiemanagement nicht im Griff. Aber dazu später mehr im Buch!

Zurück zu den Belohnungen, dem Konfetti im Alltag, und den Pausen. Können Sie sich in so einen von mir beschriebenen Arbeitstag im Büro hinein versetzen? Dann sollten Sie gerade jetzt einen Moment Zeit investieren und Pausenideen sammeln, die Ihnen persönlich Genuß bereiten und Ihre Batterien wieder auftanken!

Übung: Pausenideen

Wie sehen Ihre Produktivtage aus? Und welche Pausen tun Ihnen an solchen Tagen gut? Schreiben Sie bitte spontan mindestens fünf Dinge auf, die Ihnen dazu gerade einfallen:

_____

_____

_____

_____

_____

_____

Na, wie ging Ihnen das mit Ihren Pausen- und Belonungsideen? Wenn Sie noch zusätzliche Inspiration benötigen dann finden Sie diese auf meinem Glücksmomente-Mindmap (Abbildung 6).

Abbildung 6: Glücksmomente durch Pausen und Belohnungen

Um Ihre Kreativität weiter anzukurbeln nachstehend eine Tabelle mit persönlichen Beispielen zu den sechs Ästen der Glücksmomente-Mindmap:

Entspannen	- Relaxmusik - Powernap mit Kopfhörer und Augenmaske - Progressive Muskelentspannung oder Atemtraining
Gemeinsam	- Zum Kaffeetrinken verabreden - Nettes Telefonat - Virtuelle Verabredung per Facetime & Co - Gemeinsamer Kundentermin mit Kollegen
Verwöhnen	- Kurzmassage, zum Beispiel im Thaistudio - Kurzbehandlung bei der Kosmetikerin - Friseurbesuch mit Kopfmassage
Weiterentwickeln	- Podcasts, Hörbücher, Hörspiele - In einer Buchhandlung stöbern - Youtube Videos (Ted-Talks, Gedankentanken, etc.)
Bewegung	- Kurzer, flotter Spaziergang - Kurzyoga im Büro oder am Parkplatz - Kurzstop im Fitness-Studio oder Funktional Fitness im Park
Genießen	- Natur - Leute und alltägliches Leben beobachten - Lecker und gesund Essen und Trinken - Kultur: Sehenswürdigkeit oder kurzer Museumsbesuch

Welche Glücksmomente fallen Ihnen noch zusätzlich ein?

Welche »genießen« Sie künftig regelmäßig? Halten Sie diese gerne hier fest, oder machen Sie sich Ihre eigene Mindmap bzw. Tabelle, ganz nach persönlicher Vorliebe!

_____

_____

_____

_____

_____

_____

Fazit »Die hohe Kunst des Genießens«:

- Eine Liste mit alltagstauglichen Glücksmomenten und Pausenideen parat haben.
- Glücksmomente in den Tagesablauf einplanen.
- Den Produktivisten stoppen und diese auch wirklich durchführen.

5. Wie stärken Sie Ihr Verkaufstalent?

Lieber Leser, wir haben uns jetzt in den vorherigen Kapiteln dieses Buches bereits mit der grundsätzlichen Einstellung des Verkäufers, seinen Werten, seinen Zielen, seiner Erfolgsdefinition und der Steigerung seines Glückslevels auseinandergesetzt.

Jetzt sind wir bei einem extrem wichtigen Glücks- und Verkaufsthema angekommen: Ihren Stärken im Verkauf!

Zunächst einmal ganz kurz zum Begriff Stärken: Darunter versteht man stabile Merkmale der Persönlichkeit, die kontinuierlich vorhanden und doch bewusst veränderbar sind. Daniela Blickhan gibt in ihrem Handbuch der Positiven Psycholgie wesentliche Erkenntnisse der Stärkenforscher Christopher Peterson und Ryan Niemiec folgendermaßen wieder: »Jeder Mensch entwickelt sein individuelles Stärkenprofil im Laufe seines Lebens – und er entwickelt es stetig weiter. Nicht genutzte Stärken treten in den Hintergrund (...), häufig genutzte Stärken stabilisieren sich, neue werden zunächst vorsichtig ausprobiert und schließlich selbstverständlich eingesetzt!«

Es geht also um die Fragen:
* welche Stärken Sie im Verkauf brauchen und haben
* und wie Sie diese Stärken weiter ausbauen und so Ihr Verkaufstalent steigern können!

Warum kommt Ihren Stärken so eine große Bedeutung zu?

Wenn Sie für Ihre Aufgaben Ihre Stärken voll einsetzen können und dafür positives Feedback erfahren, dann stimmt Sie das glücklich. Der Einsatz Ihrer Stärken bereitet Ihnen Freude und macht Sie stolz auf Ihre Leistung. Und was ich außerdem genial finde ist, dass Sie mit einem minimalen Energieeinsatz ein maximales Ergebnis erzielen.

In der Motivationstheorie ist dieser Zustand auch als Flow bekannt. Sind diese Voraussetzungen in Ihrer Verkaufsaufgabe erfüllt, sind Sie nicht nur dauerhaft intrinsisch, also von innen heraus motiviert, Ihr Beruf macht Sie außerdem glücklich. Mehr zum Thema Verkaufen im Flow und wie Sie diesen wunderbaren Zustand regelmäßig herbeiführen können, finden Sie im Kapitel 13.

Welche Stärken braucht ein Verkäufer?

Das ist eine Frage, die ich extrem oft gestellt bekomme. Meistens von Unternehmern, Personal- oder Vertriebsleitern, die ihre Verkäufer zu mir ins Training oder ins Coaching schicken. In den letzten Jahren bekomme ich diese Frage auch immer häufiger von Selbstständigen und Einzelunternehmern gestellt. Diese merken meist in den ersten zwei bis drei Jahren nach der Existenzgründung, dass eine ihrer Hauptrollen der Verkauf ist. Und jetzt fragen sie sich berechtigterweise, ob sie dieser Aufgabe gerecht werden können.

Wie gesagt, die Frage nach der Erlernbarkeit des Verkaufens ist eine häufig gestellte und sehr gute Frage, die aber leider gar nicht so einfach zu beantworten ist.

Grundsätzlich kann jeder den Verkauf lernen. Es hilft allerdings, wenn ein Verkäufer oder ein sich selbst verkaufender Unternehmer bereits passende Grundeinstellungen mitbringt, also über ein gewisses Verkaufstalent verfügt. Dazu gehört für mich zum Beispiel ein relativ gut ausgeprägter Grad an Extrovertiertheit. Ein extrovertierter Mensch ist eher nach außen orientiert. Das bedeutet, dass er keine Scheu hat seine Gedanken und Gefühle zu äußern und sie mit anderen auszutauschen. Auch ein introvertierter Mensch ist dazu in der Lage.

Er fühlt sich allerdings weniger wohl dabei und es kostet ihn mehr Energie.

Ein Beispiel: Ein introvertierter und ein extrovertierter Verkäufer sind beide im gleichen Geschäft tätig. Es ist verkaufsoffener Sonntag und die Innenstadt ist voll. Den ganzen Nachmittag geht die Ladentür. Um 17:00 Uhr ist Ladenschluss. Der extrovertierte Mitarbeiter ist voller Elan. Er fühlt sich großartig und möchte am liebsten mit den Kollegen den erfolgreichen Nachmittag noch bei einem Bier begießen. Sein introvertierter Kollege winkt müde ab. Sein Kommunikationsbedarf ist für heute mehr als gedeckt. Er freut sich auf seine gemütliche Couch und ist wirklich froh, dass er sich den Montag zum Ausgleich frei genommen hat.

Wir Menschen sind nie nur introvertiert oder extrovertiert, und doch haben wir eine Grundprägung, auch Verhaltenspräferenz genannt. Immer wenn wir uns schnell und unbewusst auf eine Situation einstellen, dann verhalten wir uns gemäß unserer Verhaltenspräferenz. Dieser Ausdruck geht zurück auf die Verhaltenstypologie, als deren Begründer der Schweizer Psychiater und Psychologe C.G. Jung gilt. Auf Basis dieser Forschung gibt es mittlerweile zahlreiche renommierte Persönlichkeitsanalysen. Ich persönlich bin seit Jahren zertifizierte Insights-Discovery-Anwenderin und arbeite mit großer Freude mit diesem System in Vorträgen, Coachings und Trainings.

Lassen Sie uns jetzt mal genauer die Verhaltenspräferenzen Introversion und Extroversion anschauen.

Übung:

Für eine erste Einschätzung Ihrer Grundeinstellung können Sie für sich folgende Fragen beantworten:

Wenn Sie eher introvertiert sind, kann es sein, dass Sie ...
1. den Ruf haben ein guter Zuhörer zu sein.
2. zögern, bevor Sie antworten und es bevorzugen, erst darüber nachzudenken.

3. Entscheidungen zunächst alleine überdenken und erst dann eventuell eine zweite Meinung hinzuziehen.

Wenn Sie eher extrovertiert sind, kann es sein, dass Sie …
1. den Ruf haben ein guter Redner und Überzeuger zu sein.
2. Reden, bevor Sie nachgedacht haben und dies manchmal bereuen.
3. Entscheidungen gerne mit anderen besprechen, um sich eine Meinung zu bilden und dann schnell und spontan entscheiden.

Je nachdem, ob Sie mehr introvertierte oder mehr extrovertierte Fragen »bejaht« haben, ist bei Ihnen eher die eine oder die anderen Verhaltenspräferenz stärker ausgeprägt. Dies kann jetzt nur eine sehr ungenaue Einschätzung darstellen. Wenn Sie Wert legen auf eine sehr viel detailliertere Evaluierung, dann kontaktieren Sie mich bitte bezüglich Erstellung eines Persönlichkeitsprofils unter kontakt@schubs.com. Ich kann es jedem im Verkauf tätigen wärmstens empfehlen!

Jetzt zum Ergebnis Ihrer Kurzeinschätzung. Sie sind eher extrovertiert? Prima, Gratulation. Das ist eine sehr gute Voraussetzung für den Verkauf. Ihnen fällt es leicht, auf Kunden und Interessenten zuzugehen und einen regen Dialog zu pflegen.

Vergessen Sie bitte nur eins dabei nicht – wertschätzendes Zuhören ist eine ganz wichtige Begabung für einen Verkäufer. Es hilft also auch einmal zu schweigen ☺.

Und genau dabei sind introvertierte Personen im Vorteil. Ihnen fällt es leicht, geduldig die Wünsche und Bedürfnisse des Kunden zu erforschen. Etwas mehr Temperament ist allerdings angebracht, wenn Sie die Begeisterung für Ihr Produkt vermitteln wollen oder ein klares Gesprächsergebnis erzielen wollen.

Sie sind hochgradig introvertiert, müssen aber trotzdem neue Kunden gewinnen?

Dann überlegen Sie doch einmal, ob Sie sehr extrovertierte Tätigkeiten, wie zum Beispiel die Telefonakquise oder die Ansprache von Ihnen unbekannten Messebesuchern auslagern können.

Was können wir noch hinsichtlich des Verkaufstalents von der Verhaltenstypologie lernen? Bei der zweiten Verhaltenspräferenz geht es um die Fragestellung: Trifft der Mensch eher denk- oder eher fühlorientierte Entscheidungen. Auch dies ist nie eine Entweder-Oder-Frage, sondern immer eine Sowohl-Als-Auch-Frage. Soll heißen, Denker haben sehr wohl Gefühle und Fühler können auch denken ☺. Aber entweder das Denken oder das Fühlen gibt letztendlich den Ausschlag bei der Entscheidungsfindung. Auch hier habe ich wieder Fragen für Sie zur Beantwortung:

Wenn Sie eher denkorientiert sind, kann es sein, dass Sie …
1. so lange skeptisch sind, bis Sie alle Fakten bekommen.
2. in einer Diskussion beide Seiten gleichermaßen verstehen und begründen können.
3. Entscheidungen eher auf logische und analytische Art und Weise treffen.

Wenn Sie eher fühlorientiert sind kann es sein, dass Sie …
1. Entscheidungen eher aus dem Bauch heraus treffen.
2. in einer Diskussion die Bedürfnisse anderer Menschen berücksichtigen.
3. schnell dazu bereit sind anderen Menschen zu helfen, selbst wenn Sie dabei zu kurz kommen.

Na, sind Sie eher ein Denker oder ein Fühler? Die gute Nachricht ist, beides brauchen wir im Verkauf! Der Denker hat meist folgende Verkaufsstärken:
- zielorientiertes und sachorientiertes Vorgehen
- hohe Analysekompetenz
- klare Argumentation
- strukturiertes VorgehenWillensstärke und Durchhaltevermögen

Der Fühler hingegen weist folgende Stärken im Verkauf auf:
- hohe Sozialkompetenz
- gutes Einfühlungsvermögen
- hohes Engagement für den Kunden
- zuverlässige Betreuung auch über den Verkauf hinaus
- Beziehungsmanagement und Förderung der Kundenloyalität

In unterschiedlichen Verkaufsphasen brauchen wir eher Denker- oder Fühlerqualitäten. Es ist also gut, wenn wir entweder weitestgehend beides beherrschen oder dafür sorgen, dass von uns eher ungeliebte Tätigkeiten trotzdem erledigt werden.

Aus der Kombination von Extroversion/Introversion und Denken/Fühlen ergeben sich vier unterschiedliche Verkäuferprofile. In der typologischen Reinform bringen die 4 Persönlichkeitstypen folgende Stärken im Verkauf mit:

Introvertrierter Denker:	Extrovertierter Denker:
Analytisch, fachkompetent, detail- und prozessorientiert, strukturiert, bedacht	Sachlich, klar, prägnant, zielstrebig, erfolgsorientiert, schnell, überzeugend
Introvertierte Fühler:	Extrovertierter Fühler:
Menschlich, einfühlsam, harmonisch, bemüht, unterstützend, zuverlässig	Engagiert, begeisternd, flexibel, kommunikativ, kreativ, humorvoll

Nun ist Verkauf niemals gleich Verkauf! In der Investitionsgüterindustrie zum Beispiel braucht es sehr viel mehr Anteil aus dem Segment »Intovertiertes Denken«. Im Außendienst ist es oft eine Mischung aus extrovertiertem Denken und Fühlen, im Verkaufsinnendienst und der Kundenbetreuung dagegen mehr introvertiertes Fühlen – um nur ein paar Beispiele zu nennen. Außerdem setzt sich jede Persönlichkeit aus einer interessanten Mischung der einzelnen Typen zusammen. Und trotzdem ist es spannend, die eigene Persönlichkeit einmal etwas genauer zu ergründen. Die Erkenntnisse hinsichtlich Ihrer Stärken im Verkauf helfen bzgl. Verkaufsstrategie und Technik, Kundengewinnung und Bindung – kurzum für den gesamten Verkaufserfolg. Nicht zuletzt werden Glücksgefühl und empfundene Selbstwirksamkeit im Verkauf gesteigert. Wie gesagt ich unterstütze Sie dabei gerne und es folgen zudem noch weitere Tools und Übungen in diesem Kapitel.

Wenn ich für meine Kunden Verkäufer-Recruitings durchführe, dann erstellen wir im Vorfeld ein sehr differenziertes Sollprofil der Persönlichkeitsstruktur in Abhängigkeit von der genauen Stellenbeschreibung und der Branche des zukünftigen Arbeitgebers.

Dieses Sollprofil wird dann durch die Persönlichkeitsanalyse und gezielte Interviewfragen abgeprüft. Ich halte dieses Vorgehen für sehr sinnvoll, denn je geeigneter der Bewerber für den jeweiligen Job ist, umso motivierter ist er hinterher.

Fazit:

Noch einmal zurück zur Ausgangsfragestellung: Kann man Verkaufen lernen? Grundsätzlich lässt sich Verkauf zweifelsohne erlernen, egal was Ihre persönliche Veranlagung ist. Training, persönliche Weiterentwicklung und tägliches Tun fördert Ihr verkäuferisches Geschick. Fleiß spielt für den Verkaufserfolg eine große Rolle. Wenn Sie das richtige Talent mitbringen, dann müssen Sie sich deutlich weniger anstrengen und weniger überwinden, um täglich aktiv zu verkaufen. Das heißt aber nicht, dass Sie Ihre Stärken im Verkauf nicht trotzdem fördern und entwickeln können.

ärken stärken und glücklich werden

Stärken sind Fähigkeiten oder Fertigkeiten, die durch Erfahrung, Anwendung und Training ausgebaut werden. Gerade im deutschsprachigen Raum haben wir allerdings häufig keine Stärkenkultur, sondern eher eine Schwächen- oder Fehlerkultur. Das geht so weit, dass Coachees und Führungskräfte oft gleichermaßen unzufrieden sind, wenn wir nur über Stärken sprechen und nicht darüber, wie sie ihre Schwächen abstellen können. Natürlich gibt es im Verkauf »No-Gos«, also ausgeprägte Schwächen, die wie Hygienefaktoren wirken und ohne die der Unternehmer oder Verkäufer deutlich erfolgreicher wäre. Kontaktscheue, mangelnde emotionale Kompetenz oder reine Ich-Zentriertheit sind solche Hygienefaktoren für mich. Treten diese auf, dann gilt es gemeinsam ein Trainingsprogramm zu entwickeln, zum Beispiel wie mehr soziale und emotionale Kompetenz aufgebaut werden kann, aber eben auch nur dann, wenn es sich um entscheidende Schwächen handelt! Ansonsten gilt ganz klar: »Stärken stärken!«

Der renommierte amerikanische Psychologe Robert Biswas-Diener, der glücklicherweise schon bei mehreren Coachingseminaren in der Nähe meiner Heimatstdt Rosenheim referiert hat, hat zum Thema Stärken stärken eine schöne Methapher: »Stellen Sie sich vor, Sie sitzen in einem Segelboot auf offener See und bemerken ein Leck. Wenn Sie nicht untergehen wollen, ist das Flicken dieses Lecks notwendig und hat Vorrang. Doch das alleine wird Sie nicht voranbringen, wenn Sie nicht auch irgendwann die Segel setzen!« (Quelle: *Positive Psychologie: Ein Handbuch für die Praxis*, Daniela Blickhan). Ein eindrückliches Beispiel wie ich finde, das den Zusammenhang zwischen echten Schwächen und wichtigen Stärken – dem Wind beim Segeln – schön verdeutlicht!

Die Positive Psychologie legt besonders viel Wert auf den Einsatz der persönlichen Stärken, denn sie bereiten uns Freude. Martin Seligman bezeichnet dies als »Engagement«, das »E« in der PERMA-Formel. Zusammen mit dem Psychologen Christopher Peterson und dem amerikanischen Values-In-Action (VIA) Institute entwickelt Martin Seligman einen Fragebogen zur Messung von psychologischen Stärken und Tugenden, der in dieser Form seit 2004 weltweit eingesetzt wird.

Die deutschsprachige Adaptation des Fragebogens wurde am Lehrstuhl für Persönlichkeitspsychologie und Diagnostik der Universität Zürich unter der Leitung von Prof. Dr. Willibald Ruch vorgenommen und wird dort fortlaufend weiterentwickelt.

Unter www.charakterstaerken.org können Sie mit Hilfe von einfachen und doch ausgereiften Testfragen Ihre sogenannten Signaturstärken identifizieren. Signaturstärken sind Stärken, die im Vergleich zu den anderen überdurchschnittlich hoch entwickelt sind. Je mehr und je öfter Sie Ihre Hauptstärken einsetzen, umso sinnvoller werden Sie Ihr Leben empfinden.

Charakterstärken, verteilt auf sechs Stärkengruppen/Tugenden:

Weisheit und Wissen (Stärkengruppe/Tugend)

Kreativität, Einfallsreichtum und Originalität

Neugier und Interesse

Urteilsvermögen, kritisches Denken und Aufgeschlossenheit

Liebe zum Lernen

Weisheit, Weitsicht bzw. Tiefsinn

Mut (Stärkengruppe/Tugend)

Tapferkeit und Mut

Ausdauer, Beharrlichkeit und Fleiß

Authentizität, Ehrlichkeit, Aufrichtigkeit und Integrität

Enthusiasmus, Tatendrang und Begeisterungsfähigkeit

Liebe und Humanität/Menschlichkeit (Stärkengruppe/Tugend)

Bindungsfähigkeit und Fähigkeit zu lieben

Freundlichkeit, Großzügigkeit, Fürsorge und Altruismus

Soziale Intelligenz bzw. soziale Kompetenz, Empathie

Gerechtigkeit (Stärkengruppe/Tugend)

Teamfähigkeit, Zugehörigkeit und Loyalität

Fairness, Gleichheit und Gerechtigkeit

Führungsvermögen (im Business oftmals als »Leadership« bezeichnet)

Mäßigung (Stärkengruppe/Tugend)

Vergebungsbereitschaft

Bescheidenheit

Vorsicht, Klugheit und Diskretion

Selbstregulation, Selbstdisziplin

Transzendenz (Stärkengruppe/Tugend)

Sinn für das Schöne und Gute

Dankbarkeit

Hoffnung, Optimismus und Zuversicht

Humor und Verspieltheit

Spiritualität, Glaube

Bei der Stärkengruppe Transzendenz geht es um übergeordnete und übergreifende Erkenntnisse und Erfahrungen, die Sinn stiftend wirken – jenseits von materiellen und körperlichen Dingen.

Übrigens, falls Sie sich fragen was es mit dem Begriff »Tugend«, oder auf Englisch »virtue« auf sich hat: Er kommt vom Lateinischen »virtus« und meint einfach übersetzt »tauglich«. Man bezeichnet mit Tugend auch »den Besitz einer positiven Eigenschaft«. Bereits Aristoteles prägte den Begriff der Tugend und bezeichnet den Einsatz der Tugend als den Weg zur Glückseligkeit im Sinne eines erfüllten Lebens.

Ich habe mich sehr intensiv mit allen 24 Charakterstärken und ihrer Bedeutung auseinandergesetzt und kann Ihnen daher sagen: Alle 24 Eigenschaften sind »verkaufstauglich«, das heißt der bewusste Einsatz von allen 24 Stärken hilft Ihnen in unterschiedlichen Verkaufssituationen und Herausforderungen. Damit ist es bewiesen, Sie können definitiv verkaufen, Sie müssen es nur wollen ☺.

Fazit:

Was für das generelle Leben gilt, gilt natürlich auch ins besonders für das berufliche Leben, denn gerade hier kommt es auf den täglichen Einsatz unserer Stärken an. Je mehr wir unsere Stärken ausbauen und leben, umso glücklicher werden wir. Je mehr Sie Ihre Stärken in Ihrem Verkäuferberuf oder Ihrer Verkäuferrolle einbringen können, umso mehr Erfolgserlebnisse werden Sie verspüren. Kraftvoll ausgedrückt: »Sie bringen im Verkauf Ihre PS auf die Straße und fühlen sich dabei energiegeladen und erfolgreich!«

Übung:

Ganz im Sinne von Stärken stärken wenden wir uns jetzt einmal gemeinsam Ihren Signaturstärken zu. Entweder Sie ermitteln Ihre Top-Fünf Stärken durch den kostenlosen Test im Internet oder

Sie gehen einfach noch einmal manuell die Liste mit den 24 Stärken durch und kreuzen die an, die Sie am meisten ansprechen.

Wenn Sie innerlich so etwas wie »Genau das mache ich!« oder »Ja, so bin ich!« rufen, dann ist das sehr wahrscheinlich eine Ihrer Top-Stärken.

Bitte notieren Sie hier Ihre fünf Top-Stärken:

1.
2.
3.
4.
5.

Jetzt überlegen Sie bitte einmal, wann Sie diese fünf Top-Stärken im Verkauf einsetzen können?

_____

_____

_____

_____

_____

Praktische Beispiele:

Stärke »Urteilsvermögen« bedeutet, die Dinge gerne logisch und kritisch zu durchdenken. Objektivität im Verkauf hilft immer dann, wenn Sie zwischen unterschiedlichen Lösungsalternativen für den Kunden entscheiden oder sich sachlich auf eine Verhandlung vorbereiten.

Stärke »Soziale Intelligenz« umfasst sowohl eine gute Selbstkenntnis, als auch das Gespür für Ihre Kunden. Diese Stärke brauchen Sie zum Beispiel bei der Herstellung einer guten Beziehungsebene oder bei der Entkräftung von Einwänden.

Na, was ist Ihnen alles eingefallen? Ich bin sicher, jetzt sind Sie erstmal selbst überrascht über wie viele positive Eigenschaften für den Verkauf Sie verfügen.

Dann notieren Sie sich in einem nächsten Schritt:

Welche Erfolge haben Sie schon mit Hilfe dieser Stärken erzielt?

_____

_____

_____

_____

_____

Und, wieder positiv überrascht, was Ihnen alles eingefallen ist? Dann klopfen Sie sich mal ganz toll selbst auf die Schulter. Seien Sie stolz auf Ihre Erfolge. Am besten Sie übertragen diese gleich einmal in Ihr Erfolgstagebuch.

Die zentralen Fragen dieses Kapitels lauten: Wie stärken Sie Ihr Verkaufstalent? Wie können Sie diese ihre Signaturstärken möglichst gut und möglichst oft im Verkauf einsetzen? Dazu habe ich eine tolle Übung für Sie!

Ich nenne Sie die 5-Tage-Stärkenwoche.

Übung: Die 5-Tage-Stärkenwoche

Jedem Wochentag von Montag bis Freitag ordnen Sie jetzt eine Ihrer Top-Fünf Stärken zu. Zum Beispiel Montag=Neugierde, Dienstag=Begeisternder Tatendrang, Mittwoch=Freundlichkeit, Donnerstag=Fairness und Freitag=Sinn für das Schöne und Wunderbare. Also, los geht's, am besten gleich für die nächste Woche auch festhalten:

Wochentag	Stärke
Montag	
Dienstag	
Mittwoch	
Donnerstag	
Freitag	

Jetzt geht es darum, dass Sie an dem jeweiligen Tag der Woche Ihre Tagesstärke möglichst intensiv und häufig einsetzen. Am besten schauen Sie sich bereits am Abend vorher die Termine des nächsten Tages an. Wie können Sie zum Beispiel am Montag besonders neugierig sein? Wobei könnte Ihnen dies helfen? Welche Aufgaben könnten Sie mit Hilfe der Neugierde einmal kreativ und anders lösen?

Am Abend des jeweiligen Wochentages überlegen Sie sich im Rahmen Ihres Positiv-Checks:

- Wie habe ich mich durch den Einsatz meiner Signaturstärke gefühlt?
- Wie energiegeladen und glücklich war ich dabei?
- Welche Erfolge im Verkauf hat mir der Einsatz der Stärke ermöglicht?
- Wann nehme ich mir vor, diese Stärke wieder ganz bewusst einzusetzen?

Übung: Die 5-Tage-Verkaufsstärken-Trainingswoche

Glückliche Verkäufer kennen ihre Stärken, wissen aber auch um ihre Schwächen.

Die Übung für Fortgeschrittene lautet daher: Welche Stärken sind bei mir etwas unterrepräsentiert, für den Verkauf aber sehr nützlich?

Machen Sie auch hier eine 5-Tage-Verkaufsstärken-Trainingswoche.

Konzentrieren Sie sich doch einmal am Montag auf »Ausdauer«, wenn Sie schon im Vorfeld wissen, dass Sie an diesem Tag Angeboten nachtelefonieren. Oder suchen Sie sich die Stärke »Tatendrang« für einen Tag aus, in dem eine eher ungeliebte Tätigkeit, wie zum Beispiel Pflege der Adressdatenbank ansteht.

Wann planen Sie Ihre Trainingswoche?

Halten Sie am besten gleich hier Ihren Termin fest:

_____

_____

Und/oder übertragen Sie die Stärken, die Sie trainieren wollen, in die jeweiligen Kalendertage Ihres Planungssystems.

Gratulation zu Ihrer Konsequenz, lieber Happy-Sales-Verkäufer. Sie dürfen stolz auf sich sein. Wenn Sie diese beiden Übungen regelmäßig durchführen, werden Sie nicht nur glücklicher, sie stärken auch Ihr Verkaufstalent nachhaltig!

Und noch eine Idee, gut geeignet für Teammeetings: »Stärkenerlebnisse«

Bei einem internationalen Verkaufsmeeting richtete ich die Bitte an das Publikum, sich an ein verkäuferisches Erfolgserlebnis zu erinnern. Damit verband ich die Aufforderung, während des Kongresses dieses Erlebnis mindestens drei Personen zu erzählen. Nach anfänglichem Erstaunen haben sich CEO und Teilnehmer dazu bereit erklärt und dies auch konsequent durchgeführt. Was habe ich damit beabsichtigt und was ist tatsächlich auch eingetreten? Erstens ein Elevation-Effekt, also eine positive Aufwärtsspirale, wie in der Broaden-und-Build-Theorie von Fredrickson beschrieben. Die Stimmung in den Pausen und beim Essen war positiver und kraftvoller. Zweitens: alle Teilnehmer haben sich mit ihren Stärken auseinandergesetzt und sind positiv und motiviert aus dem Meeting gegangen – natürlich nicht nur wegen den erzählten Stärkenerlebnissen ☺. Was halten Sie davon, das mal in Ihren Vertriebsmeetings auszuprobieren – am besten nicht nur einmalig, sondern gerne wiederkehrend als Ritual.

Ich bin gespannt, wie Ihre Mannschaft darauf reagiert!

Nun haben Sie viele Anregungen bekommen, wie Sie Ihr Verkaufstalent individuell und in der Gruppe fordern und fördern können. Im nächsten Kapitel führen wir die Reise »Entwickeln der Verkäuferpersönlichkeit« weiter und gelangen von den Stärken zu den verkäuferischen Fähigkeiten und Fertigkeiten. Wir betrachten diese vor dem Hintergrund des Verkaufsgespräches und der einzelnen Gesprächsphasen.

Und wir beschäfigen uns mit dem Einfluß der Digitalisierung auf die verkäuferischen Kompetenzen – es bleibt also weiter spannend und Sie hoffentlich offen und veränderungsbereit!

5. Fit for future sales – ein Update für Ihre Verkaufsfähigkeiten

Im vorherigen Kapitel haben wir uns vorrangig auf Ihr Verkaufstalent und auf Ihre Stärken im Verkauf und Vertrieb konzentriert. Diese sind ein stabiler Teil Ihrer Verkäuferpersönlichkeit und das ist gut so. Deutlich leichter veränderbar sind Ihre Verkaufsfähigkeiten und -fertigkeiten und auch das ist gut so! Warum? Weil der Verkauf stärker im Umbruch ist als je zuvor! Und weil sich die Rolle des Verkäufers im Allgemeinen und die des Vertriebsmitarbeiters im Speziellen deutlich ändert. Lange vorbei sind die Tage, als Außendienstmitarbeiter, sozusagen »lebendige Bestellblöcke auf zwei Beinen«, die Kunden mit dem Ziel besuchten, einen möglichst hohen Auftrag zu bekommen und fröhlich pfeifend wieder in ihr Dienstfahrzeug zu steigen.

Vertriebsmitarbeiter im Außendienst – ein verändertes Stellenprofil

Der Außendienstmitarbeiter von heute hat durch digitale Bestellvorgänge sowie durch Internet und Onlinehandel knallharte Konkurrenz bekommen. Algorithmen sammeln im Web rund um die Uhr Daten über den Kunden und schneidern passgenaue Angebote. Und das so schnell und treffsicher, dass der Mensch im Vertrieb kaum mithalten kann. Muss er auch gar nicht, denn die Hauptaufgaben haben sich klar verändert! In Abbildung 7 finden Sie ein Beispiel eines neuen Stellenprofils im Vertrieb, wie ich es anlässlich einer *Happy-Sales*-Trainingsreihe für einen meiner Kunden, einen namhaften deutschen Schreibartikelhersteller, entwickelt habe.

Die Kernanforderung an den Verkäufer im Geschäftskundenvertrieb ist heute die des Beziehungsmanagers. Durch ureigene menschliche Fähigkeiten wie Empathie, Neugier und Charisma baut er Vertrauen, Sympathie und damit tragfähige

❶ Markenbotschafter

❹ Stärkt Abverkauf mit
Marketingaktivitäten.
Berät hinsichtlich
Marketing- & BWL-
Themen.

❶ Macht Marke für
Händler und Endkunden
erlebbar.
Kümmert sich um gute
Warenprasentation.

❹ Berater

Verkäufer,
Beziehungs-
manager

❷ Motivator

❸ Liefert überzeugende
Argumente und
Demonstrationen fur
Endkundenberatung.

❷ Demonstriert lebendig
neue Produkte und schafft
Bindung zur Marke und
zum Hersteller.

❸ Verkaufstrainer

Abbildung 7: Rollen im AD

Verbindungen zu seinen Kunden auf. Die Berufung des Vertriebsmitarbeiters besteht darin, mit seiner ganzen emotionalen Intelligenz und sachlichen Kompetenz für seine Kunden Markenbotschafter, Motivator, Verkaufstrainer und Berater in einer Person zu sein. In der 1. Rolle als Markenbotschafter ist es seine Aufgabe, die Identifikation des Händlers mit der Herstellermarke immer wieder von Neuem zu stärken und so Leidenschaft zu schaffen für dessen Produkte. Das ist deshalb so ursächlich, weil das Verkaufspersonal des Händlers wiederum diese Produkte leidenschaftlich an den Endkunden verkaufen soll. Und Kunden suchen im Zeitalter 4.0 eben auch ein Kauferlebnis 4.0! Motivation ist dabei Erfolgsfaktor Nr. 1 – sowohl im Verkauf an den Endkunden als auch zuvor beim Händler. Für die nötige Kauflaune bei beiden sorgen sinnliche Erlebnisse – ein guter Verkäufer ist eben immer auch ein guter Entertainer!

Neulich begleitete ich einen etablierten Gebietsleiter des zuvor genannten namhaften Schreibgeräteherstellers auf seiner Außendiensttour. Bei Schreibwarenhändlern und in Bürofachmärkten stellte er schwerpunktmäßig Produktneuheiten und Aktionen vor. Und davon gab es einige. Mit seiner prall gefüllten Tasche voller Produktflyer und Demomaterial sowie einem

Tablet standen wir vor der Facheinkäuferin, die sich schnell mal Zeit für uns genommen hatte. Und schon ging sie los, die wilde Präsentationsshow: gefühlt zehn Themen in zwanzig Minuten unter Einsatz von drei unterschiedlichen Präsentationsmedien, frei nach dem Motto »Viel hilft viel«.

Ist das wirklich das sinnliche Erlebnis, von dem ich spreche? Gutes Entertainment richtet sich immer am Zielpublikum aus, an deren Bedürfnissen und an deren Aufmerksamkeitsspanne. Nein, jetzt kommt nicht der viel zitierte Goldfisch mit der Konzentrationsfähigkeit von wenigen Sekunden! Aber gestresstes Verkaufspersonal kann sich sicher auch nicht länger als 15 bis maximal 20 Minuten auf eine solche »Produktshow« fokussieren. Also ist es unsere Aufgabe als Motivator und Verkaufstrainer (vgl. Abbildung 7: Rollen 2 und 3), eine gezielte Produktvorauswahl zu treffen und diese kurz, knapp und vor allem bildhaft und anschaulich zu demonstrieren. Wie soll das Verkaufspersonal sonst diese Argumente und Demonstrationen gegenüber dem Endkunden weitergeben und so seiner Multiplikatorrolle nachkommen?

In der 4. Rolle des Außendienstmitarbeiters, der Beraterrolle, geht es darum, dem Händler unterstützend und beratend zur Seite zu stehen. Von der Personalführung in Zeiten von Fachkräftemangel und Generation X,Y,Z-Ansprüchen, über Prozesse, die nach Digitalisierung schreien, bis hin zur richtigen Online-Marketingstrategie – Unternehmer stehen heute vor vielfältigen Herausforderungen. Deshalb ist es die vielleicht sogar wichtigste Aufgabe des Vertriebsmitarbeiters, seinem Kunden ein beratender Partner zu sein. Und gerade hier erlebe ich eine gewisse Ohnmacht auf beiden Seiten, bei Vertrieb und Handel. Ich will den Druck nicht zu groß werden lassen, aber an dieser Stelle ist mein Motto: »Don't disrupt yourself, but innovate yourself!« Wer heute im Vertrieb seine Aufgabe nicht global genug betrachtet, der wird den Ansprüchen von Vertrieb 4.0 nicht gerecht. Wer mit einem »fixed mindset«, also einer beharrenden Einstellung unterwegs ist, der versäumt es, seine Vertriebsfähigkeiten und -fertigkeiten weiter auszubauen und gehört damit leider bald zum alten Vertriebseisen!

Doch als echter Happy Seller wird Ihnen das garantiert nicht passieren, denn Sie wissen ja aus Kapitel 1, den schönen Seiten des Verkäuferberufs, dass wachsen und sich weiterentwickeln einen wesentlichen Beitrag zum persönlichen Glücksempfinden leistet! Aus diesem Grund habe ich den Sales Competence Check entwickelt, mit dessen Hilfe Sie für sich selbst oder Ihre Mitarbeiter im Vertrieb die wichtigsten Vertriebskompetenzen auf Aktualität und Wachstumsbereiche überprüfen können.

Mit den richtigen Vertriebskompetenzen gerüstet für den Verkauf 4.0

Was sind Vertriebskompetenzen überhaupt? Im Gegensatz zu den Stärken werden diese Fähigkeiten und Fertigkeiten erlernt, zum Beispiel im Rahmen von Vertriebstrainings oder Coachings. Im Verkauf entwickeln wir unser Können außerdem maßgeblich durch praktisches, tägliches Tun weiter, also durch »training on the job«.

Die Vertriebskompetenzen, die heute relevant sind, decken ein weites Spektrum ab. Zur besseren Übersicht habe ich sie in 6 Bereiche unterteilt, wie die Abbildung 8 zeigt.

Abbildung 8: Vertriebskompetenzen 4.0

Bereich Nr. 1: Gezielt agieren mit strategischer Kompetenz

Gleich im ersten Bereich, der Verkaufsstrategie, haben Unternehmen meist enormen Aufholbedarf. Zusammen mit der Unternehmensführung und der Marketingabteilung ist es Aufgabe des Vertriebs, alte Geschäftsmodelle auf den Prüfstand zu stellen und zu analysieren, welche Digitalisierungschancen sich hier bieten. Welche Produkte, Services und Leistungen können online angeboten oder zu mindestens vermarktet werden? Welche Zielkunden will man damit ansprechen? Marketingexperten erstellen hierzu ein oder mehrere »Persona Profile« (siehe auch Kapitel 7), in denen sie den Wünschen und Gedanken des Kunden auf den Grund gehen. Diese Kundenbeschreibungen bieten eine optimale Basis für Online-Marketing und Vertriebsgesprächsführung zugleich. Die darauf basierende »virtuelle Reise des Kunden«, die Customer Journey, zeigt, bei welchen wichtigen Berührungspunkten, den »Touchpoints«, der Kunde mit dem Unternehmen in Kontakt tritt. Hier sind gemeinsame Online- und Offline-Aktivitäten von Marketing und Vertrieb wünschenswert. Rücken also Dank Digitalisierung zwei Abteilungen näher zusammen, die eigentlich seit jeher zusammengehören? Auf jeden Fall braucht es neue strategische Kompetenzen auf Seiten der Vertriebsmitarbeiter, denn diese neuen Verkaufskanäle gehören miteinander verzahnt und gemanagt.

Bereich Nr. 2: Die Verkäuferpersönlichkeit als Emotional Selling Proposition

Alle Informationen stehen online zur Verfügung, auch der Kaufabschluss kann oftmals virtuell getätigt werden. Macht da der persönliche Kontakt zu einem Vertriebsmitarbeiter noch Sinn? Ich sage Ja, aber nur dann, wenn der Verkäufer über eine charismatische Persönlichkeit verfügt und der persönliche Kontakt die Kundenbeziehung bereichert (mehr dazu in Kapitel 7)! Denn neben der USP (Unique Selling Proposition), im deutschen Alleinstellungsmerkmal genannt, zählt heute vor allem die ESP, die

Emotional Selling Proposition. Die positiven, persönlichen Eigenschaften des Verkäufers sind es, die im digitalen Wettbewerb einen entscheidenden Verkaufsvorteil verschaffen. Insbesonders Verkäuferqualitäten wie Begeisterungsfähigkeit, Empathie und Intuition sind gefragt. Damit diese persönlichen Eigenschaften auch in hektischen Zeiten zur Geltung kommen können, wird gutes Energie- und Stressmanagement immer wichtiger. Mehr Informationen hierzu bekommen Sie in Kapitel 14. Die Fähigkeit zur Selbstreflektion und zur positiven Gefühlsregulierung wird durch die Positive Psychologie ganz besonders geschult, deshalb gibt es hier in *Happy Sales* auch jede Menge Tipps dazu. Ich persönlich freue mich sehr, dass es im Business nun mehr erlaubt, ja sogar erwünscht, ist, über Emotionen und deren Wirkung zu sprechen, denn gerade der Verkauf basiert auf nichts anderem!

Der 3. Bereich: Die erfolgsentscheidende Fähigkeit, neue Kunden zu gewinnen

Sind Sie bzw. Ihre Vertriebsmitarbeiter eher »Hunter« oder »Farmer«? Ein »Hunter«, also Jäger, hat die Aufgabe, sich explizit auf die Neukundengewinnung zu konzentrieren, während ein »Farmer« sich mehr um das Bestandskundenmanagement kümmert. Einer meiner Kunden, der größte mittelständische IT-Dienstleister und Händler in Baden-Württemberg, unterscheidet explizit zwischen diesen beiden Vertriebsprofilen. Das finde ich sehr konsequent, denn damit ist nicht nur die Aufgabenstellung klar, sondern es braucht auch ganz unterschiedliche Stärken und Fähigkeiten, wie in Kapitel 5 bereits erläutert!

Besondere persönliche Kompetenzen fordert auch die Digitalisierung, die uns viele Chancen in der Neukundengewinnung eröffnet, wenn man sie zu nutzen weiß! Beispielsweise Leads, also Kontakte zu potenziellen Neukunden im B2B, entstehen heute bereits mindestens zu 30% im Netz, Tendenz steigend. Und das, obwohl die meisten im Verkauf Agierenden immer noch viel zu wenig präsent sind auf virtuellen Netzwerken.

Gerade der Mittelstand hinkt extrem hinterher, wie eine Studie aus 2017 zeigt: Demnach empfindet nur ein Drittel der rund 5000 befragten Geschäftsführer und Führungskräfte mittelständischer Unternehmen aus der DACH Region virtuelle Kontaktpflege als wichtig (Quelle: *managerSeminare*, März 2017). Eine Gruppe, die normalerweise sehr stark in Sozialen Medien vertreten sind, sind die Freiberufler und Solopreneuere. Aber auch hier habe ich neulich in einem Seminar eine erschreckende Erkenntnis machen müssen: Von 11 anwesenden Konferenzdolmetschern waren nur 4 auf LinkedIn präsent, und das obwohl Dolmetscher vorrangig im internationalen Umfeld agieren. Eine derartige mangelnde virtuelle Kontaktpflege ist bedauerlich, denn dadurch werden Chancen der Digitalisierung im Verkauf vergeben. Das dritte Feld des Kompetenzchecks funktioniert heute nämlich zunehmend durch einen Mix aus Social Selling, Kunden-Profiling und 360° Dialogkompetenz. Das heißt, althergebrachte Vertriebskompetenzen, wie Telefon- und Vorortakquise werden mit kommunikativen Skills in den sozialen Medien kombiniert. Der bewusste und gekonnte Einsatz der unterschiedlichen Kommunikations- und Akquisitionskanäle stellt für viele Verkäufer eine Herausforderung dar. Entscheidend beim Aufbau von Kundenkontakten ist Format und Timing. Natürlich geht es sehr viel schneller, ein E-Mail oder eine Social-Media-Nachricht zu schreiben als einen Entscheider ans Telefon zu bekommen. Ab einem gewissen Zeitpunkt der sich entwickelnden Beziehung ist jedoch der Wechsel auf den direkten, synchronen Dialog deutlich zielführender. Denn ansonsten drohen unsere virtuellen Kontakte genau in diesem Stadion zu bleiben und nicht zu echten Kunden zu werden.

Bereich Nr. 4: Fähigkeiten rund um eine gelungene Verkaufsgesprächsführung

Eine gute Gesprächsführung zu beherrschen ist das A und O im Verkauf, denn wir brauchen diese Fähigkeit tagtäglich bei jedem

Neu- und Bestandskundenkontakt. Sämtliche Trainings zum Thema Verkaufsgesprächsführung orientieren sich an den einzelnen Phasen des Verkaufsgesprächs. Das macht auch Sinn, denn dann folgt man automatisch einer klaren Struktur – im Training wie in der Praxis. Natürlich ist jeder Gesprächspartner individuell und jede Gesprächssituation eine andere und doch gibt es fast immer Parallelen. Im letzten Jahrzehnt hat es in der Verkaufsgesprächsführung – mal wieder getrieben durch das Internet – deutliche Veränderungen gegeben. Da nicht alle Verkäufer diesbezüglich ein Update bekommen haben, werde ich im Anschluss an die sechs Bereiche des Sales Competence Checks gesondert auf die aus meiner Sicht notwendigen Neuerungen in den einzelnen Phasen eingehen.

Der 5. Bereich: Der Verkäufer der Zukunft ist ein talentierter Beziehungs- und Informationsmanager

Wie wir bereits in der Abbildung des Stellenprofils am Anfang des Kapitels gesehen haben, steht die Kernaufgabe des Beziehungsmanagers für mich im Mittelpunkt einer Aufgabenbeschreibung und damit kommt ihr auch eine große Bedeutung unter den Vertriebsfähigkeiten zu. Die Herausforderung heute liegt in der Vermischung unterschiedlicher Kommunikationskanäle in der täglichen Vertriebspraxis. Das Schlagwort »Multichannel« bezieht sich nicht nur auf die Verknüpfung unterschiedlicher Vertriebs- sondern eben auch Kommunikationskanäle. Dabei gilt es, die Übersicht zu behalten, wann sich der Kunde wo informiert und wann er wie mit uns kommuniziert.

In der Studie »Future of B2B Sales« von A.T. Kearney wurden weltweit 1600 Vertriebsmanager befragt. 65% der Vertriebsleiter meinen, dass es heute lebenswichtig ist, Interaktion mit dem Kunden einfach und flexibel zu gestalten. Es gilt, mit virtuellen und persönlichen Kontakten, bestehende Geschäftsbeziehungen zu festigen und den Kunden auch nach dem Kauf an sich und das Unternehmen zu binden.

Bereich Nr. 6: Organisation und Selbstmanagement

Langsam sterben sie aus – die Außendienstmitarbeiter, die behaupten, alle Kundendaten im Kopf zu haben oder die Informationen analog auf Karteikarten beziehungsweise in Besuchsberichten horten. Auch sie erkennen, dass gut gepflegte Kundendaten und eine aktuelle Bestell- bzw. Kontakthistorie den Kundenbesuch nicht nur vereinfachen, sondern deutlich effektiver machen. Da die meisten Kunden ihre digitalen Hausaufgaben in Form von kanalübergreifenden Warenwirtschaftssystemen ebenfalls gemacht haben, wäre alles andere auch ein echter Imageverlust. Aber nicht nur der einzelne Kundenbesuch läuft organisiert effektiver ab. Ein strukturiertes Gebietsmanagement, gepaart mit einer digitalen Routenplanung verhindert Zeitverlust und steigert die Gebietsdurchdringung. Dabei helfen zum Beispiel auch künstliche Intelligenz und Marktforschungsdaten, wie eine regionale Kaufkraftverteilung im Vertriebsgebiet, die aufzeigt, wo die wirklich interessanten Tätigkeitsfelder für den Vertriebsmitarbeiter liegen. Um diesen Datenschatz zu heben, braucht es eindeutig neue Fähigkeiten: Der Verkäufer wird nicht nur zum Motivator und Partner des Kunden, sondern auch zum Analysten und digitalen Planer oder Projektmanager.

er Sales Competence Check

Sie wissen nun bereits, worauf es in den sechs Bereichen der Vertriebskompetenz ankommt. Jetzt können Sie Ihre Kompetenzen oder die Ihrer Mitarbeiter mit Hilfe nachstehender Tabelle selbst evaluieren. In der ersten Spalte beurteilen Sie, wie stark diese Fähigkeit bereits vorhanden ist – ganz einfach auf Basis des deutschen Schulnotensystems. In der zweiten Spalte legen Sie dann die Priorität fest: Wie wichtig ist diese Fähigkeit für Ihre Vertriebsaufgabe? Wie wichtig ist es, sich diese anzueignen?

Kompetenz ist im folgenden Umfang vorhanden:	(1 = sehr gut 6 = sehr schlecht)	Priorität Schulung (A/B/C)
1. Bereich: Verkaufsstrategie (in Zusammenarbeit mit Führung und (Produkt-)Marketing)		
Leistungsportfolio mit digitalen Geschäftsmodellen und Services erweitern		
Zielkunden kennen & Persona Profil definieren		
Verkaufsprozess und Customer Journey definieren		
Touchpointmanagement: die wichtigsten Kontaktpunkte zum Kunden kennen & bedienen		
Alle Vertriebskanäle beherrschen und verzahnen		
Bei Unternehmern und Selbständigen: Positionierung und Selbstvermarktung		
2. Bereich: Verkäuferpersönlichkeit		
Selbstmotivation, positive Einstellung		
Werteorientierung und Integrität		
Charisma, Auftreten und Wirkung		
Präsentationstechnik & Begeisterungsfähigkeit		
Menschenkenntnis, Empathie & Intuition		
Verkaufsrhetorik (generations-/kulturübergreifend)		
Emotionsmanagement & Stressregulierung		
Zusammenarbeit in virtuellen, reellen Verkaufsteams		
3. Bereich: Neukundengewinnung		
Verkaufsprozess kennen und verfolgen		
Online Leads generieren (Leadnurturing, Contentmarketing)		
Social Selling: Kontakte im Netz knüpfen & pflegen		
Telefonische Neukundengewinnung		
Persönliche Kundenakquise im Außendienst		
Konstantes Nachhalten von Neukontakten		
Aktives Netzwerken online und offline		
Empfehlungs- und Referenzmarketing		
4. Bereich: Gesprächsführung		
Detaillierte Gesprächsvorbereitung (mit Hilfe von CRM und digitalen, sowie sozialen Medien)		
Konsequentes Verfolgen einer Gesprächsstruktur		

Kompetenz ist im folgenden Umfang vorhanden:	(1 = sehr gut 6 = sehr schlecht)	Priorität Schulung (A/B/C)
Dialogaufbau mit dem gut informierten Kunden (persönlich, telefonisch und online)		
Bedürfnisstruktur, Motive des Kunden erkennen		
Gezielte Fragetechniken und aktives Zuhören		
Produktpräsentation: für AHA-Momente sorgen (online, offline, mit digitalen Medien)		
Produktnutzenargumentation		
Körpersprache: Deutung von nonverbalen Signalen		
Einwandtechniken		
Abschlussorientierung und -techniken		
Preisverhandlung		
Nachhalten von Angeboten		
Cross- & Upselling		
Aftersales: Kundenzufriedenheit/Loyalität steigern und neue Aufträge erzielen		

5. Bereich: Beziehungsmanagement

Persönlichkeitsorientiertes Verkaufen: mit Profiling Kundentypen online und offline erkennen		
Vertiefung bestehender Kundenbeziehungen durch persönliche und virtuelle Kontakte		
Kommunikative Kompetenz per E-Mail & Telefon		
Kundenbindung durch digitale Medien		
Umgang mit schwierigen Kunden		
Reklamationen stressfrei auflösen		
Aktivierung von Passivkunden		

6. Bereich: Organisation und Selbstmanagement

Analyse des Kundenportfolios (zum Beispiel mit CRM); Potenzialorientiertes Vorgehen		
Gebietsmanagement & digitale Routenplanung		
Ziele & Prioritäten setzen		
Planung & Zeitmanagement mit digitalen Medien		
Digitale Wochen- und Besuchsplanung		
Zielerreichung und Erfolgskontrolle		
Täglich aktiv Verkaufen – online und offline		

Fazit:

Der Sales Competence Check untersucht alte und neue Kompetenzen des Vertriebs und identifiziert Handlungsfelder. Erst mal erkannt, können Sie diese dann konkret mit strategischer Weichenstellung und individuellen Vertriebstrainings und Sales Coachings angehen. Damit legen Sie einen wichtigen Meilenstein zurück auf dem Weg »Fit für den Verkauf – heute und morgen!«.

Verkaufsgesprächsführung im Wandel – die neuen Verkaufsphasen

Verkaufsprozesse folgen oftmals einem bestimmten Ablaufschema, welches in einzelne Phasen unterteilbar ist. Diese Phasen können während eines Verkaufsgespräches stattfinden oder – was häufiger der Fall ist – sich über mehrere Kontakte zwischen Kunde und Verkäufer erstrecken. Seit der Digitalisierung finden eine Vielzahl dieser Kontakte nicht mehr synchron und analog statt (zwei Menschen kommunizieren gleichzeitig am gleichen Ort oder über das gleiche Medium miteinander, zum Beispiel Telefonat, Gespräch), sondern oft asynchron und digital (zwei Menschen kommunizieren zeitversetzt mit Hilfe der digitalien Medien miteinander, zum Beispiel Social Media Nachrichten, E-Mails).

Dieses veränderte Kommunikations- und auch Informationsverhalten macht ein verändertes Vorgehen im Verkauf nötig. In Abbildung 9 habe ich Ihnen diese einzelnen »neuen« Verkaufsphasen dargestellt.

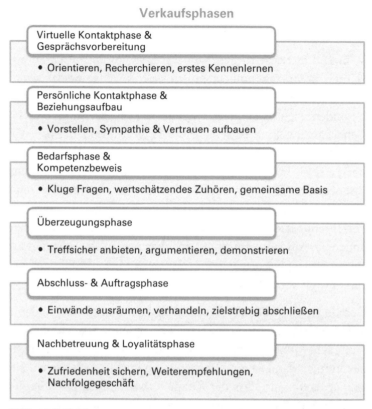

Verkaufsphasen

Virtuelle Kontaktphase &
Gesprächsvorbereitung

- Orientieren, Recherchieren, erstes Kennenlernen

Persönliche Kontaktphase &
Beziehungsaufbau

- Vorstellen, Sympathie & Vertrauen aufbauen

Bedarfsphase &
Kompetenzbeweis

- Kluge Fragen, wertschätzendes Zuhören, gemeinsame Basis

Überzeugungsphase

- Treffsicher anbieten, argumentieren, demonstrieren

Abschluss- & Auftragsphase

- Einwände ausräumen, verhandeln, zielstrebig abschließen

Nachbetreuung & Loyalitätsphase

- Zufriedenheit sichern, Weiterempfehlungen,
  Nachfolgegeschäft

Abbildung 9: Verkaufsphasen

1. Phase: Virtueller Kontakt und Gesprächsvorbereitung

Am Anfang eines Verkaufs- oder Kaufprozesses, je nachdem aus
welcher Perspektive man es betrachtet, steht ein »Stimulus«. Der
künftige Kunde bekommt selbstständig, oder durch uns Verkäufer veranlasst, einen Reiz, der ihn über den Kauf einer Sache
oder Leistung nachdenken lässt. Er beginnt sich zu orientieren,
wie, wo und durch wen er dieses aufkeimende Bedürfnis stillen
könnte. Heute findet diese Orientierungsphase fast ausschließlich im Internet statt. Wenn wir für eine gute Sichtbarkeit und
Auffindbarkeit unseres Angebots sorgen, geht der Erstkontakt
öfter als in der Vergangenheit vom Kunden aus. Im Business-to-

Business reduziert gutes Online-Marketing also die notwendige Kaltakquise.

Während dieser virtuellen Kontaktphase kommt es darauf an, zeitnah, kompetent und persönlich via Homepage, Social Media oder E-Mail zu kommunizieren. Für mich ist dabei die Tonalität besonders wichtig. Ein Begriff, der aus der Musik kommt und die Tonart meint. Eine entscheidende Frage ist zum Beispiel wie formell wir unseren Kommunikationsstil wählen. Nur ein kleines Beispiel: In den Sozialen Medien wird immer wieder heiß diskutiert, ob wir einen neuen Kontakt »Duzen« oder »Siezen« sollten. »Du« oder »Sie«, formell oder locker – das ist vor allem von Ihrem persönlichen Stil, Ihrer Marke und Ihren Zielkunden abhängig. Auf jeden Fall sollte sich die angeschlagene Tonart an Ihrem Gegenüber orientieren: Das Social Media Profil oder zumindest die Firmen-Webseite gibt Ihnen darüber Auskunft.

Gerade im Geschäftskundenumfeld gilt: erst informieren, dann kommunizieren. Dieser Leitsatz gilt besonders auch für die Gesprächsvorbereitung. Ist ein persönlicher Termin zustande gekommen, dann ist gute Vorbereitung unablässlich. Gehen Sie immer davon aus, dass der Kunde sich gründlich über Sie informiert hat. Das Mindeste, was Sie also tun können, ist, diesen Informationsvorsprung wieder wettzumachen.

2. Phase: Persönlicher Kontakt & Beziehungsaufbau

Da man sich bereits aus dem Netz oder von Telefonaten her kennt, fällt nach meinen Erfahrungen die persönliche Kontaktphase kürzer aus als das in der Vergangenheit der Fall war. Man kommt schneller zum Punkt. Deshalb reagiere ich auch allergisch, wenn Verkäufer am Telefon versuchen, einen Termin zu bekommen, um »sich einfach mal vorzustellen«.

Um den Beziehungsaufbau zu beschleunigen, hilft uns wiederum gute Vorbereitung. Sachlich können wir uns auf Vorinformationen aus dem Internet beziehen und die Einstiegsfrage darauf aufbauen. Emotional können wir uns auf Gemeinsamkeiten, wie Interessen, Freizeitaktivitäten, Ausbildung, Alumni, Netzwerke, Vita oder Ähnliches beziehen. Dahinter steckt das Sprichwort »Gleich und gleich gesellt sich gern!«, dessen Wirkung/Gültigkeit interessanterweise zwischenzeitlich auch durch Studien wissenschaftlich gezeigt wurde. Die *Süddeutsche Zeitung* zitiert am 29.04.11 online eine Studie aus den USA, in der mit Hilfe der Magnetresonanztomografie nachgewiesen wurde, dass Menschen positiv auf andere Menschen im vermuteten gleichen »sozialen Status« reagieren.

Status ist überhaupt ein sehr spannendes Thema, gerade in der Phase des persönlichen Kontakts und des Beziehungsaufbaus. Denken Sie an das Thema »Verkaufen auf Augenhöhe« aus Kapitel 2. Genau jetzt finden Sie statt, die Statusspiele! In welchem Status begegnen sich Kunde und Verkäufer? Begibt sich eine Person in den Tief- und die andere in den Hochstatus? Versuchen beide im Hochstatus zu sein? Letzteres erlebe ich oft in Pitch-Situationen und ich kann Ihnen sagen, dieses Verhalten ist dem Verkaufserfolg nicht zuträglich! Besser ist es, wenn beide Gesprächspartner die Ebene »Ich bin okay-Du bist okay« einnehmen, also sich gegenseitig gemeinsame Interessen signalisieren. Denn nur dann kann symbiotisches Verkaufen funktionieren. Symbiose bedeutet, dass Kunde und Verkäufer beiderseits von der Geschäftsbeziehung profitieren und genau darum geht es bei Happy Sales und in den weiteren Verkaufsphasen!

3. Phase: Bedarfsphase & Kompetenzbeweis

Es wird Sie nicht weiter überraschen, dass ich an dieser Stelle ein Plädoyer für kluge Fragen halte. Für mich sind gute Fragen das ultimative Zeichen für Interesse, Wertschätzung und für Kompetenz.

Um gute Fragen stellen zu können, braucht es gar nicht mal so viel Sachkompetenz, sondern eher eine fundierte Vorbereitung auf das Gespräch. Fast noch essentieller für eine gute Analysekompetenz ist echte Neugier und die macht nicht nur Kunden, sondern auch uns Verkäufer glücklich.

Im *Gesundheitsmagazin der Versicherungskammer Bayern* (Ausgabe 04/2014) steht eine überaus interessante Aussage im Artikel »Klug und glücklich«: »Neugier ist ein wichtiger Schlüssel zum Glück«, sagt Professor Dr. Peter Falkai, Direktor der Münchner LMU-Klinik für Psychiatrie und Psychotherapie. »Wenn sie uns packt, schüttet eine Gruppe von Nervenzellen einen Cocktail glücklich machender Botenstoffe aus, darunter Adrenalin, Dopamin und Endorphine. Der Hormonschub macht nicht nur gute Laune. Er verändert unser Denken, weil frische neuronale Netzwerke (…) im Gehirn geknüpft werden. Und das bringt uns in vielerlei Hinsicht weiter. Mithilfe der Neugier nimmt der Intelligenzquotient um ein bis zwei Prozent zu, unser Denken wird differenzierter«, so der Experte.

Also, das ist doch mal eine echt gute Nachricht für mich und alle anderen neugierigen Menschen, oder? Außerdem bringt mich das Thema Neugier gleich zu einer weiteren wichtigen Zutat für das Verkaufsgespräch: die charismatische Wirkung!

Auf dem *Focus*-Titelbild der Ausgabe vom 14. Oktober 2017 prangte die Headline »Charisma: das Geheimnis der Ausstrahlung. Wie jeder lernen kann, andere in seinen Bann zu ziehen!«. Neben diesem Versprechen prangten Bilder von Prominenten, wie zum Beispiel George Clooney, Justin Trudeau und den Obamas. Ihnen allen gesteht man eine charismatische Ausstrahlung zu. Untersucht man genauer, was diese Wirkung ausmacht, so kommen die Wissenschaftler auf 3 Faktoren:

- Präsenz: Durch einen intensiven Blickkontakt und körperliche Zugewandtheit signalisieren wir unserem Gegenüber, dass wir es wahr- und ernstnehmen.
- Zuwendung: Wir nehmen geistig eine wohlwollende Haltung ein, schenken unserem Kunden quasi einen Sympathievorsprung. Eine wichtige Zutat von Zuwendung ist außerdem

wertschätzendes Zuhören. Genau daraus entsteht der 3. Faktor:

- Anziehung: Wer echtes Interesse zeigt, dem folgen Menschen gerne. Er oder sie beweist erstrebenswerte Führungsqualitäten und zieht uns dadurch fast schon magisch an.

Aus diesen wissenschaftlichen Erkenntnissen und meiner eigenen Erfahrung leite ich Folgendes ab: Um ein charismatischer Verkäufer zu sein, braucht es hauptsächlich das Interesse am Gegenüber. Diese Ausstrahlung ermöglicht uns, unseren Kunden zu führen und zu begeistern – womit wir bei der nächsten Phase wären.

4. Phase: Überzeugen – statt überreden!

Die Ist- und Soll-Analyse haben wir erfolgreich in der vorherigen Phase abgeschlossen. Außerdem haben wir für den Kunden und uns eine gemeinsame Basis geschaffen, indem wir die wichtigsten Erkenntnisse zusammengefasst und uns ein klares »Ja« dazu abgeholt haben. Das ist essentiell, denn diese gemeinsame Ausgangsposition ist die Grundlage für unser passgenaues und hoffentlich treffsicheres Angebot.

Basierend auf dem Analyseergebnis gibt es jetzt folgende Möglichkeiten bzgl. einer strategischen, überzeugenden Argumentation:

1. Problembewusstsein erzeugen und Lösung anbieten, oder
2. Wünsche verbalisieren und Wege zur Wunscherfüllung aufzeigen.

Diese Strategie basiert auf der bipolaren Motivation, die wir bereits im Zusammenhang mit unserem eigenen Antrieb am Anfang des Buches kennengelernt haben.

Folgen wir der ersten Strategie, dann geht es darum, dem Kunden seine Schmerzpunkte zu verdeutlichen. Er muss sie förmlich fühlen können! Denn nur dann hat er das notwendige Problembewusstsein, um die Er-Lösung durch unser Produkt bzw.

unsere Leistung herbeizusehnen. Gut, das war jetzt etwas dramatisch in der Wortwahl. Durch diese verbale Betonung will ich Ihnen einfach nur vermitteln, dass es hier nicht hilft, zu sachlich zu bleiben. Es braucht ein gewisses Drama! Verkaufen ist immer auch ein bi-ssßchen Showbusiness ☺.

Zu Happy Sales passt eindeutig besser die zweite Strategie, die der Wunscherfüllung. Kunden erwarten von Happy Sellern Lockerheit und Lösungen. Also helfen wir unseren Kunden doch ganz einfach dabei, Visionen Wirklichkeit werden zu lassen. Der deutsche Altbundeskanzler Helmut Schmidt hat gesagt: »Wer Visionen hat, sollte zum Arzt gehen!«. Ich sage: »Wer als Verkäufer keine Visionen hat, der sollte zum Arzt gehen!«. Dabei geht es nicht um unsere eigenen persönlichen Visionen, sondern die unserer Kunden. Wer es nicht versteht, die Wunschvorstellungen der Kunden klar zu verbalisieren und aufzuzeigen, wie es uns gemeinsam gelingt, diese zu erfüllen, der bleibt unter der Grenze der Begeisterungsfähigkeit. Und genau dieser Elan macht den Unterschied zwischen Happy Sales und normalem Verkauf aus!

5. Phase: Abschluss & Auftrag

Selbst wenn Sie noch so überzeugend gewesen sind, kann es in der letzten Phase sein, dass es jetzt nochmals »haarig« wird. Warum? Der Kunde muss eine Entscheidung treffen, die sein Gehirn lieber nicht treffen möchte. Er fängt an, verschiedene Optionen durchzuspielen. Es kann sein, dass die bis dato vorherrschende Kauflaune umschlägt in plötzlich und meistens unbewusst auftretende negative Emotionen:
- die Angst, die falsche Entscheidung zu treffen und/oder
- die Angst, sein schönes Geld oder Budget los zu sein.

Letzteres wird von den Psychologen »Verlustaversion« genannt. Ich nenne es »Preisamnäsie«. Der Kunde erleidet einen kurzzeitigen Gedächtnisverlust und vergisst die Vorteile, die Sie ihm in Phase 4 aufgezeigt haben. Dann gilt es zurückzukehren und bei der gemeinsamen Basis von neuem zu starten.

Neulich im Seminar hat eine ganz engagierte Teilnehmerin ausgerufen »Jetzt weiß ich, warum ich immer alles doppelt erzählen muss!«. »Gut erkannt«, habe ich erwidert und sie und ihre Kollegen gebeten, an dieser Stelle etwas Nachsicht und Geduld mit ihrem Kunden aufzubringen. Diese Ängste sind einfach nur menschlich und Achtung: Sie treten oft auch durch eine übertrieben kritische Haltung oder unbegründete Rabattforderungen zu Tage.

Der innere Kritiker des Kunden flüstert ihm jetzt vielleicht auch zu »Warte noch mal ab«, »Vergleich doch noch mal. Vielleicht bekommst Du es woanders günstiger!«. Und schon sind sie da, die Zuvielisationskrankheiten »Aufschieberitis« und »Vergleicheritis«. Dagegen hilft am besten das wahrgenommene Zögern des Kunden offen anzusprechen und nachzuhaken, in welche Richtung die Bedenken gehen. Nehmen Sie die Antworten auf gar keinen Fall persönlich, sondern erklären Sie ihm ruhig und sachlich, warum es eine gute Idee ist, jetzt und heute bei Ihnen zu kaufen. Lassen Sie nicht locker – wenn der Kunde wirklich auf Bedenkzeit besteht, dann vereinbaren Sie unbedingt verbindlich den nächsten Schritt! Zum Abschluss drücken Sie noch mal aus, wie sehr Sie sich freuen, dass der Kunde bei Ihnen gekauft hat oder kaufen wird ☺.

6. Phase: Nachbetreuung & Loyalität

Es gibt zahlreiche Branchen, in denen das Geld nicht mit dem originären Verkauf gemacht wird, sondern mit dem sogenannten »Aftermarket«. Bestes Beispiel hierfür ist die Automobilbranche. Die Preise auf dem Kfz- und Nutzfahrzeugmarkt stehen so unter Druck, dass hier kaum eine erträgliche Marge für den Händler zu erzielen ist. Er ist darauf angewiesen, seinen Profit aus Service und Zusatzverkäufen zu generieren. Wie ist das bei Ihnen? Wie sehr fokussieren Sie sich darauf, den Kunden zu gewinnen? Wie wichtig ist es Ihnen, die Kundenbeziehung langfristig symbiotisch und für beide Seiten ertragreich zu gestalten?

Die Antwort sollte aus meiner Sicht lauten: sehr, sehr wichtig! Und genau deshalb muss uns die Nachbetreuung besonders am Herzen liegen. Wobei die Vorsilbe »Nach-« falsch gewählt ist, denn im eigentlichen Sinne geht es um eine »Vor-Betreuung« und eine Vorsorge, damit der Kunde das nächste Geschäft auch wieder mit uns macht.

In Branchen, in denen die Kaufzyklen sehr lange sind, wie zum Beispiel im Bau und Innenausbau, mag das nicht für das Nachfolgegeschäft gelten, sehr wohl aber für Servicemodelle, Cross-Selling und Neukundengewinnung über Empfehlungen und Referenzen. Ein Verkauf ist daher für mich immer erst abgeschlossen, wenn ich den Kunden nach seiner Zufriedenheit gefragt und eine persönliche Weiterempfehlung oder Referenz bekommen habe.

Fazit »Verkaufsgesprächsführung a la Happy Sales«:

* Es gilt die gesamte Klaviatur der Kommunikation zu beherrschen und gekonnt »hyprid« – digital und persönlich – zu kommunizieren.
* Die Tonalität der Verkaufsgespräche sollte locker, persönlich und »symbiotisch« sein. Ziel ist der wechselseitige Nutzen für Kunden und Verkäufer.
* Echtes Interesse und Begeisterungsfähigkeit machen den charismatischen Verkäufer aus.
* Nach dem Kauf ist vor dem Kauf: Eine gelungene Kundenbeziehung steht mit dem ersten Auftrag erst am Anfang!

7. Die Kundenbeziehung als Glücksquelle

Wenn es eine persönliche Eigenschaft gibt, die für Menschen im Verkauf wirklich unabdingbar ist, dann ist das die Fähigkeit, sich kontinuierlich selbst zu motivieren. Erfolgreiche Verkäufer und Unternehmer verfügen immer über eine hohe intrinsische Motivation – eine starke Antriebskraft die von innen kommt. Wie aber entsteht ein solcher positiver, innerer »Drive«? Woran liegt es wenn dieser für einen gewissen Zeitraum nachlässt? Und vorallem, was kann ich im Verkauf dazu tun, damit die eigene Motivation wieder steigt? Zur Beantwortung dieser drei höchst relevanten Fragen hilft uns das Wissen um die Physiologischen Grundbedürfnisse nach Deci & Ryan.

Die drei Quellen unserer Motivation

Gemäß der Selbstbestimmungstheorie, die auf die beiden amerikanischen Wissenschaftler Edward Deci und Richard Ryan zurückgeht, gibt es drei grundlegende, kulturübergreifende psychologische Grundbedürfnisse. Von diesen drei »seelischen Grundbestrebungen« und deren Grad der Erfüllung hängt es ab, wie sehr wir intrinsich motiviert sind. Diese Quellen unserer Motivation lauten Autonomie, Kompetenz und Soziale Bindung (siehe Abbildung 10).

Übung:

Sie können sich die drei Grundbedürfnisse wie drei Wassergläser mit unterschiedlichen Füllständen vorstellen. Wenn Sie mögen, dann machen Sie doch einfach mal für sich folgende einfache Übung: Malen Sie im ersten Schritt drei Wassergläser auf ein Blatt Papier und beschriften Sie diese entsprechend der drei Grundbedürfnisse. Im zweiten Schritt zeichnen Sie für sich Ihren individuellen Sollzustand und dann, mit einer anderen Farbe, Ihren Istzustand ein. Wo ergibt sich eine positive Abweichung zwischen Soll und Ist und wo eine negative, ein Defizit? Schon wissen Sie, worüber Sie sich freuen können und wo Sie in Sachen Motivation angreifen können und sollen!

Ich habe diese wunderbar plastische Übung im Inntal Institut Bad Aibling im Rahmen meiner Positiven Psychologie Ausbildung kennengelernt und wiederhole sie seitdem in regelmäßigen Abständen für mich, um zu sehen, wie ich gerade motivatorisch unterwegs bin. Auch mit meinen Coachees und Mentees mache ich sie sehr gerne, weil sie so schön aufschlussreich ist.

Psychologische Grundbedürfnisse (Deci & Ryan)

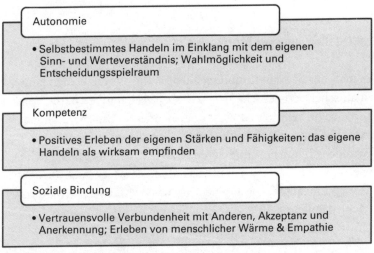

Autonomie

- Selbstbestimmtes Handeln im Einklang mit dem eigenen Sinn- und Werteverständnis; Wahlmöglichkeit und Entscheidungsspielraum

Kompetenz

- Positives Erleben der eigenen Stärken und Fähigkeiten: das eigene Handeln als wirksam empfinden

Soziale Bindung

- Vertrauensvolle Verbundenheit mit Anderen, Akzeptanz und Anerkennung; Erleben von menschlicher Wärme & Empathie

Abbildung 10: Psychologische Grundbedürfnisse

Nachstehend noch ein paar *Happy-Sales*-Verweise, damit Sie tatkräftig an Ihrer momentanen Motivation arbeiten können:

Dass wir im Verkauf gute Chancen haben, bezüglich der Motivationsquelle Autonomie auf unsere Kosten zu kommen, das haben wir bereits in Kapitel 1, bei »Die schönen Seiten des Verkäuferberufs« festgestellt. In Kapitel 2 haben wir uns im Rahmen der »DNA des Happy-Sales-Verkäufers« über die richtigen Werte und Einstellung Gedanken gemacht. Sollten Sie ein Defizit in Sachen Autonomie verspüren, dann sind diese *Happy-Sales*-Passagen ein heißer Tipp! Bezogen auf Ihre Selbstbestimmtheit ist alles im grünen Bereich? Umso besser, dann sprudelt diese Motivationsquelle kontinuierlich für Sie!

Im 1. Kapitel habe ich Ihnen das PERMA Prinzip von Martin Seligman vorgestellt. Das »E« für Engagement und das »A« für Accomplishment findet sich in dem Grundbedürfnis Kompetenz wieder. Wie Sie diese Kompetenz weiter ausbauen können, ist Thema in Kapitel 5 und 6. Hier finden Sie konkrete Handlungsmöglichkeiten, um sich künftig noch kompetenter und selbstwirksamer zu erleben. Und sollte es wirklich einmal zu einer Durststrecke kommen, dann lege ich Ihnen Kapitel 15 ans Herz!

Demnach bleibt jetzt Motivationsquelle Nr. 3 – die soziale Bindung. Genau um dieses Grundprinzip von *Happy Sales* geht es in diesem Kapitel – die Kundenbeziehung als Glücksquelle.

ziale Beziehungen im Verkauf – Kunden, Partner oder sogar eunde?

Daniel Gilbert schreibt in seinem Artikel im *Harvard Business Manager*: »Wenn ich die gesamte wissenschaftliche Literatur zu den Ursprüngen menschlichen Glücks in einem Begriff zusammenfassen müsste, würde dieser Begriff ›sozial‹ lauten. Wir sind bei weitem die sozialste Spezies auf dieser Erde.« Unsere sozialen Beziehungen sind also extrem glücksentscheidend. Und es macht für unser Glück keinen Unterschied, ob diese Beziehungen privater oder beruflicher Natur sind. Da haben wir es doch als Verkäufer richtig gut, denn an sozialen Kontakten mangelt es uns nun wahrlich nicht. Zu mindestens wenn wir alles richtig machen und aktiv verkaufen, statt im Büro zu sitzen und uns mit Verwaltungskram zu beschäftigen.

Ich persönlich habe das Verkaufen in der Bank gelernt, autodidaktisch, denn das war in den 1980er Jahren zu einer Zeit, in der Banker größten Wert darauf legten, dass sie nicht verkaufen, sondern nur beraten. Das Verkaufen hatte ein richtig schlechtes Image, von dem ich nichts wusste. Weshalb ich vollkommen unvoreingenommen und sehr erfolgreich Anlagen und Allfinanzprodukte, die damalige Bezeichnung für Bausparer und Versicherungen, verkaufte. Zu diesem Zeitpunkt am Anfang meiner Verkäuferkarriere bin ich im Privatkundengeschäft tätig. Meine Kunden sind ganz normale Menschen mit mittlerem Einkommen. Bei den Allfinanzprodukten gibt es einen klaren Anreiz für mich: Es gibt pro Vertrag eine ganz ordentliche Provision. Logisch, dass eine kleine Gehaltsaufbesserung für eine junge, lebenslustige Bankerin jederzeit willkommen ist. Und so analysiere ich die Kontodaten der mir zugeordneten Kunden, überlege was sie brauchen können und rufe an. Die meisten kommen bereitwillig in die Bank. In dem nun folgenden Beratungstermin erläutere ich ihnen voller Begeisterung meinen Produktvorschlag und vor allem den Nutzen, den sie daraus haben werden. Und siehe da, ich verkaufe und zwar ziemlich häufig. Nicht bei jedem Termin, aber doch bei jedem zweiten. Und die Kunden kaufen nicht nur Bausparer und Versicherungen bei mir, sondern eben auch klassische Bankprodukte. Warum? Weil ich gut drauf bin, mich mit meinen Produkten und der Situation meiner Kunden auskenne und vor allem weil ich mir nicht nur Gedanken um mein eigenes Geld mache, sondern um das meiner Kunden. Und das spüren die Menschen.

Immer das Interesse beider Seiten im Auge zu behalten, das habe ich mir schon früh zur Maxime gemacht und mich bis heute daran gehalten. Symbiotisches Verkaufen, eine Win-Win-Situation herstellen, genau darum geht es, wenn wir als Verkäufer glücklich sein und unsere Kunden glücklich machen wollen.

Auch heute berate und coache ich noch regelmäßig Versicherungsagenten und Finanzmakler. Ich unterstütze sie dabei aktiv zu verkaufen, ich helfe ihnen ihre Kunden richtig einzuschätzen und ich trainiere sie in Sachen Neukundengewinnung durch Empfehlungen und Referenzen. Dabei ermutige ich sie, trotz manchmal massivem Druck ihrer Vertriebsorganisationen, immer auch an das mittel- und langfristige Geschäft zu denken und die Interessen der Kunden nicht zu Gunsten des kurzfristigen Abschlusses zu verraten. Diese Einstellung reduziert im Übrigen auch die Quote der stornierten Verträge ganz erheblich, denn die Kunden unterschreiben den Vertrag erst, wenn sie wirklich überzeugt sind.

Wenn wir mit dieser Einstellung verkaufen, lösen sich die Grenzen zwischen Kunden und Freunden immer mehr auf. Was damals in meiner Bankzeit noch streng verpönt war, wird heute nicht mehr so eng gesehen, ja sogar begrüßt. Kunden werden zu Freunden und Freunde zu Kunden, immer vorausgesetzt, die persönliche Beziehung stimmt und wird gepflegt.

Wie jedes Gespräch zu einem positiven Kontakt wird

Gerade im Zeitalter der Digitalisierung können wir als Verkäufer mit einer Charaktereigenschaft besonders punkten – der Empathie. Unser Einfühlungsvermögen grenzt uns ganz klar von Artifical Intelligence (AI), also von Küntlicher Intelligenz (KI) ab. Zunehmend findet man auf Webseiten intelligente Kommunikationsroboter, die sogenannten Chatbots. Sie sind durchaus in der Lage in einen einfachen Dialog mit dem Kunden zu treten. Noch ist es aber nicht möglich ein empathisches Gespräch automatisiert zu führen. Wann dies möglich sein wird, ist aktuell, Anfang 2020, eine der spannendendsten Fragen der KI. Vorerst gilt also für den Verkauf 4.0 weiterhin: Der Mensch steht im Mittelpunkt. Und genau dieser wünscht sich menschliche Nähe! Deshalb zurück zur Empathie:

James A. Coan von der University of Virginia hat erforscht, dass in unserem Gehirn Strukturen angelegt sind, die sich sehr schnell auf andere Menschen einstellen können. Das ist auch der Grund, warum wir uns mitfreuen, wenn jemand, den wir mögen, von einer glücklichen Begebenheit in seinem Leben erzählt. Und genauso weinen wir mit, wenn ein Mensch mit dem wir uns verbunden fühlen, eine traurige Geschichte erzählt. Wir lassen uns von den Gefühlen anderer Menschen beeinflussen und beeinflussen selbst die Gefühle unserer Mitmenschen, egal ob positiv oder negativ. Wir setzen dieses Phänomen nicht bewusst ein, daher hat es mit wissentlicher Manipulation nichts zu tun. Es handelt sich schlichtweg um einen biochemischen Automatismus. Aber einen für den Verkauf sehr förderlichen Mechanismus! Denn wir können diese Erkenntnis dafür nutzen, aus jedem Gespräch mit einem Kunden einen positiven Kontakt werden zu lassen. Durch unser Einfühlungsvermögen und durch positive Emotionen. Doch beginnen wir einfach mal der Reihe nach, nämlich bei den guten und förderlichen Gesprächen und wie wir diese beginnen.

Für eine gute Gesprächsebene sorgen

Ein guter Verkäufer ist zielorientiert und durchsetzungsstark. Das ist richtig und gut so. Allerdings ist es ganz entscheidend, dass er dabei nicht zu viel Druck aufbaut. Gerade im Erstgespräch ist es doch wesentlich leichter und angenehmer, einen Sog aufzubauen, als zu sehr mit Argumenten für die eigene Leistung zu pushen.

Dafür gilt es natürlich als Erstes ein positives Gesprächsklima aufzubauen. Nehmen wir zum Beispiel die Telefonakquise: Ein situativer Einstieg ins Gespräch ist hier immer einem Standardeinstieg vorzuziehen. Mit einem individuell auf den Kunden zugeschnittenen Einstieg meine ich zum Beispiel einen Bezug zur Homepage der Firma zu schaffen und wenn möglich ein Kompliment zu diesem Internet-Auftritt zu machen. Wir zeigen dem Kunden damit, dass wir uns individuell auf ihn vorbereitet haben. Ein Dialog entsteht recht schnell, wenn wir dem Kunden jetzt weiterführende, einfache Fragen zu seiner Firma stellen, die er auch spontan beantworten kann. Dabei ist ein wertschätzendes Zuhören nicht nur am Telefon eine wichtige Gesprächstechnik.

Der Kunde wird dadurch ermutigt, weiterzusprechen und wir vermitteln echtes Interesse. Wertschätzendes Zuhören bedeutet sichtbares oder hörbares Nicken, zum Beispiel mit Aufmerksamkeitslauten, wie »Ah«, »Ja«, »Genau«. Es bedeutet auch, die Äußerungen des Kunden positiv zu kommentieren »das ist ja spannend!«, »wie interessant« und ihn mit Nachfragen zu ermuntern, ausführlicher seine Firmensituation und seine Ziele zu beschreiben. Wenn wir dann noch seine Erläuterungen in eigenen Worten kurz zusammenfassen, entsteht eine gemeinsame Basis. Er merkt, wir haben ihn verstanden. Wirklich präsent zu sein bei meinem jetzigen Gesprächspartner und mich nur auf ihn zu konzentrieren, ist leider heute in unserer schnelllebigen Zeit keine Selbstverständlichkeit mehr und signalisiert deshalb umso mehr Wertschätzung für unser Gegenüber.

Damit haben wir eine gute Basis für weitere positive Überraschungen, denn schon Johann Wolfgang von Goethe wusste:

»Willst du glücklich sein im Leben, trage bei zu anderer Glück, denn die Freude, die wir geben, kehrt ins eigene Herz zurück!«

e AHA-Momente-Strategie

Vor dem arabischen Frühling war ich auf Geschäftsreise in Kairo. Wann immer ich im Orient unterwegs bin, begebe ich mich auf einen Basar. Und die ägyptische Hauptstadt hat einen ganz wunderbaren Basar: der Chan el-Chalili. Laut Wikipedia ist es sogar der größte Suk Afrikas. Auf jeden Fall ist es einfach erfrischend, dort gut gelaunten Verkäufern zuzusehen und von der Kultur der arabischen Kaufleute und Händler zu lernen. Meistens kaufe ich Pashminas, also hochwertige Wollschals, mit denen ich meine sämtlichen Freunde, Verwandten und Bekannten beglücke. Die Freude, die ich dabei erziele, ist übrigens recht unterschiedlich, je nachdem, wie viele solcher Tücher sie schon von mir bekommen haben ☺. Ich bin also mal wieder in einem intensiven Gespräch über die Qualität und die Vielfalt der Textilien mit dem Händler verwickelt. Dabei zeigt er sich leider recht unnachgiebig bezüglich des Preises. Da kommt mir überraschend ein Gedanke. Ich greife spontan in meine Handtasche und hole ein Sturmfeuerzeug hervor, wovon ich mehrere aus dem letzten Promotion-Training für eine bekannte Zigarettenmarke nach Ägypten mitgebracht habe. Freudestrahlend überreiche ich es dem Händler mit den Worten »Ich habe Ihnen ein Geschenk mitgebracht!« Sie sollten sehen, wie sich seine Gesichtszüge schlagartig verändern. »Ein Geschenk für mich, aus Deutschland, echt?«, meint er und kann es kaum glauben. »Ja, natürlich. Für Sie, aus Deutschland!«, entgegne ich. Was dann kommt ist klar: Vorstellen der gesamten Verwandtschaft, Tee trinken sowieso, Betrachten des gesamten Textillagers, Angebot oder sollte ich besser sagen Androhung einer Führung durch die Pashmina-Fabrik und so fort.

Und natürlich kaufe ich die Pashminas, aber zu einem wesentlich günstigeren Preis, als es vor der Übergabe des Geschenks möglich gewesen wäre. Die Überreichung des Feuerzeugs war eine echte Schlüsselszene in unserem Gespräch, ein AHA-Moment für beide Seiten.

Eine nette Geschichte, oder? Die Frage ist, was können wir daraus für unsere Verkaufsgespräche lernen? Ich glaube eine ganze Menge. Und ich glaube es nicht nur, sondern ich weiß es aus täglicher Erfahrung ganz genau.

Vor jedem Gespräch bereite ich mich sehr intensiv auf meinen Kunden vor, auf seine Persönlichkeit, seine Firma und seine Situation. Und ich überlege, durch oder mit was ich meinem Kunden ein Geschenk machen kann. Das ist mir ganz besonders wichtig bei jedem ersten tiefergehenden Gespräch und natürlich auch danach. Folgende Fragen stelle ich mir dabei:

heckliste für eine positive Gesprächsvorbereitung

1. Wie kann dieses Gespräch optimal ablaufen?
2. Was kann ich in der Vorbereitung tun?
   a) sachlich
   b) emotional
3. Wie kann ich mich auf dem Weg zum Kunden/vor dem Telefonat einstimmen?
4. Wie kann ich für eine positive Eröffnung sorgen?
5. Was könnte ich ihm/ihr mitbringen?
6. Was will ich über den Kunden erfahren?
7. Wie kann ich für einen AHA-Moment während des Gesprächs sorgen?
8. Womit könnte ich ihn positiv überraschen?
9. Wie könnte ich Zweifel des Kunden zerstreuen?
10. Was kann ich maximal in diesem Gespräch erreichen?
11. Welches Teilziel will ich unbedingt erreichen?
12. Womit kann ich zum Abschluss ein Highlight setzen?

Ich bin sehr gerne gut vorbereitet, auf den Gesprächsinhalt und auch auf die Person meines Kunden. Das bewirkt, dass ich mich richtig auf den Kundenkontakt freuen kann. So positiv eingestellt und mit Argumenten ausgestattet, gelingt es mir fast immer ein für alle Seiten produktives und bereicherndes Gespräch zu führen. Und es glückt mir, für mindestens einen AHA-Moment im Kundengespräch zu sorgen, zum Beispiel indem ich:

- eine wesentliche Erkenntnis aus meinen Vorbereitungen mitteile,
- mit meinem Partner gemeinsam kreativ und spontan eine Lösung für ein Problem entwickle,
- eine Zukunftsidee oder Geschäftsmöglichkeit erläutere,
- oder einfach nur kluge Fragen stelle, also meinen Gesprächspartner durch ein verstecktes Coaching zum Nachdenken bringe.

Ich erinnere mich sehr gut an eine Situation, wo diese AHA-Momente-Strategie voll aufgegangen ist. Wenige Tage nach einem Vortrag bei einer schwäbischen Industrie- und Handelskammer bekomme ich ein E-Mail: »Herzlichen Dank für Ihren spannenden, herzerfrischenden Vortrag. Selbst ich als langjähriger Unternehmer konnte wirklich interessante neue Erkenntnisse gewinnen. Nach einem intensivem Besuch Ihrer Homepage frage ich mich, ob Sie mir auch eine Marketingberatung anbieten würden?« Nun gehört ja Vertrieb zum Thema Marketing, also suche ich den Kontakt zu meinem neu gewonnenen Fan. Es stellt sich heraus, dass der mittelständische Textilunternehmer am Außenauftritt seiner Firma arbeiten will. Nach einem Gegenbesuch seiner Homepage stelle ich fest, dass ich dieses Vorhaben durchaus berechtigt finde. Und dann dauert es tatsächlich noch weitere neun Monate, bis es zu einem ersten Beratungstermin kommt. Dank meines unermüdlichen Nachhakens im Übrigen, denn jedes Mal, wenn ich Termine in der Region habe, ruf ich den Firmenchef wieder an. Das Ziel des nun endlich zu Stande gekommenen Treffens ist klar, es geht immer noch um die Homepage und die Positionierung der Firma. Da dies nicht mein absolutes Spezialgebiet ist, ziehe ich eine Klientin von mir mit hinzu. Dank ihrer Hilfe und meiner eigenen Vorbereitung komme ich zum Termin mit einer zweiseitigen Analyse der Website und klaren Vorstellungen, wie es besser gehen würde.

Der Unternehmer ist sichtlich überrascht, so konkrete Handlungsansätze für vergleichbar wenig Geld und keinerlei Zeitaufwand seinerseits zu bekommen. Er bietet mir einen Jahresvertrag für Marketing- und Vertriebsberatung an.

Mir selbst hat diese Erfahrung wieder einmal zwei Dinge bewiesen: Erstens, Dranbleiben im Vertrieb wird immer belohnt und zweitens, ein wertvolles Geschenk zu übergeben ist ein schönes Gefühl und obendrein ein Gewinn, denn der Beschenkte wird sich in der Regel dafür revanchieren.

ie AHA-Momente Strategie bei der Telefonakquise

Was bei einem persönlichem Verkaufs- oder Beratungsgespräch funktioniert, kann auch schon in einem guten Erstgespräch am Telefon mit dem Entscheider gelingen. So bekomme ich übrigens auch fast immer einen weiterführenden Gesprächstermin.

Mit einer Kundin von mir habe ich im Coaching neulich genau an dieser Strategie gearbeitet. Sie ist eine ausgezeichnete Expertin für Digitales Business. Übrigens genau diejenige, die mir bei meinem Textilunternehmer in der Vorbereitung geholfen hat. Als Marketingexpertin plant, konzipiert und setzt sie internationale digitale Marketingkampagnen um, und das sehr erfolgreich. Nur, wie so viele Selbstständige hat sie Scheu davor, sich selbst zu verkaufen. Als wir diese Zurückhaltung genauer hinterfragen, kommt dabei heraus, dass sie Angst hat »nicht gut zu performen«. Sie hat sehr hohe Ansprüche an ihr eigenes Können und das fängt schon bei der Verkaufsgesprächsführung an. Darüber hinaus fürchtet Sie die Ablehnung und Zurückweisung der potenziellen Kunden. Auch damit ist sie in guter Gesellschaft mit vielen anderen Verkäufern und Unternehmern.

Da sie sich immer sehr gründlich vorbereitet, einen Homepagecheck und eine Analyse der Social-Media-Aktivitäten jedes Kunden durchführt, ist es für sie ein leichtes, dem Kunden ein Geschenk zu überreichen. Sie schildert ihm eine der wertvollen Erkenntnisse aus ihrer Recherche, generiert so einen AHA-Moment und bekommt folglich dadurch einen Termin oder verkauft eines der Einstiegsprodukte, die wir gemeinsam entwickelt haben. Für sie ist die AHA-Momente Strategie gleich in zweifacher Hinsicht aufgegangen: Erstens der Akquise-Erfolg und zweitens fühlt sie sich jetzt bedeutend wohler am Telefon, denn sie kann ja ihrem Ansprechpartner ein Geschenk überbringen!

Diese Einstellungsveränderung hat dazu geführt, dass sie am Tag nach dem Coaching zwei Mini-Produkte verkauft hat. Und ich war total happy über ihre WhatsApp Nachricht »Bin ganz high von diesem Erfolg. Herzlichen Dank, Du bist mein Ecstasy!«

So ein Feedback bekommt man auch nicht alle Tage, oder?

Na, wie wäre es? Halten Sie es doch mal mit Goethe und tragen Sie aktiv zu anderer Menschen Glück bei. Und probieren Sie unbedingt meine Sog-Verkaufsstrategie, die AHA-Momente-Methode, aus. Ich glaube, Sie werden sehr viele positive Rückmeldungen von Ihren Gesprächspartnern bekommen. Und damit Sie diese Glücksgefühle nicht übersehen, machen Sie sich diese Momente immer wieder mit dem täglichen Positiv-Check aus Kapitel vier bewusst.

Die AHA-Momente-Strategie in der Gastronomie und im Handel

Vor ein paar Jahren war ich mit einem Kunden von mir beim Mittagessen in einem Businesslokal. Das Lokal war eine Mischung aus Bistro und Kantine, nichts Besonderes auf den ersten Blick, einfach sehr angenehm für die schnelle Mahlzeit zwischendurch.

Was den Unterschied ausgemacht hat, war definitiv das freundliche Personal, insbesondere der Inhaber. Ich stehe mit meiner Mahlzeit an der Kasse zum Bezahlen an. Als ich an der Reihe war, schaut mich der Mann freundlich an und sagt: »Sind Sie zum ersten Mal bei uns?« »Ja«, erwidere ich erstaunt. »Neukunden werden bei uns mit einem kostenlosen Espresso bestraft! Bitte kommen Sie doch nach dem Essen zu mir und holen Sie sich Ihren Kaffee.« Haben Sie so etwas schon mal erlebt? Das hat mich echt stark beeindruckt. Der Restaurantbesitzer hat bei mir einen echten Wow-Effekt ausgelöst, einfach durch seine freche, charmante Art und seine schlagfertige Bemerkung.

Was braucht es dazu, spontane AHA-Momente im Kontakt mit Menschen zu generieren? Es braucht meiner Meinung nach gar nicht so viel. In erster Linie braucht es Präsenz im Augenblick.

Mit den Gedanken genau an diesem Ort bei diesem Menschen zu sein, der uns gerade begegnet. Einen Mikromoment der Verbundenheit herzustellen, der eigenen Intuition zu vertrauen und genau das zu sagen, was einem in diesem Moment in den Sinn kommt. Immer vorausgesetzt es ist etwas Positives ☺.

Präsenz und situatives Einfühlungsvermögen gelingt uns umso besser, wenn wir neugierig sind auf den Menschen gegenüber – neugierig auf seine Gedanken, seine Gefühle, auf seine Persönlichkeit. Und natürlich neugierig auf den Wunsch, den wir ihm jetzt im Moment gerade erfüllen können. Genau das ist nämlich Verkaufen – Wunscherfüllung!

Da fällt mir gerade wieder *Fish* ein. Kennen Sie die »Fishphilosophy« oder den Pike Place Fish Market in Seattle USA? Seattle liegt an der Westküste der USA, direkt am Meer und da gibt es natürlich jede Menge Fisch. Vor einigen Jahren hat sich eine Gruppe Fischhändler zusammengetan und ihre Situation mal ganz genau analysiert. Die Konkurrenz war hart auf dem Fischmarkt, der Job begann früh morgens mit Eisschaufeln, Frischfisch säubern und den Stand herrichten. Irgendwann kamen dann die ersten Leute und begutachteten den Fisch – manche kauften, manche nicht. In der Halle war es kalt und zugig und der Arbeitstag zog sich schier unendlich in die Länge. Die Fischhändler beschlossen, dass sich da dringend etwas ändern müsse, und entwickelten ein vollkommen neues Konzept. Ganz ohne Berater im Übrigen, der kam erst später hinzu und vermarktete die Idee für sich als »Fishphilosophy«, schrieb einige Bücher dazu und gab Trainings und Vorträge. Eins haben Berater und Fischhändler auf jeden Fall gemeinsam, sie sind begnadet gute Verkäufer. Oder wurden es mit ihrer neu entwickelten Philosophie, die auf vier Säulen basiert:

- Präsent sein
- Die eigene Einstellung wählen
- Spielen
- Anderen eine Freude bereiten

Vermutlich ohne es zu wissen, waren die Begründer der »Fishphilosophy« allesamt praktizierende Positive Psychologen. Sie beschlossen nämlich ab sofort Spaß zu haben in ihrem Job, jeden Tag mit guter Laune und Energie zu beginnen. Sie zeigen seitdem Präsenz in ihrer Arbeit und Achtsamkeit im Dialog mit Kollegen und Kunden. Eine sehr dynamische Form von Achtsamkeit, denn das Spielen besteht darin, Passanten liebevoll nachzuahmen, Gags mit den Utensilien am Stand zu machen und sogar mit Fischen zu werfen. Machen Sie sich selbst einen Eindruck von diesem Fischmarkt.

Sie müssen dazu noch nicht mal nach Amerika, sie können einfach mal auf der Internetseite https://www.pikeplacefish.com/ oder auf Youtube vorbei schauen. Jedenfalls ist der Pike Place Fischmarkt mittlerweile eine der führenden Sehenswürdigkeiten in Seattle.

Die Fischhändler verstehen wirklich etwas davon, Kunden zu Fans zu machen und Touristen mittlerweile auch. Sie verkaufen sogar Fisch übers Internet und jede Menge Merchandising-Artikel dazu ☺.

Ich besitze einen Film, der die Fischhändler in Aktion zeigt. Dieses Video zeige ich mit dem größten Vergnügen bei Messe-Kickoffs, wenn es darum geht das Team einzuschwören und in gute Stimmung zu versetzen. Und es wirkt jedes Mal, die Besucher der Messe spüren die gute Laune des Teams und kommen auf den Stand. So entsteht das richtige Klima für ganz viele AHA-Momente in den Verkaufsgesprächen.

Fazit:

AHA-Momente: Eine positive Einstimmung auf den Kundenkontakt und die angewendete AHA-Momente-Strategie sorgen für Vorfreude. Ein gelungenes Kundengespräch und ein glücklicher Kunde sorgen für Nachfreude.

Und übrigens: Sie kennen doch bestimmt den berühmten Bibelspruch des Evangelisten Lukas aus dem Alten Testament: »Geben ist seliger als nehmen!« Ich habe ihn für den Verkauf etwas abgewandelt: »Geben ist selig, nehmen auch!« Und genau das passiert bei der AHA-Momente-Strategie – sie geben zuerst Freude, Spaß und Erkenntnis und gewinnen dadurch neue Kunden und neue Aufträge für sich!

Wie sieht mein idealer Kunde aus?

Dank der AHA-Momente-Strategie haben wir wertvolle Geschenke weiterzugeben. Wir investieren Zeit und Energie in die Recherche, stellen uns intensiv auf unseren Kunden ein und überlegen uns einen AHA-Moment für das anstehende Gespräch. Da wäre es doch schade, wenn all diese wertvollen Gedanken und Emotionen verpuffen, oder?

Habe ich schon erwähnt, dass ich verschwendete Energie hasse? Genau das tue ich nämlich und daher versuche ich meine Zeit und meine Kraft immer so sinnbringend wie irgendwie möglich einzusetzen. Dazu gehören klare Prioritäten, sonst verlieren wir den Überblick und sprechen zu viele potenzielle Kunden gleichzeitig an.

Apropos zu viele Kunden ansprechen: Dies ist übrigens ein oft gemachter Fehler bei Directmail-Kampagnen! Mein Tipp hierzu: immer nur so viele, gut selektierte Kunden anschreiben (Brief, E-Mail), wie das Vertriebsteam auch nachhalten kann, sonst ist es wieder verschwendete Energie!

Zurück zur persönlichen Ansprache. Genau das Gegenteil kann natürlich auch passieren:Wir sprechen zu wenig potenzielle Kunden an, weil wir vor lauter Möglichkeiten nicht wissen, wo anfangen.

Die Gefahr des »Verzettelns« ist im Marketing und im Verkauf besonders groß, wenn wir die falschen Kunden ansprechen.

Überlegen Sie mal ganz kurz: Was macht einen Kunden zu einem falschen Kunden für Sie?

Ein für mich falscher Kunde:

Ist erstens, eine Person oder ein Unternehmen, das keinen ausreichend großen Bedarf hat und auch in Zukunft keinen haben wird. Wenn ich nämlich mit meiner Leistung keinen Nutzen spenden kann, dann bringen auch intensivste Akquisebemühungen rein gar nichts.

An zweiter Stelle steht für mich die Frage nach der Vorerfahrung: Je mehr Knowhow ich bezüglich einer Branche im Geschäftskundenbereich oder eines Kundentyps im Privatkundenbereich mitbringe, umso passgenauer sind meine Lösungen und gleichzeitig der Nutzen für den Kunden. Das erhöht deutlich die Abschlusswahrscheinlichkeit und verringert den Akquiseaufwand.

Drittens braucht mein idealer Kunde auch das finanzielle Potenzial, also ausreichend Budget meine Leistungen zu bezahlen. Und zwar soviel, dass wir nicht gleich Abstriche an unseren Preisen machen können und das eine Zusammenarbeit auch langfristig gesichert ist.

Jetzt haben wir einfach mal drei »harte« Faktoren für eine Zielkundendefinition herausgegriffen. Die Liste von weiteren sachlichen Kriterien für die Bestimmung Ihres idealen Kunden finden Sie im Kapitel zehn. Ich darf Sie Ihnen sehr ans Herz legen – nicht nur um sie zu lesen, sondern um Ihre persönliche Zielkundendefinition anzufertigen.

Jetzt im Moment geht es mir um den Kunden als Glücksressource, und deshalb möchte ich mit Ihnen einmal die weichen Faktoren, also die emotionalen Kriterien zuerst beleuchten. Obwohl ich von der Ausbildung her Bankkauffrau und Betriebswirtin bin, halte ich die weichen Faktoren für mindestens genauso wichtig wie die harten Kriterien. Warum? Es erhöht den Spaß-Faktor im Verkauf ungemein, wenn Sie sich mit einem Kunden gut verstehen und es reduziert die auf beiden Seiten aufgewendete Energie deutlich, wenn es in der Kommunikation einfach stimmt und Sie gut mit Ihrem Gesprächspartner harmonieren.

Übung:

Stellen Sie sich Ihren Idealkunden einmal ganz genau vor. Welche Wünsche, Bedürfnisse und Probleme hat er? Welche Ziele verfolgt er?

Das ist die eine Seite der Medaille. Die Kehrseite ist mindestens genauso wichtig, nämlich Ihre Wünsche und Bedürfnisse als Leistungserbringer bzw. als Verkäufer.

Was liegt Ihnen? Worin sind Sie gut? Welche Leistungen/Produkte möchten Sie künftig häufiger verkaufen?

Nehmen Sie sich bitte Zeit und beantworten Sie in Ruhe, aber dennoch intuitiv nachstehende Fragen:

Wem kann ich den größten Nutzen bieten? Welchen? (Bitte mindestens fünf Nutzen auflisten)

_____

_____

_____

_____

_____

_____

Mit welchen Kundentypen arbeite ich am liebsten?

Mit welcher Zielgruppe bin ich am vertrautesten?

_____

_____

_____

Zu wem habe ich einen guten Zugang? (zum Beispiel nach Kundentypen, Branchen, Regionen, Netzwerken …)

_____

_____

_____

Welche Ansprechpartner liegen mir am meisten?

_____

_____

_____

Welche Werte sind mir und dem Kunden wichtig?

_____

_____

_____

Worauf habe ich Lust? Was würde ich gerne mehr machen/ anbieten/verkaufen?

_____

_____

_____

Wohin würde ich mich gerne weiterentwickeln? Wo soll meine Reise in Zukunft hingegen?

_____

_____

_____

Im Zusammenhang mit dem Thema »Glücksressource Kunde« gibt es eine sehr interessante wissenschaftliche Langzeituntersuchung der Universität Harvard, die sogenannte »Grant Studie«.

Professor George E. Vaillant ist seit mehreren Jahrzehnten Leiter dieser Studie zur weltweit größten Untersuchung der Lebenszufriedenheit. Er spricht vom sogenannten Ping-Pong-Effekt: »Jedes Glückssignal, das wir anderen Menschen zuspielen, wird in mindestens der gleichen Geschwindigkeit zu uns zurück gespielt.«

Vaillant sagt weiter im Interview von *ZEIT Wissen* Nr. 04/2010: »Den größten Einfluss darauf, ob ein Leben gelingt, hat Bindung. Und dabei geht es nicht unbedingt um die Bindung zum Lebenspartner, sondern eher um die grundsätzliche Beziehung zu anderen Menschen, also im Sinne einer (…) empathischen Verbindung.«.

Glück beruht also ganz wesentlich darauf, eine Bindung mit anderen Menschen einzugehen. Im Rahmen meiner Vorträge frage ich immer wieder Außendienstmitarbeiter nach ihrer Derfinition eines idealen Kunden. Mit Abstand am meisten genannt wird dabei der loyale Kunde. Dieses praktische Ergebnis bestätigt nicht nur die Langzeitstudie, sie ist auch logisch nachvollziehbar:

Je mehr Sie über Ihren potenziellen Kunden wissen, umso mehr können Sie sich in ihn hineinfühlen und denken und in der Folge eine Bindung aufbauen, aber eben auch Nutzen stiften und damit eine für beide Seiten glückliche Kundenbeziehung aufbauen. Das können wir nicht immer mit jedem einzelnen Kunden machen, aus Zeitgründen oder weil wir oftmals, wie zum Beispiel im Handel gar nicht wissen, wer auf uns als Nächstes zukommt. Wenn wir uns jetzt also in unseren Idealkunden hineinversetzen wollen, dann hilft es vier Felder zu berücksichtigen (siehe Abbildung 11).

Damit es nicht so abstrakt bleibt, habe ich Ihnen zu jedem der vier Felder vier Fragen formuliert. Diese können Sie für sich beantworten oder in einem Team-Meeting ein Persona-Profil von Ihrem Idealkunden erstellen. Für Selbstständige ist es außerdem eine hervorragende Übung, dies einmal in einer Erfolgsgruppe gemeinsam zu machen.

Abbildung 11: Wie geht es meinem Kunden?

Übung: Persona-Profil: Wie geht es meinem Kunden?

Gedanken & Gefühle

Was beschäftigt ihn?
Was ist ihm wichtig?
Was hat Bedeutung für ihn?
Was mag er nicht?

Schmerzen

Was frustriert ihn?
Was bereitet ihm Sorgen?
Welche Hindernisse stellen sich ihm in den Weg?
Welche Probleme können wir für ihn lösen?

Wünsche

Welche Bedürfnisse hat er?
Wonach strebt er?
Was zieht ihn an?
Welche Träume hat er?

Ziele

In welchen Rahmenbedingungen bewegt er sich?
Was will er verändern?
Welche Ziele verfolgt er?
Was bedeutet Erfolg für ihn?

Das Persona-Profil im Vertrieb und Marketing

Das in der Übung entwickelte Persona-Profil hilft Ihnen im Verkauf nicht nur bezüglich Ihrer Gesprächsvorbereitung und -führung, es ist auch eine prima Grundlage für einen Kundenentwicklungsplan, wie er allzu häufig leider nur in der Betreuung von Key-Account-Kunden angewandt wird.

Der Begriff »Persona-Profil« stammt aus dem Marketing, genauer gesagt aus dem Online-Marketing und ist in den letzten Jahren sehr stark zum Trend und »Must Have« geworden. Wie fast alle Begriffe im Online-Marketing wird er aus dem Englischen von der »Buyer Persona« abgeleitet. Ein gutes Persona-Profil enthält die biografische Beschreibung eines typischen Kunden, den Unternehmen über ihre Online-Strategie gewinnen wollen. Außerdem beinhaltet das Profil die Rahmenbedingungen, Ziele, Wünsche und Schmerzen der potentiellen Kunden, wie in der vorherigen Übung dargestellt. Auf dieser Basis wird dann eine »Contentstrategie« zur Leadgenerierung erarbeitet. Das Ziel einer Content-Lead-Strategie ist es, aus unbekannten Webseitenbesuchern bekannte Kontakte, sogenannte Leads zu machen und diese im weiteren Verlauf durch einen automatisierten Dialog als Kunden zu gewinnen. Eine solche Online-Kundengewinnungsstrategie halte ich für sehr sinnvoll, wenn sie gut gemacht ist und in Zusammenarbeit mit dem Vertrieb erstellt wird. Letzteres passiert in der Praxis leider allzuhäufig nicht. Durch einen Alleingang der Marketingabteilung wird das Knowhow des Vertriebs über den Kunden zu wenig genutzt und es wird vorallem auch zu wenig besprochen, wie die Übergabe der Kontakte aus dem automatisierten in einen persönlichen Dialog erfolgt. Zumindestens bei erklärungsbedürftigen Produkten ist dies aber oft unbedingt notwendig.

Was mich in der Zusammenarbeit mit großen Firmen immer wieder amüsiert; der Vertrieb erarbeitet Zielkundenprofile und die Marketingabteilung Persona-Profile. Beide vollkommen unabhängig voneinander. Wenn ich dann in der Vorbereitung meiner Verkaufstrainings zur Neukundengewinnung im digitalen Zeitalter nach dem Persona-Profil frage, ist das Erstaunen im Vertrieb oft groß und der Abgleich mit dem Zielkundenprofil birgt die eine oder andere Überraschung!

Am besten überprüfen Sie einmal selbst die Angebote auf Ihrer Website und auch Ihre wertvollen Inhalte, die für Ihre künftigen Kunden so interessant sein könnten, dass sie Ihnen ihren Namen und E-Mail-Adresse verraten. Daraus können Sie dann Ihre eigene Content-Lead-Strategie entwickeln.

Konzentrieren wir uns wieder auf den direkten, persönlichen Verkauf. Jetzt kennen Sie Ihren Idealkunden schon ganz genau. Das ist sehr gut, denn damit ist Ihre Zielgruppe klar. Wir können unsere Zielorientierung noch erhöhen und uns noch stärker fokussieren. Mit einer Zielkunden- oder wie ich sie nenne: Schon-Bald-Kundenliste.

Ich hatte ca. drei Jahre lang eine Zweitwohnung in einem schönen Münchner Stadtteil, dem Dreimühlenviertel. Ein wirklich nettes Viertel, gewachsen, mit alteingesessenen Münchnern, Kreativen und jungen Familien. Außerdem direkt an der Isar gelegen, mit netten kleinen Straßencafés und der Firma Rodenstock mitten in diesem Viertel.

Ich bin mir sicher Sie kennen die Firma Rodenstock als Hersteller hochwertiger Brillengläser und Fassungen. Dieses Unternehmen lag damals auf dem Weg zur Isar und ich bin oft daran vorbeigelaufen, immer mit dem Gedanken: »Irgendwann will ich diese Firma einmal als Kunden gewinnen!« Ein Jahr nachdem wir unsere Wohnung im Dreihmühlenviertel aufgegeben haben, empfiehlt mich meine geschätzte Speakerkollegin und Stilexpertin Elisabeth Motsch genau an diesen Kunden weiter.

Ist das nicht hoch interessant? Mittlerweile habe ich eine mehrjährige, sehr intensive Geschäftsbeziehung mit diesem

Kunden und bin Elisabeth immer noch zutiefst dankbar für diese Weiterempfehlung.

Zwei Erkenntnisse habe ich aus dieser Erfahrung gezogen: Erstens formuliere ich mittlerweile meine Wünsche präziser, nämlich mit dem Zusatz, wann genau ich meinen Zielkunden gewinnen will. Damit es künftig nicht einfach ein Jahr zu spät passiert ☺. Zweitens frage ich mich, warum ich damals nicht selbst stärker aktiv geworden bin? Okay, mir fehlte die Erfahrung in der Optikbranche, aber ist das wirklich ein Hinderungsgrund? Also lautet mein Vorsatz: »Raus aus der Komfortzone und sofort damit beginnen Hindernisse zwischen mir und meinem Schon-Bald-Kunden aus dem Weg zu räumen!«

Einen Zielkunden zu gewinnen ist schön, mehrere zu gewinnen noch viel schöner.

Die gute Nachricht ist: das, was mit einem Kunden klappt, klappt auch mit mehreren! Wie? Indem Sie eine Zielkundenliste erstellen – Ihren persönlichen Kunden-Wunschzettel. Wünschen Sie sich doch einfach Ihre Schon-Bald-Kunden herbei! Keine Angst, ich bin jetzt nicht in die Ecke »ich bestell mir jetzt mal einen Parkplatz beim Universum« abgedriftet, obwohl ich fast immer einen Parkplatz finde ☺.

Das Prinzip Parkplatz und das Prinzip Zielkundenliste ist das Gleiche. Sie richten Ihre Aufmerksamkeit auf Ihren Zielkunden. Das steuert Ihre Wahrnehmung. Heißt, Ihr Gehirn priorisiert alles, was mit dieser Person oder diesem Unternehmen zu tun hat – fast so wie eine »Google-Alert-Funktion« im eigenen Hirn. Sie sammeln Informationen und Ansprechpartner. Sie überlegen, wer könnte der Entscheider sein und wer könnte ihn kennen? Wer könnte mich bekannt machen oder empfehlen?

Merken Sie was? Jetzt sind wir bereits dabei, zu überlegen, wie wir diesen Kunden gewinnen können. Wir entwickeln Möglichkeiten und Maßnahmen. Dadurch wird aus unserem Zielkunden, den wir irgendwann einmal gewinnen wollen, unser Schon-Bald-Kunde! Je mehr wir uns mit ihm beschäftigen, umso klarer und sicherer wird es, dass wir ihn wirklich für uns gewinnen. Wir sind positiv gestimmt und erkennen dadurch sehr viel mehr Möglichkeiten. Hier ist er wieder unser Chancenblick, den wir schon im Kapitel drei kennengelernt haben. Wir handeln zielorientiert und ergreifen die richtigen Maßnahmen. Und wir machen aus unserem Schon-Bald-Kunden unseren wirklichen Kunden. Brauchen Sie noch mehr Gründe für Ihre persönliche Wunschliste? Na dann auf, definieren Sie Ihre Schon-Bald-Kunden!

Noch Zweifel? Glauben Sie mir, das funktioniert sehr gut im Verkauf an Geschäftskunden, aber durchaus auch im Privatkundenbereich. Wenn Sie wollen, können Sie sich zum Beispiel überlegen, welche einflussreichen Persönlichkeiten Sie als Kunden gewinnen wollen, damit diese Sie dann weiterempfehlen können oder Ihnen auf andere Weise Zugang zu neuen Kunden schaffen können. Also, fokussieren wir uns und erstellen unsere Schon-Bald-Kundenliste.

Übung: Meine Schon-Bald-Kundenliste

Wählen Sie im ersten Schritt ein oder mehrere Arbeitsmittel aus, die Sie ansprechen und die Sie auch unterwegs immer dabeihaben. Wenn Sie mit einer CRM-Software arbeiten, dann macht es Sinn, die Liste gleich hier zu integrieren bzw. die Schon-Bald-Kunden mit einem besonderen Kriterium zu versehen. Auf einer Social-Media-Plattform können Sie die Zielpersonen mit einem besonderen Tag kennzeichnen. Es kann aber auch eine Excel-Tabelle oder ein Mindmap sein, eine Notiz in Ihrem Tablet oder Smartphone oder meine Empfehlung: Schreiben Sie Ihre Schon-Bald-Kunden in Ihr Erfolgstagebuch. Da haben Sie diese beim täglichen Positivcheck immer wieder vor Augen. Das fokussiert Sie zusätzlich.

Jetzt nehmen Sie sich die Antworten auf Ihre Fragen bei der Definition des Idealkunden zur Hand. Wen kennen Sie bereits, der diese Kriterien erfüllt? Von wem glauben Sie, dass er sie erfüllt? Nun notieren Sie einfach alles was Ihnen einfällt. Limitieren Sie sich nicht, schalten Sie den inneren Kritiker aus und schreiben Sie einfach drauf los.

Vielleicht fällt Ihnen ganz viel, ganz spontan ein. Vielleicht zieht sich die Erstellung über mehrere Tage. Keine Sorge Ihre Liste wird sich füllen.

Am Ende des Prozesses sollten Sie zehn Schon-Bald-Kunden auf dieser Liste haben. Nicht mehr, denn sonst fokussieren Sie sich nicht genug. Und keine Sorge, Sie können jederzeit wieder eine neue Liste machen, sobald Sie alle Schon-Bald-Kunden gewonnen haben.

Meine Top 10 Schon-Bald-Kunden:

1. _____

2. _____

3. _____

4. _____

5. _____

6. _____

7. _____

8. _____

9. _____

10. _____

Sie können die Liste auch verändern bzw. ergänzen, indem Sie Ihre Motivation, sprich Ihren Grund dazu schreiben, warum Sie gerade diesen Kunden gewinnen wollen.

Wenn Sie ein Mindmap oder eine Excel-Tabelle erstellt haben, können Sie auch noch Ideen und Maßnahmen dazu schreiben, wie Sie diesen Kunden gewinnen wollen.

Dann haben Sie gleich Ihren eigenen Masterplan erstellt. Was soll jetzt noch schiefgehen?

Jeder Kundenkontakt ist ein guter Kontakt

Es geht nicht darum, jeden Kunden lieben zu müssen. Manche finden wir ja noch nicht mal sympathisch. Das heißt aber noch lange nicht, dass wir diesen Menschen keine positiven Gefühle entgegenbringen können, das funktioniert sogar im Nachhinein, wie mein folgendes Verkaufserlebnis beweist.

Ich erinnere mich noch genau an einen schönen Sommernachmittag im Juli 2012. Mit meinem Cabrio bin ich unterwegs zu einem Erstkontakt - einer sehr interessanten Firma am Tegernsee. Ich finde das Unternehmen deshalb so interessant, weil es Premium-Produkte herstellt und international tätig ist. Mit dem Vertriebsleiter, der mich auf Xing angeschrieben hat, habe ich schon ein paar Mal gemailt und auch schon telefoniert, um diesen Termin zu verabreden. Gut vorbereitet wie immer, mit einem klaren Konzept im Kopf, warte ich gutgelaunt im Eingangsbereich der Firma. Nach ein paar Minuten Wartezeit, die mir ziemlich lange vorkommen, werden ich dann auch abgeholt von Andreas S., einem sehr selbstbewusst auftretendem Mitdreißiger mit modischem Outfit. Wir sitzen uns im Meetingraum gegenüber und er referiert über die ausgezeichneten Produkte seiner Firma. Dann fährt er fort mit den Geschäftszielen, den Vertriebszielen und seinen persönlichen Zielen. Ich merke, wie ich immer ungeduldiger werde. Er legt mir ausführlich die aktuelle Situation dar und warum er jetzt einen Trainer für sein Team sucht, auch wenn das überhaupt nicht aufgeschlossen gegenüber einer Weiterbildung ist. Er äußert sich nicht gerade wertschätzend über seine Mitarbeiter. Es stellt sich heraus, dass er erst recht kurz im Unternehmen ist, aber natürlich schon das volle Vertrauen der Geschäftsleitung besitzt. Dann legt er mir sein Konzept dar, wie er mehr größere und internationale Geschäftskunden gewinnen will. Und dann passiert es: das genaue Gegenteil der AHA-Momente-Strategie. Eher eine OH-JE-Momente-Strategie.

Ich finde nämlich einen Haken in jeder Konzeptidee meines Gesprächspartners, und ich bin natürlich auch allzu bereit, ihm das sofort mitzuteilen. Schließlich bin ich ja gut vorbereitet! So reden wir eine Zeitlang aneinander vorbei, bis er das Gespräch schließlich mit den Worten beendet »Ich melde mich dann bei Ihnen!«

Wieder in der Lobby angekommen realisiere ich, welche fatale Wendung das Gespräch genommen hat bzw. welche Wendung ich dem Gespräch gegeben habe.

Ich bin sauer auf mich, aber auch sauer auf den arroganten Schnösel, der mich immerhin locker flockig einen schönen Sommernachmittag gekostet hat.

Wieder im Auto angekommen, mit Blick auf die Uhr beschließe ich an den Tegernsee zu fahren und mir das Gespräch in Ruhe bei einem schönen Spaziergang durch den Kopf gehen zu lassen. Mehr und mehr wird mir klar, dass es an der mangelnden Beziehungsebene und meinem fehlenden Einfühlungsvermögen lag, warum wir beide als Gesprächspartner so gar nicht im gemeinsamen Flow waren. Eine Gesprächssituation, die ich so eigentlich gar nicht kenne. Darum hat sie mich auch so nachhaltig beeindruckt an diesem Sommernachmittag im Juli 2012. Ich bleibe noch knappe zwei Stunden am See, mache irgendwann einen Haken dran und fahre wieder gut gelaunt zurück nach Rosenheim.

Und doch, zwei Jahre später beschäftigt mich dieses Gespräch immer noch und es wurmt mich, dass ich den Auftrag nicht bekommen habe. Mittlerweile weiß ich, dass es ein lukrativer Job gewesen wäre und wer ihn statt meiner bekommen hat.

Ich beschließe endlich mit der »ollen Kamelle« aufzuräumen und mache eine Selbstcoaching-Übung zur Änderung meiner Denkweise. Man könnte sagen, ich betreibe gedankliche Selbsthygiene.

Auf einem Blatt Papier erstelle ich eine Tabelle mit zwei Spalten. In die linke Spalte schreibe ich meine negativen Gedanken. Beim Notieren fällt mir auf, dass diese Überlegungen ganz schön schädlich für mein Selbstwertgefühl als Verkäufer sind. Ich verfüge über ein sehr gesundes Selbstbewusstsein, so dass ich diese kleine Verletzung schon wegstecke. Trotzdem kommt sie mir wie ein Schiefer vor, den ich mir eingezogen habe und der sich jetzt wie ein kleiner Fremdkörper in mir anfühlt.

Mit der Umformulierung der negativen in positive, selbstwertsteigernde Gedanken entferne ich diesen Störkörper. Ich mache meinen Frieden mit der Situation und kann innerlich richtig aufatmen.

Negative, selbstkritische Denkweise	Positive, selbstwertsteigernde Denkweise
So ein arroganter Schnösel!	Ich glaube, der stand unheimlich unter Druck. Sein Auftreten war reiner Selbstschutz!
Ich habe ihn nicht für mich gewinnen können.	Noch nicht! Man trifft sich im Leben immer zwei Mal!
Ich habe ihm seine Ideen schlecht gemacht!	Ich war einfach ehrlich! Und: Das nächste Mal denke und handle ich lösungsorientierter!

Je mehr Sie aktiv verkaufen, umso mehr werden Sie immer auch mal Erlebnisse haben, die nicht so positiv laufen. Dann ist meine klare Empfehlung, warten Sie keine zwei Jahre, so wie ich in diesem Beispiel, sondern ziehen Sie den Schiefer schnell aus dem »Seelenfleisch«, bevor es sich entzünden kann und geben Sie Ihren Gedanken eine neue positive Richtung.

In Kapitel drei habe ich Ihnen bereits von der Emotionsforscherin Barbara Fredrickson und ihrer »Broaden und Build Theorie« erzählt. Kurz zu Erinnerung, dabei geht es darum, dass positive Gefühle unser Bewusstsein erweitern und uns offener, lösungsorientierter und kreativer denken und handeln lassen. Was sehr wichtig ist für ein gelungenes Kundengespräch. Mit dem Gedanken »so ein arroganter Schnösel« wird auch das nächste Gespräch nicht positiv und produktiv verlaufen. Gut also, dass ich ihm in meiner Tabelle bereits eine positive Ausprägung entgegengesetzt habe.

In ihrem Buch *Die Macht der Liebe. Ein neuer Blick auf das größte Gefühl* hat Dr. Fredrickson ihre langjährigen Forschungen zum Thema Liebe dargestellt. Dabei geht es jetzt nicht um Liebe im klassischen Sinn, sondern um vielfältige Ausprägungen dieses großen Gefühls, wie wir sie täglich im Alltag erleben und zwar teilweise mit wildfremden Menschen. Sie nennt diese Alltagssituationen »Mikromomente der Verbundenheit«, kleine Situationen wo zwischen zwei Menschen Wohlwollen und Zuneigung entsteht. Und das funktioniert auch prima im Businessumfeld.

Ein einfaches Beispiel: Neulich war ich auf der Durchreise von Köln nach München. Bei einem Zwischenstopp in Frankfurt bin ich zu einem Coaching in einem Café verabredet. Als ich dort um 11:00 Uhr vormittags ankomme, ist es noch sehr leer. Trotzdem herrscht bereits jetzt eine nette, angenehme Atmosphäre in dem Lokal. Ich freue mich auf meine Klientin und suche mir einen ruhigen, gut abgeschirmten Platz. Da kommt der Ober. Ein gutgelaunter Afroamerikaner mit dem breitesten Grinsen, das ich seit langen gesehen habe. Durch seine Positivität sorgt er bei mir sofort für Wohlfühlstimmung. Meine Klientin kommt und bald sind wir ins Gespräch vertieft. Insgesamt bin ich über drei Stunden in dem Lokal und wann immer der nette Kellner an unserem Tisch vorbeikommt, hat er einen kleinen Spruch auf den Lippen und sorgt dafür, dass es uns an nichts fehlt. Beim Gehen sind wir bereits an der Tür und er ruft uns nach »Bis morgen dann!« mit einem schelmischen Grinsen.

Wenn wir selbst gut drauf und im entscheidenden Moment des Kundenkontakts präsent – also sowohl aufnahme- als auch sendebereit sind, wenn wir uns also auf unseren Gesprächspartner wirklich einlassen, dann entstehen genau solche wertvollen Mikromomente der Verbundenheit. Wir sollten sie uns bewusst machen, uns daran freuen und sie abends in unserem Positiv-Check festhalten.

Was aber, wenn wir Menschen auf Anhieb nicht so recht mögen bzw. sich die richtige Wellenlänge nicht so recht einstellen will? Gerade dann ist es wichtig, dass wir eine wohlwollende Haltung für unser Gegenüber entwickeln, damit diese Mikromomente der Verbundenheit entstehen können. Dazu gibt es eine fantastische Übung zu der mich Barbara Fredrickson inspiriert hat.

Übung: Wie sich Wohlwollen in Bezug auf Kunden erzeugen lässt

Erinnern Sie sich an ein Kundengespräch, in dem nicht alles so gelaufen ist, wie Sie sich das vorgestellt haben. Eventuell war Ihnen der Gesprächspartner nicht sympathisch oder er/sie war in keiner guten Stimmung. Vielleicht waren auch Sie nicht positiv gelaunt? Einfach so eine Situation wie meine »Tegernseegeschichte« von vorhin.

Idealerweise erinnern Sie sich sogar an eine Kundenbeziehung, in der bald wieder ein Gespräch ansteht. Dann können Sie diese Übung gleich zur Vorbereitung nutzen.

Ich lade Sie ein, sich jetzt auf die Person dieses Kunden zu fokussieren und auf der Liste der positiven Emotionen »20 Facetten des Wohlwollens«, diejenigen zu markieren, die Sie für Ihren Gesprächspartner empfinden können.

Liste möglicher positiver Empfindungen: 20 Facetten des Wohlwollens:

1. Staunen
2. Neugier
3. Interesse
4. Anerkennung
5. Freude
6. Sympathie
7. Wertschätzung
8. Achtung, Respekt
9. Fürsorge
10. Mitgefühl, Anteilnahme
11. Begeisterung
12. Zusammengehörigkeit, Verbundenheit
13. Freude teilen
14. Güte, Großzügigkeit
15. Dankbarkeit
16. Herzlichkeit
17. Rücksicht
18. Verständnis
19. Vertrauen
20. Erheiterung

Auswertung nach der Übung:

Wie leicht fiel Ihnen diese Übung?

Was fällt Ihnen bei dieser Übung auf?

Wenn ich mir mein nächstes Treffen mit meinem Gesprächspartner vom Tegernsee vorstelle, dann weiß ich, dass ich ihm positive Gefühle, wie Verständnis, Einfühlungsvermögen, Wertschätzung entgegenbringen kann. Und ich werde ihm ganz sicherlich mein Interesse zeigen und sein Engagement für den Unternehmenserfolg anerkennen. Ich denke, das nächste Gespräch wird auf dieser Basis eine ganz neue Richtung nehmen.

Hier habe ich noch ein paar weiterführende Fragen für Sie notiert, die bei einer Gesprächsvorbereitung ebenfalls hilfreich sein können um Positivität zu erzeugen:

- Worauf könnte ich neugierig sein?
- Worüber könnte ich staunen, anstatt es für selbstverständlich zu halten?
- Was könnte ich schätzen?
- Wofür könnte ich dankbar sein?

Erinnern Sie sich an die emotionale Gesprächsvorbereitung bei der Telefonakquise? Wenn Sie die Homepage Ihres Schon-Bald-Kunden besuchen, dann legen Sie sich diese Seite mit den Fragen einfach daneben. So wissen Sie gleich mit welchen Komplimenten bzw. positiven Kommentaren Sie das Telefonat auf die richtige emotionale Spur bringen können.

Den Kauf mit einem Highlight abschließen, gute Gefühle erzeugen und echte Loyalität aufbauen

Nach dem Kauf ist vor dem Kauf, das ist eine alte und sehr wahre Weisheit im Vertrieb. Sie gilt für nahezu alle Vertriebskanäle und Branchen. Im Marketing spricht man vom After-Sales-Management. Dieses umfasst zum Beispiel den Kundenservice im Handel, der sehr entscheidend ist, um Kaufreue oder Unzufriedenheit mit dem Produkt gar nicht erst entstehen zu lassen. Leider ist es ganz oft so, dass der erneute Kontakt vom Kunden aus gestartet werden muss. Und hier liegt der entscheidende Fehler im System. Im digitalen Zeitalter kann diese Nachbetreuung natürlich wieder per E-Mail automatisiert werden. Das ist schon mal ein erster richtiger Schritt Richtung »Customer Centricity«, der englische Begriff für Kundenzufriedenheit der in der aktuellen Marketingsprache häufig verwendet wird.

Zur persönlichen Nachkaufbetreuung gehört für mich bei allen wertigen Produkten und Dienstleistungen die Frage nach der Zufriedenheit, am besten persönlich gestellt, zum Beispiel mit einem Zufriedenheitsanruf oder vielleicht sogar einem Besuch. Wenn der Kunde zufrieden ist und mit Ihnen darüber spricht, hat das gleiche mehrere Vorteile: Er wird sich Ihrer guten Leistung nochmals bewusst und freut sich.

- Sie haben die Möglichkeit nachzufragen, ob er sonst noch etwas braucht.
- Sie können ihn bitten, eine Onlinebewertung, Referenz oder Empfehlung abzugeben.
- Sie freuen sich, dass der Kunde zufrieden ist. Das ist gut für Ihr Glücksgefühl und Ihren Selbstwert.

Sie sehen, dass die Betreuung des Kunden nach dem Kauf oder nach der Leistungserbringung sehr entscheidend ist, um ihn als Wiederkäufer zu gewinnen und die Kundenbeziehung zu festigen. Diese Erkenntnis wird jetzt für Sie nicht brandneu sein. Die entscheidende Frage lautet jedoch: Setzen Sie den persönlichen Zufriedenheitskontakt aktiv und permanent um? Damit er im Alltag nicht vergessen wird, braucht es in größeren Unternehmen einen automatisierten After-Sales-Management-Prozess in Form eines CRM-Systems (Customer Relationship Management). In einem kleinen Unternehmen oder wenn sich die Zufriedenheitsabfrage auf Sie als Verkäufer konzentriert, reicht eine gute Wiedervorlage in Ihrem Kalendersystem.

Mein Tipp: Tragen Sie diese Wiedervorlage immer gleich bei der Auftragserteilung oder beim Kauf ein. Ist die Leistung mal erbracht und die Ware geliefert steht schon der nächste Kunde vor der Tür und sie vergessen es schlichtweg.

In ganz vielen Unternehmen habe ich mit Kunden gemeinsam ein Empfehlungsmarketingsystem aufgebaut. Für mich heute in unserer Zeit des »Information-Overflows« einer der letzten wirklich funktionierenden Möglichkeitenum Neukunden zu gewinnen. Da dies ein komplett eigenes Vertriebsthema ist, kann ich hier nicht im Detail darauf eingehen.

Einen Tipp gebe ich Ihnen aber auf jeden Fall mit auf dem Weg: Vor der Frage nach der Bewertung oder Empfehlung stellen Sie bitte immer erst die Frage nach der Zufriedenheit an den Kunden. Aus zwei Gründen: Erstens, wenn der Kunde nicht zufrieden ist, können Sie sofort reagieren. Zweitens, der Kunde fühlt sich nicht instrumentalisiert mit der Frage nach der Referenz oder Empfehlung, denn in erster Linie geht es um sein Wohlbefinden.

Und ich kann Ihnen aus der Praxis noch einen weiteren Grund für die Zufriedenheitsfrage nennen. Im Dialog mit vielen Verkäufern, die nach meinem Training aktiv die Zufriedenheitsfrage stellen, bekomme ich ganz häufig das Feedback: »Wir hören so viel Gutes von unseren Kunden. Das macht uns stolz und glücklich!«

Na, sind Sie jetzt überzeugt? Gut, denn es geht mir in diesem Buch um Ihre guten Gefühle und die Ihres Kunden. Und da habe ich jetzt noch eine ganz spannende, etwas ungewöhnliche Idee für Sie:

Nach besonders gelungenen Vorträgen, Seminaren und Coachings bekomme ich öfters mal Dankbarkeitsbriefe von meinen Kunden. Das sind für mich ganz tolle Momente, die einen sehr schönen Lohn für mein Engagement darstellen. Da kam ich auf die Idee, das Ganze einmal umzudrehen und meinen Kunden zuvorzukommen. Seitdem schreibe ich Dankbarkeitsbriefe an meine Kunden. Nicht an alle, das schaffe ich selbst zusammen mit meinem Team zeitlich nicht. Aber an ausgewählte Kunden, an besonders sympathische und großzügige Auftraggeber. Und immer auch mal wieder schreibe ich Briefe an solche Kunden, bei denen es im Projekt nicht ganz so einfach lief. Wo sich Situationen ergaben, aus denen ich lernen durfte. Denn kleine Hindernisse sind Wachstumschancen für uns. Und als solche sollten wir sie auch annehmen.

2009 habe ich im Auftrag eines Kunden ein wahres Mammut-Projekt innerhalb kürzester Zeit gestemmt. Es ging um den Relaunch einer großen deutschen Zigarettenmarke. Innerhalb von nur acht Wochen durfte ich ein Trainings- und Eventkonzept entwickeln, wie wir 2000 Teilnehmer in nur 10 Tagen an zwei Locations in Deutschland geschult und motiviert bekommen. In diesen knapp zwei Wochen hatte ich 30 Trainer im Einsatz und alle haben volles Engagement gezeigt. Vor allem auch meine Auftraggeber. Während der Projektzeit haben wir alle, glaube ich, nicht mehr als 3-4 Stunden pro Nacht geschlafen. Das war eine sehr interessante Erfahrung, was das mit dem eigenen Körper, mit der eigenen Leistungsfähigkeit und mit den eigenen Emotionen macht. Ich wünschte, ich hätte damals die Idee des Dankesbriefs bereits gehabt. Das Schreiben an meinen Ansprechpartner beim Kunden hätte ungefähr so geklungen:

»Lieber Herr ..., ich bedanke mich für das große Vertrauen, das Sie mir und meinem Team entgegengebracht haben. Sehr gerne habe ich Ihre 2000 Händler, Merchandiser und Promotoren geschult und auf den Produktlaunch vorbereitet. Es war toll zu erleben, wie wir alle gemeinsam an einem Strang gezogen haben. Ich bin dankbar dafür, dass jeder sein Bestes einbringen durfte und ich bin dankbar für unsere offene und konstruktive Diskussion in der Vorbereitung dieses Mamut-Trainingsprojekts.

Ich bin dankbar für die Grenzerfahrungen der letzten Wochen. Haben Sie mir doch ganz neue Dimensionen meiner Leistungsfähigkeit aufgezeigt. Und nicht zuletzt sage ich auch Danke für den intensiven Austausch, den wir beide miteinander pflegen. Ich hoffe, dieser Dialog und unsere Zusammenarbeit halten noch lange an. Jetzt ist es an der Zeit, dass wir alle uns an unserem Erfolg freuen. Auch dafür sage ich Danke und freue mich auf die gemeinsame Feier! Herzlichst Ihre SCHUBs, Sandra Schubert!«

Wow, beim Schreiben dieser Zeilen, sind die Erinnerungen an all diese Erlebnisse sofort wieder da und ich bin wirklich von ganzem Herzen dankbar. Die Verwendung dieses Wortes kostet vielleicht den einen oder anderen von Ihnen Überwindung, so ging es mir zumindestens am Anfang. Das Wort »dankbar« hat etwas Pathetisches, Getragenes. Und es hat eine große Wirkung auf die eigenen positiven Gefühle und natürlich auch auf die des Empfängers Ihres Briefes. Probieren Sie es einfach mal aus, schreiben Sie einen Dankbarkeitsbrief an Ihren Kunden. Sie können ja immer noch überlegen, ob Sie ihn wegschicken wollen ☺.

Übung: Der Dankbarkeitsbrief an Ihren Kunden

Wissen Sie schon, wem Sie als erstes Schreiben wollen? Prima, dann denken Sie mal kurz über folgende Fragen nach:

Wozu hat Ihnen der Kunde oder der Kontakt mit ihm verholfen?

Was haben Sie daraus gelernt?

Worüber haben Sie sich gefreut?

Wofür sind Sie dankbar?

Was wünschen Sie ihm oder sich für die Zukunft?

Mein Tipp: einfach mal anfangen und in sich hineinhorchen. Die Ideen kommen Ihnen beim Schreiben. Besonders wertvoll ist natürlich ein handgeschriebener Brief auf tollem Papier. Je nach Dankbarkeitsanlass ist auch mal eine nette oder witzige Karte angesagt. Und für die Prozessfanatiker unter Ihnen: So was kann man natürlich auch vorbereiten. Wichtig ist, bleiben Sie individuell beim Schreiben und empfinden Sie echte Dankbarkeit. Denn sonst wird es auch nichts mit den positiven Gefühlen ☺.

Zum Abschluss des Kapitels noch eine kleine Episode, die ich in der Adventszeit erlebt habe. Auf einer lockeren, kleinen Weihnachtsfeier traf ich einen Vertreter der Presse. Natürlich habe ich ihm von meinem Buch erzählt und der Philosophie von *Happy Sales*.

Und wissen Sie was er entgegnet hat? Er meinte zum Thema »Glücksressource Kunde«:

»Geschäftspartner sind doch keine sozialen Kontakte!« Erst war ich entsetzt und dann hat mich der Ehrgeiz gepackt und ich habe ihm meine Sichtweise erläutert – umso leidenschaftlicher, ob der Tasse Glühwein, die ich in der Hand hielt. Ich bin dankbar, dass ich ihn bereits nach einem kurzen Gespräch vom Gegenteil überzeugen konnte. Und ich wünsche mir vom ganzen Herzen, dass Sie auch möglichst viele Leute vom Gegenteil überzeugen. Verkaufen mit Spaß am Kundenkontakt sorgt für jede Menge Glückserlebnisse. Also, sorgen Sie dafür, dass jedes Verkaufsgespräch zu einem positiven Meilenstein in Ihrer Kundenbeziehung wird und verkaufen Sie sich glücklich!

Damit Ihnen das mit dem glücklichen Verkaufen möglichst oft gelingt, das heißt damit Sie möglichst viel Freiraum für den aktiven Verkauf haben, geht es in den folgenden Kapiteln nun um Selbstmanagement und Organisation.

3. Mehr Zeit für den aktiven Verkauf

Es gibt einen griechischen Gott mit Namen Chronos. Der ist zuständig für die Zeit. Er ist damit der Urvater des Zeitmanagements, wenn man so will. Leider ist er kein sehr sympathischer Gott. In der griechischen Mythologie ist zu lesen, dass er sehr herrschsüchtig war. Er war so machthungrig, dass er einen Putsch gegen seinen Vater anzettelte, ihn vom Thron stieß und die Macht an sich riss. Der Grausamkeiten noch nicht genug, machte er gleich noch seine eigenen Nachkommen unschädlich, indem er sie auffraß.

Ist Ihnen jetzt klar, warum wir so durchs Leben hetzen. Warum wir uns auffressen lassen von allen möglichen Dingen? Warum es zum vermeintlichen Statussymbol geworden ist, wenig Zeit zu haben? Immer »busy« zu sein? Ein gefährliches Statussymbol, das wir uns da zugelegt haben, meint auch Tony Crabbe, Autor des gleichnamigen Buches *Busy!*

Wir rasen durch unseren Alltag wie ein Jet-Pilot in einem Videospiel. Stets auf der Hut, die Sinne auf das Äußerste angespannt, wild um sich ballernd schießen wir uns in den nächsten Level und damit aus dem Leben. Zu mindestens katapultieren wir uns mit diesem Verhalten heraus aus einem erfüllten und glücklichen Leben, hinein in den Stress und die dauernde Hetze. Ich sage, Schluss damit. Das kann es nicht sein. Alle Methoden des Zeitmanagements und der Selbstführung, die ich in den nachfolgenden Kapiteln beschreibe, dienen für mich genau einem Zweck: Das zu tun, was uns wirklich wichtig ist und dadurch zufrieden und glücklicher zu werden. Dabei räume ich gleich jetzt mit einer Illusion auf. Auch wenn wir lernen, uns bestens zu organisieren, wir werden es nicht schaffen, alles erledigt zu bekommen. Daher gilt es jeden Tag aufs Neue, Prioritäten zu setzen und weniger wichtige, unerledigte Dinge zu streichen oder sie gar auf die »Stop-Doing-Liste« zu setzen, damit wir uns immer wieder selbst daran erinnern, sie eben <u>nicht</u> zu tun!

Was dabei aus meiner Sicht auf gar keinen Fall auf der Strecke bleiben sollte, ist der aktive Verkauf. Denn, wie wir bereits in Kapitel zwei festgestellt haben, ermöglicht er uns sehr viele schöne Dinge, die allesamt glücklich machen. Und das wäre wirklich schade, wenn wir auf diese aufgrund von Zeitmangel verzichten würden.

Oder ist es gar keine Zeitnot, sondern womöglich eine verdeckte »Akquise-Aufschieberitis«? Ich kann Sie förmlich protestieren hören – aber denken Sie doch mal nach – immer nur »busy« oder beschäftigt zu sein, kann auch eine Ausflucht uns selbst oder anderen gegenüber sein, um nicht aktiv verkaufen zu müssen! Also machen Sie Ihren inneren Schweinehund mal mundtot, fokusieren Sie sich und dann nichts wie ran an den Kunden!

Warum braucht gerade ein aktiver Verkäufer ein gutes Zeit- und Selbstmanagement?

Weil im Verkauf die Gefahr der Fremdbestimmung extrem groß ist. Das liegt an der Sandwichposition Unternehmen-Verkäufer-Kunde.

Der Mensch kauft nur vom Menschen gerne, zu mindestens, wenn die Beziehung zwischen Verkäufer und Kunde gut ist. Ist diese einmal hergestellt, verzichtet der Käufer ungern auf seinen »single point of contact«, wie es im Key Account Management oft so schön heißt. Es ist zwar ein schönes Kompliment für den Vertriebsmitarbeiter, wenn der Kunde nur ihn als alleinigen Ansprechpartner sieht und akzeptiert. Aus Gründen des Zeit-managements und der Effizienz wäre es jedoch einfacher, wenn er auch mit anderen Abteilungen direkt kommuniziert, wenn zum Beispiel die technische Abteilung oder die Sachbearbeitung Dinge auch direkt mit dem Kunden regeln kann. Das klappt nur nicht immer so, wie wir uns das vorstellen.

Die Gefahr der Fremdbestimmung resultiert auch aus den vielen Schnittstellen, die der Verkäufer zu den verschiedenen Abteilungen im Unternehmen hat.

Nehmen wir zum Beispiel einen klassischen Außendienstmitarbeiter. An einem ganz normalen Arbeitstag kommuniziert er mit seinem Vertriebsleiter über den Preis eines Angebotes. Er bespricht mit dem Innendienst den Stand eines laufenden Auftrags. Er erfährt von der Buchhaltung, dass einer seiner Kunden noch nicht bezahlt hat. Die Serviceabteilung weiß von einer Reklamation zu berichten und die Produktion teilt ihm mit, dass es zu Lieferschwierigkeiten beim Kunden XY kommen wird. Und all diese Dinge erledigt er zwischen Kundenterminen über sein Mobiltelefon. Bleibt zu hoffen, dass dieses echt smart ist. Denn es wäre nicht verwunderlich, wenn sein Besitzer bei der Fülle der unterschiedlichen Mitteilungen den Überblick verliert.

Fazit: Je mehr Menschen etwas von einem wollen, desto größer ist die Gefahr, dass wir nur mehr reagieren und nicht mehr agieren können.

arum braucht gerade ein erfolgreicher Verkäufer ein gutes it- und Selbstmanagement?

Kollegen und Kunden, alle schreien gleichzeitig, alle machen es besonders dringlich.

Nur einer schreit nicht, der Neukunde! Wie soll er auch, er weiß ja nichts davon, dass er akquiriert werden soll ☺.

Was passiert, wenn am Ende der Woche noch viele Aufgaben aber wenige Stunden über sind? Ganz klar, die Neukundenakquise wird vertagt. Nicht bewusst, eher unbewusst und auf unbefristete Zeit. Und so geht Woche für Woche ins Land. Wenn, ja wenn unser Verkäufer nicht unsanft von seinem Chef an die Zielerreichung in punkto Neukunden erinnert wird.

Fazit:

Meine goldene Regel lautet daher: Je erfolgreicher ein
Verkäufer und je unverzichtbarer er für das Unternehmen
ist, desto besser muss sein Zeitmanagement sein.

Wie sieht es auf der Selbstständigen-Front aus? Hier wird es erst
recht gefährlich! Denn sollte der Verkäufer nicht angestellt sein,
dann erinnert ihn auch keiner an die Neukundenakquise. Außer
irgendwann einmal der Banker oder Steuerberater, wenn es eng
wird beim Umsatz. Oder wenn die Rücklagen endgültig aufge-
zehrt sind, so wie bei meiner Klientin, der Grafikdesignerin,
deren Geschichte ich Ihnen am Anfang des Buches erzählt habe.

**Und warum braucht ein glücklicher Verkäufer ein gutes Zeit- und
Selbstmanagement?**

Nur wenn ich am Ende des Tages das Gefühl habe, einen Großteil meiner Zeit richtig eingesetzt zu haben – Sie erinnern sich
an das »A« wie Accomplishment aus PERMA, nur dann bin ich
zufrieden. Ich setzte meine Energie richtig ein und erreiche die
Dinge, die ich mir vorgenommen habe. Dieses »sinnvolle Tun«
ist ein wesentlicher Glücksfaktor. Damit wir uns dessen bewusst
werden, ist es wichtig am Ende des Tages mit dem Positiv-Check
Rückschau zu halten und festzuhalten, wo wir vorangekommen
sind. Wir brauchen diese täglichen Erfolgserlebnisse, sonst geht
uns zwischendrin die Energie aus.

Ah ja, apropos Energie! Zu einem guten Zeitmanagement gehört es
auch, Pausen einzuplanen. Mehrere kleine und auch ein bis zwei
große. Sonst haben wir zwar etwas erreicht, fühlen uns aber total
ausgepowert. Die Folge: Soziale Kontakte und Freizeitaktivitäten
am Abend fallen aus. Alles was wir dann noch schaffen, ist uns
berieseln zu lassen und noch mehr Medieninhalte zu konsumieren.

nzählige Rollen und nur ein Akteur?

Haben Sie sich einmal überlegt, aus wie vielen Rollen Ihr Verkäuferberuf oder Ihre Unternehmersein besteht? In unserer agilen Umwelt haben wir alle viel zu viele Rollen und meist auch überzogene Ansprüche an uns selbst – was die Lage noch dramatisiert!

Vor ein paar Jahren kam ein Vertriebsingenieur zu mir ins Coaching. Er war zu diesem Zeitpunkt Ende Dreißig und seit gut zehn Jahren im Job. Bei unserem ersten Treffen berichtet er ganz zufrieden von seiner Aufgabe, industrielle Klimaanlagen zu verkaufen. Er schildert sich selbst als durchaus erfolgreich, mit einem guten Kundenstamm und entsprechendem Verdienst. Sein Problem sei die Zeitknappheit. Trotz 50-60 Stunden pro Woche bekomme er die wesentlichen Aufgaben nicht in den Griff, erklärte er seine Situation. Ich bat ihn, diese wesentlichen Aufgaben einmal aufzuzählen. Das fiel im sichtlich schwer. Übrigens, keine Ausnahmeerscheinung. Ad hoc gefragt sind den Wenigsten von uns die eigenen Hauptaufgabenfelder wirklich klar.

Also haben wir uns hingesetzt, und seine Haupt- und Nebenrollen einmal aufgelistet:
- Bestandskundenbetreuung
- Neukundenakquisition
- Produktexperte (Einarbeitung in neue Produkte, Kundenschulungen etc.)
- Organisation und Selbststeuerung (E-Mail, Schriftverkehr, Zeitplanung, …)
- Auftragsteuerung und Abwicklung (Kaufvertrag, Übergabe an den Innendienst, Projektabwicklung, Rückfragen Buchhaltung, …)
- Marketingunterstützung (Lieferung von Content für die Homepage, Mitwirkung bei Kundenveranstaltungen, Mitwirkung bei Mailings und Social Media, Standpersonal auf Messen, …)

- Teammitglied (Abteilungsmeetings, übergeordnete Aufgaben, Einarbeitung)
- Persönliche Weiterentwicklung (Weiterbildung)

Mein Ingenieur hatte mal locker acht Rollen zu erledigen. Und jetzt reden wir nur von den beruflichen acht »Hauptrollen«!

In der Vorbereitung meiner Zeitmanagement-Trainings für Verkäufer bekommen die Teilnehmer regelmäßig eine Praxisaufgabe zur Vorbereitung. Sie führen über mindestens zwei Wochen ein Zeitjournal, um zu sehen, wo die tägliche Energie so hinfließt. Und sie werden gebeten, zusätzliche Aufgaben aufzulisten, die regelmäßig wiederkehren, aber in diesen zwei Wochen nicht vorgekommen sind.

Und genau das hat der Vertriebsingenieur in der Folge unseres Coachings auch gemacht. Im ersten Termin haben wir den Rollen noch Prozentzahlen zugeordnet. Wir haben gemeinsam geschätzt, wieviel seiner Zeit in die einzelnen Hauptaufgaben fließt. Als er wiederkam haben wir den vorher festgelegten prozentualen Anteil der Soll-Zeit mit der Ist-Zeit verglichen. Mit folgendem Ergebnis:

Hauptaufgabe	Prozentualer Anteil der aufgewendeten Zeit - Soll	Prozentualer Anteil der aufgewendeten Zeit - Ist
Bestandskundenbetreuung	30 Prozent	30 Prozent
Neukundenakquisition	30 Prozent	10 Prozent
Produktexperte	10 Prozent	10 Prozent
Organisation und Selbststeuerung	5 Prozent	10 Prozent
Auftragssteuerung und Abwicklung	10 Prozent	20 Prozent
Marketingunterstützung	5 Prozent	10 Prozent
Teammitglied	5 Prozent	10 Prozent
Persönliche Weiterentwicklung	5 Prozent	0 Prozent

In fast allen Rubriken kam es zu Abweichungen. Am drastischsten im Bereich Neukundenakquisition! Diese Abweichung verursachte meinem Klienten großen Stress. Denn obwohl er echt fleißig war, konnte er seine Ziele bis dato in Sachen Neukunden nie ganz erfüllen. Sehr zum Unmut des Verkaufsleiters, der ihm diesen Zustand auch regelmäßig ankreidete.

Wo ging also die Zeit hin, die er eigentlich auf das Kontakte-knüpfen und Gewinnen von neuen Kunden verwenden sollte? Unsere Analyse ergab: zu 10 Prozent in die Auftragsabwicklung. Auf meine Frage, warum dies so sei, meint mein Klient: »Ich bin ein sehr gründlicher Mensch, ich gebe nur ungern Dinge ab, die wichtig sind!« Und er ergänzt: »Außerdem bin ich es meinen Kunden schuldig, dass ich mich selbst kümmere!« Ob es wirklich seine »Schuldigkeit« ist oder nur mangelnde Delegation, das ist für mich hier die entscheidende Frage. Klar ist, dass seine Kollegen aus der Sachbearbeitung ihn nicht daran hindern, ihnen Arbeit abzunehmen. Auch die Kollegen aus der Marketingabteilung nehmen seine Hilfe gerne an, wenn es um neue Ideen für Content oder Marketingaktionen geht oder die eine oder andere Sonder-aktion ansteht. Ups, schon wieder 5 Prozent Arbeitszeit weg, aber man hilft doch gerne, oder? Auch bei der Einarbeitung der neuen Kollegen hat er sich in der Vergangenheit viel eingebracht. Das bringt die Firma schließlich weiter, oder etwa nicht? Mein Ge-danke dazu: »Ja, es bringt die Firma weiter, Neukunden aber auch! Und das ist das Kerngeschäft eines Vertriebsmitarbeiters!«

Auch die Hauptrolle »Persönliche Weiterentwicklung« war auf 0 Prozent gerutscht. Als Trainerin trifft es mich natürlich in meh-rerer Hinsicht hart, wenn aufgrund von Zeitmangel gerade die persönliche Weiterbildung unter den Tisch fällt. Erstens halte ich gerne Seminare und zweitens stellte sich im Falle meines Coachee heraus, dass er erst kürzlich die Teilnahme an einem Zeitma-nagementseminar absagen musste, weil er mit seiner Arbeit nicht hinterherkommt. Ich glaube, das nennt man zu Recht einen Teufelskreis, wenn man keine Zeit hat die Ursachen zu beheben, die Probleme aber mehr Zeit in Anspruch nehmen, als sie sollten, wie im Bereich Selbstorganisation in der Tabelle zu erkennen ist.

Die Grundlage eines erfolgreichen Zeitmanagements ist es, seine Hauptrollen zu kennen und diese auszufüllen. Ganz konkret lautet mein Handlungshinweis im Beispiel des Vertriebsingenieurs:

1. Die richtigen Prioritäten setzten und die Hauptrollen leben.
2. Sich selbst bremsen, bei der Übererfüllung von Rollen. Stattdessen klar delegieren oder Überflüssiges weglassen.
3. Ursachen bekämpfen, statt versuchen, die Symptome zu heilen.

Übung: Welche Rollen habe ich?

Meine Handlungsempfehlung an Sie lautet: Nehmen Sie sich am besten jetzt sofort die Zeit und schreiben Sie gleich hier Ihre Rollen auf:

1.

2.

3.

4.

5.

6.

7.

8.

9.

10.

Werden Sie sich klar darüber, welche Rollen die Hauptrollen sind und wie viel Prozent Ihrer Energie und Zeit Sie idealerweise in die Erfüllung dieser Rollen stecken wollen.

Sie können dazu eine Tabelle anlegen, wie im Beispiel des Vertriebsingenieurs, oder auch die Darstellung eines Kuchendiagramms wählen.

Machen wir noch ein Beispiel aus dem Bereich der Selbstständigen, oder wie ich sie auch gerne nenne, den »Solopreneuren«

(abgeleitet von «Solo« für alleine und »Preneur« von »Enterpreneur« = Unternehmer). Nehmen wir einen Business-Coach. Er oder Sie bietet Persönlichkeitsentwicklung im Business-Bereich an. Welche Rollen hat dieser Coach (m/w) zu erfüllen?

Wissen Sie, was selbst für mich immer wieder erstaunlich ist? Ich finde es erstaunlich, wie wenig Zeit für die eigentliche Leistungserbringung anfällt und wie viel Zeit tatsächlich notwendig ist, um neue Kunden zu gewinnen. Wenn wir uns das Kuchendiagramm in Abbildung 12 ansehen, dann addieren sich die Rollen Akquise und Marketing zusammen auf 40 Prozent der Gesamtzeit.

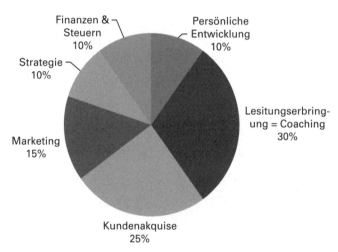

Abbildung 12: Rollen eines selbstständigen Persönlichkeitscoachs

Handelt es sich jetzt um einen derzeit gut ausgelasteten Coach, dann ist der Part der Leistungserbringung größer als 30 Prozent und es geht wahrscheinlich wieder zu Lasten der Neukundengewinnung. Das ist kurzfristig nicht schlimm, langfristig aber gefährlich, wenn die Auftragslage zurückgeht, Coachingaufträge auslaufen, Firmenkunden wegbrechen, usw.

Für diesen Coach bedeutet es auch, dass er, um genügend Zeit zu haben, für alle seine Unternehmerrollen, seinen Stundensatz entsprechend kalkulieren sollte.

Bei 200 verfügbaren Stunden pro Monat (50 Stunden pro Woche!) sind 30 Prozent gerade mal 60 Stunden. Wenn der Zielumsatz des Coaches bei 10.000€ pro Monat liegt, dann sollte er nicht weniger als 165,00€ pro Stunde kalkulieren.

Das hat zwar jetzt nichts mit Zeitmanagement zu tun, aber sehr wohl etwas mit Marketing und Strategie. Außerdem macht es nicht glücklich, neue Kunden zu akquirieren, diese zu coachen und am Ende des Monats festzustellen, dass zu wenig überbleibt!

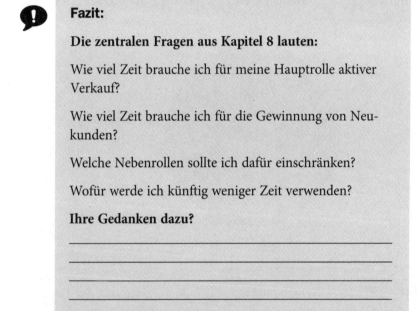

Fazit:

Die zentralen Fragen aus Kapitel 8 lauten:

Wie viel Zeit brauche ich für meine Hauptrolle aktiver Verkauf?

Wie viel Zeit brauche ich für die Gewinnung von Neukunden?

Welche Nebenrollen sollte ich dafür einschränken?

Wofür werde ich künftig weniger Zeit verwenden?

Ihre Gedanken dazu?

_____

_____

_____

_____

_____

_____

9. Das Geheimnis des erfolgreichen Ziel- und Zeitmanagements

Fix oder agil? Selbst- oder fremdbestimmt?

Zu welchem Grad sind Sie in der Lage, selbst über Ihre Zeit zu bestimmen?

100 Prozent selbstbestimmt ist kaum jemand in der heutigen digitalen, mobilen und volatilen Zeit. Wir verfügen heute über unendlich viele Optionen. Angestelltenverhältnis lösen sich auf. An ihre Stelle treten zunehmend Freelancer und Subunternehmer. Die Möglichkeiten, im Homeoffice oder mobil zu arbeiten, machen uns deutlich selbstbestimmter, aber auch getriebener. Die schnelle Taktung und das Gefühl »always on« sein zu müssen, verursacht Stress! Nichts ist mehr fix, alles ist agil! Wir leiden unter der Angst etwas zu versäumen, auch »Fear of missing out« oder kurz FOMO genannt. Hinzu kommt, dass sich unser Autonomiebedürfnis deutlich gesteigert hat. Die Aussage von Viktor Frankl, Professor für Neurologie und Psychologie:

»Der Mensch ist nur da wirklich Mensch, wo er sich die Geschichte seines Lebens nicht diktieren lässt, sondern sie selber schreibt.«

ist aktueller als je zuvor! Unsere Einschätzung, fremdbestimmt zu sein, macht uns unglücklich. Warum eigentlich? Ich glaube, es hat etwas mit Kontrollverlust auf der einen Seite und Machtgefühl auf der anderen Seite zu tun. Wenn wir Herr über unsere Zeit sind, gibt uns das ein Gefühl der Macht. Warum entmachten wir uns dann manchmal selbst, zum Beispiel durch die Vielzahl der Rollen, die wir versuchen zu erfüllen? Oder der Vielzahl der Ansprüche, denen wir versuchen gerecht zu werden. Achtung vor selbstgemachten Stress und übertriebener Selbstoptimierung!

Was ist eigentlich falsch daran, fremdbestimmt zu sein? Es gibt Menschen, die ziehen große Befriedigung aus der Tatsache, klare

Arbeitsaufträge nach klaren Vorgaben auszuführen. Das hat nichts mit mangelnder Intelligenz zu tun. Es ist eine Frage des Persönlichkeitstyps. Einen wesentlichen Beitrag zum Erfolg eines Teams zu leisten und dabei im Hintergrund zu bleiben, ist für sie vollkommen okay. Nur, das ist nicht das typische Persönlichkeitsbild eines Verkäufers oder Selbstständigen. Verkäufer und Unternehmer führen nur ungern Entscheidungen aus, sie entscheiden gerne selbst. Und das ist auch gut so, denn das ist eine wichtige Fähigkeit und Grundvoraussetzung für die erfolgreiche Ausübung ihres Berufes.

Mehr Zeitsouveränität gewünscht?

Je mehr wir Herr über unsere Zeit sind, desto selbstbestimmter sind wir. Diese Selbstbestimmtheit nenne ich Zeitsouveränität. Mit gefällt daran nicht nur der Aspekt der »Zeithoheit«, sondern auch der souveräne, gekonnte Umgang mit unserer Zeit! Machen Sie doch nachstehend gleich einmal eine Bestandsaufnahme über den Grad Ihrer Zeitsouveränität. Wie selbstbestimmt sind Sie momentan und wie können Sie mehr Zeitsouveränität erlangen?

Übung zur Zeitsouveränität: Der Selbstbestimmt-Check

Inspiriert zu diesem Check hat mich das Buch von Petra Schuseil *Finde dein Lebenstempo*. Ein sehr lesenswerter Ratgeber, wenn es darum geht, seinem Leben entweder mehr Dynamik zu geben oder auch einmal Geschwindigkeit rauszunehmen.

Selbstbestimmt sein heißt »Agieren«. Fremdbestimmt sein heißt »Reagieren«.

Die eigenen Prioritäten zu setzen und danach zu handeln, das ist wahre Zeitsouveränität, ja sogar Zeitklugheit. Wie sieht das aktuell gerade in Ihrem beruflichen Leben als Verkäufer, Führungskraft und/oder Unternehmer aus?

Auf einer Skala von 1 bis 10, wobei 1 für sehr gering und 10 für sehr hoch steht, wie hoch schätzen Sie Ihren momentanen Grad der Selbstbestimmtheit ein?

Bitte machen Sie auf der Skala Ihr Kreuz beim Grad Ihrer Selbstbestimmtheit:

0	1	2	3	4	5	6	7	8	9	10

Wie geht es Ihnen mit dem Grad Ihrer Selbstbestimmung? Wünschen Sie sich mehr oder weniger Unabhängigkeit, Entscheidungsfreiheit und Autonomie?

_____

_____

_____

_____

Zu wie viel Prozent fühlen Sie sich selbstbestimmt im Beruf?

_____

Wie frei sind Sie bezüglich Ihrer Prioritätensetzung? Und wie frei sind Sie in Ihrer Zeiteinteilung?

_____

_____

_____

_____

Wie können Sie mehr Selbstbestimmung erlangen?

_____

_____

_____

_____

Wann und wo lassen Sie sich gerne fremdbestimmen bzw. geben Entscheidungen und Verantwortungen bereitwillig ab?

_____

_____

_____

_____

Schauen Sie auch noch einmal auf Ihr Rollendiagramm, das Sie in Kapitel 8 angefertigt haben. In welchen Rollen sind Sie selbstbestimmt und wo agieren Sie »nur« fremdbestimmt? Was sind Ihre Hauptrollen, und welche Nebenrollen können Sie vielleicht sogar abgeben?

Sei mutig Mensch, entscheide!

Selbstbestimmung ist schön. Doch je größer die Freiheit, desto mehr steigt auch der Grad der Eigenverantwortung. Strategie und Planung bekommen ein deutlich höheres Gewicht. Die Vielzahl von Optionen schafft Wahlmöglichkeit, aber auch die Qual der Wahl. Cordula Nussbaum nennt das in ihrem Buch _LMAA_ recht bildhaft: »Wir paddeln im Meer der Möglichkeiten!« Werden diese Möglichkeiten zu viel, entscheiden wir nicht mehr, sondern lassen andere über uns entscheiden.

Ein Glaubenssatz, den ich von meinem Vater mitbekommen habe, ist: »Entscheidungen müssen rechtzeitig getroffen werden, auch auf die Gefahr hin, dass es die falschen sind!« Er hat damit vollkommen Recht, nur der Zeitpunkt in meiner Jugend war ein ungünstig gewählter. Er hat diese Bemerkung nämlich immer dann angebracht, wenn ich wieder einmal total gefrustet eine Beziehung beendet habe. Ein schwacher Trost damals, aber ein wertvolles Geschenk für mich heute. An diesen Satz denke ich oft, wenn ich in Unternehmen unterwegs bin. Nichts lähmt eine Organisation so sehr, wie fehlende Entscheidungen der Verantwortlichen. Nur leider ist das ein Phänomen, das wir auch von uns selbst kennen, oder? Es gibt doch wirklich nichts Nervigeres, als Entscheidungen, die man schon ewig mit sich herumschleppt.

Gerade die Denker und Perfektionisten unter Ihnen wissen, wie langwierig diese Prozesse sein können. Deshalb an dieser Stelle einmal eine gute Nachricht: Sie müssen heute nicht mehr alles rational entscheiden. Erstens werden mittlerweile auch emotionale Entschlüsse im Geschäftsleben akzeptiert. Zweitens dürfen Sie Ihrem Bauchgefühl wirklich vertrauen. Intuition, umgangssprachlich oft als Bauchgefühl bezeichnet, ist kein irrationales, sondern eher ein unbewußtes, instinktives Entscheiden. Intuitive Entscheidungen sind Entscheidungen, die auf unseren Erfahrungen und unserem Einfühlungsvermögen basieren. Intuition ist ein wichtiger Bestandteil von emotionaler Intelligenz, Kreativität und Flexibilität. Alles Eigenschaften, die uns mehr Souveränität in einer agilen, volatilen Welt geben. Also, verschwenden Sie keine Zeit, seien Sie mutig und entscheiden Sie, egal ob bewußt reflektiert oder eher intuitiv!

Feste Strategie- und Planungszeiten einführen

Nichts ist so beständig wie die Veränderung. Ich glaube, diese Aussage trifft auf unsere schnelllebige, mobile und digitalisierte Welt sehr gut zu. Viele von uns führen ein »Highspeed-Leben«. Wir befinden uns zwar überwiegend auf der Überholspur, sind aber auch jederzeit bereit, die Spur zu wechseln oder sogar rechts zu überholen! In meinen Coachings und Trainings wird mir immer stärker eines klar: Es gibt kaum noch Routinen in unseren täglichen Abläufen, die uns früher Entscheidungen abgenommen haben und uns Struktur gegeben haben. Bei aller Flexibilität und Spontanität ist es deshalb gerade wichtig, den Überblick zu behalten. Dazu gehören für mich regelmäßige strategische Phasen. Klausuren mit sich und mit dem Team und Auszeiten vom Alltag, in denen wir uns auf das Besinnen können, was uns wirklich wichtig ist und was uns weiterbringt. Während dieser

»Besinnungstage« können wir unsere Zielkoordinaten festlegen und justieren und wissen dann den Rest des Jahres wieder, wo es lang gehen soll. Dieses Navigationssystem führt uns sicher durch den hektischen Alltag. Die Wochenplanung am Ende der Woche fungiert als wichtiger Zwischenstopp, um sicherzugehen, dass wir unsere Zielerreichung nicht durch zu viele Umwege und vermeintliche Abkürzungen aus den Augen verlieren. Was es mit dem wöchentlichen Planungsritual so auf sich hat, erfahren Sie im Kapitel zehn – von den Prioritäten zur Planung.

Fazit:

Wie kann ich den Grad meiner Selbstbestimmtheit erhöhen?
- Indem Sie sich klar werden über die eigenen Ziele und das, was Ihnen wirklich wichtig ist.
- Indem Sie Entscheidungen treffen, bevor sie andere treffen.
- Indem Sie die Anzahl der eigenen Rollen und/oder den eigenen Perfektionsanspruch reduzieren.
- Indem Sie mit Kontrollverlust leben, in Bereichen die Ihnen nicht so wichtig sind.
- Indem Sie Strukturen und Planungsrituale im Tages- und Wochenablauf schaffen, die Ihnen Halt und Überblick geben.
- Indem Sie auch mal einen Gang zurückschalten, um die Übersicht zu behalten.

Das Zeitmanagementhaus – in 5 Stufen zum Herr über die eigene Zeit

Seit über 20 Jahren mache ich regelmäßig Umfragen unter Verkäufern nach den bekanntesten Zeitmanagementmethoden. Was glauben Sie, ist die Antwort?

Richtig geraten. Meistens kommt da dann die »ABC-Methode« oder die »Eisenhower-Technik«. Super, denke ich mir dann, diese Methode ist über die letzten Jahrzehnte Allgemeinbildung geworden. Warum haben dann nur immer noch so viele Menschen Zeitnot und klagen über unklare Prioritäten? Eine der Antworten auf diese Frage ist: Die ABC-Analyse macht nur ca. 20 Prozent des Erfolgs eines guten Zeitmanagements aus.

Stellen Sie sich mal ihre Zeitmanagementstrategie wie ein 5-stöckiges Haus vor (siehe Abbildung 13). In welchem Stockwerk befindet sich das Eisenhowerprinzip? Im 2. Stock und damit genau in der Mitte des Hauses. Was passiert, wenn man sich einen 2. Stock im luftleeren Raum vorstellt? Nur schwer vorstellbar, oder? Wir wohnen dann in einem Luftschloss. Und genau diesen

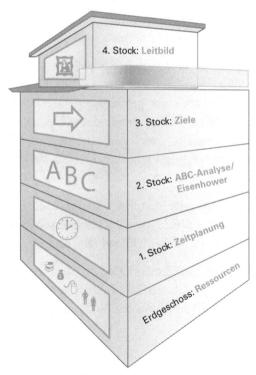

Abbildung 13: Zeitmanagementhaus

Fehler machen die meisten Menschen, wenn sie Zeitmanage-
ment-methoden aktiv anwenden wollen. Ihnen fehlen das Dach
und das Fundament. Und genau das sollten wir ändern.

Das Dachgeschoss unseres Zeitmanagementhauses ist das Leitbild. Unser Leitbild als Verkäufer. Man könnte unser Dachgeschoss auch mit Sinn oder Purpose benennen. Hier geht es um
die Beantwortung zentraler Fragen wie:

- Warum verkaufen wir eigentlich?
- Mit welchen Grundsätzen und Werten?
- Wodurch entsteht der Sinn unserer Tätigkeit?
- Welche Hauptfunktionen/Rollen nehmen wir wahr?
- Welche Stärken setzen wir zur Erfüllung dieser Aufgaben
  ein?

Alles Dinge, die wir uns bereits am Anfang dieses Buches bzw.
im vorhergehenden Kapitel gemeinsam angeschaut haben.

Ich stelle mir das Dachgeschoss gerade wie ein Penthouse mit
Dachterrasse vor. Wenn wir diese zentralen Leitbild-Fragen für
uns geklärt haben, haben wir einen großartigen Überblick über
unser Tun. Einen Fernblick, wie an einem klaren Herbsttag im
Gebirge. Durch diese Klarheit handeln wir überwiegend selbstbestimmt. Und die Chancen sind gut, dass uns das Verkaufen
Spaß macht und uns ausfüllt.

Ist unser Leitbild unklar oder handeln wir nur nach einem
fremden Leitbild, dann ist unser Ausblick eher vernebelt. Uns
fehlt die Klarheit für die wirklich wichtigen Dinge!

Zurück zu unserem Zeitmanagementhaus. Im Stockwerk darunter, im 3. Stock, befinden sich unsere Ziele. Selbstgesteckt oder
vorgegeben, spielt im Moment noch keine Rolle. Dazu kommen
wir später!

Und erst darunter, im 2. Stock, »wohnen« dann unsere Aufgaben, die wir mit der ABC-Methode priorisieren. Unsere

Aufgaben sind im Idealfall die abgeleiteten Maßnahmen aus unseren Zielen. Sind sie das zu einem hohen Anteil nicht, stimmt etwas mit dem Grad unserer Selbst- oder Fremdbestimmung nicht.

Wenn wir unsere Aufgaben und Prioritäten kennen, können wir jetzt im 1. Stock unsere Zeit planen. Vereinfacht ausgedrückt machen wir das, indem wir die Länge der einzelnen Aufgaben abschätzen und dann unsere Tage sinnvoll füllen. Die einzelnen Schritte dazu finden sie im Kapitel 11. Dieses »Zeitplan-Stockwerk« unseres Zeitmanagementhauses bestimmt wesentlich über unsere Produktivität. Wenn unsere Wochen- und Tagesplanung gut funktioniert, erleben wir Erfolg und Glücksgefühle.

Jetzt sind wir im Erdgeschoss angekommen, dem »Ressourcen-Stockwerk«. In dieser so entscheidenden Etage werden die meisten Fehler gemacht. Tragisch, denn es bildet das Fundament unserer Strategie und die Basis unseres täglichen Handelns. Hier wird Zeit gewonnen oder verbrannt.

Unser Fundament besteht aus Fähigkeiten, Arbeitsmitteln, Menschen und unserer eigenen Energie.

aktisches Beispiel, Zusammenhang, Ziele und aßnahmen

Ich komme nochmal zurück auf den 2. Stock des Hauses mit unseren Aufgaben und Prioritäten. Meine Behauptung ist, dass dieser oft ein »Luftschloss« ist, weil die Aufgaben nicht von den Zielen und dem übergeordneten Vision abgeleitet sind. Was meine ich damit? Nehmen wir ein praktisches Beispiel aus dem Nutzfahrzeugverkauf. Über Jahre hinweg hatte ich die Verantwortung über die Ausbildungsreihe zum zertifizierten Nutzfahrzeugverkäufer eines schwedischen LKW-Herstellers. Ein

Bestandteil dieser Ausbildung ist »Zeit- und Gebietsmanagement«.

Im Seminar bitte ich die Außendienstmitarbeiter im ersten Schritt, eine Liste ihrer täglichen Aufgaben im Verkauf anzufertigen. Natürlich finden sich auf den Listen aller Teilnehmer ähnliche Dinge, wie zum Beispiel Bestandskundenbetreuung, Neukundenansprache, Fahrzeugspezifikation für Angebote, Finanzierungsangebote, Bestellung der LKW, Fahrzeugübergabe, Zufriedenheitsanrufe, Kontakt- und Netzwerkpflege per Social Media, Händlerbetreuung, Kundenevents und noch einiges mehr.

Im zweiten Schritt bitte ich die Teilnehmer, den Aufgaben auf dieser Liste Prioritäten zuzuordnen, also ein A, B oder C zu vergeben. Sie tun sich bei dieser Aufgabe sichtlich schwer und kommen zu dem Ergebnis, dass fast alles gleich wichtig ist. Stimmen werden laut »genau«, »ich wusste es ja schon immer«, »das bringt doch nichts mit den Prioritäten!«.

Jetzt verändern wir die Situation: Die Teilnehmer werden in zwei Gruppen unterteilt und bekommen zwei unterschiedliche Zielsetzungen.

Bei den Verkäufern in Gruppe A geht es darum, ihr imaginäres Gebiet ertragreicher zu gestalten.

Gruppe B bekommt die Aufgabe, ein Gebiet mit einem geringen Marktanteil neu aufzubauen und die Bekanntheit der Marke, der Vertragswerkstätten und des Verkäufers deutlich zu erhöhen. Beide Teams sind gefordert, ihre bisherige Aufgabenliste zu spezifizieren, zu ergänzen und Prioritäten zu vergeben.

Hier finden Sie einen beispielhaften Auszug aus den Gruppenergebnissen:

Gruppe A: Gebiet ertragreicher- gestalten		Gruppe B: Gebiet aufbauen, Marktanteile gewinnen	
Aufgabe	Prio	Aufgabe	Prio
Komplettlösungen verkaufen (LKW+Wartung+Finanzierung+...)	A	Komplettlösungen verkaufen (LKW+Wartung+Finanzierung+...)	B
Neukundenakquise generell	C	Neukundenakquise generell	A
Kunden mit Fuhrparkgröße 10+ ansprechen	A	Qualitätsbewusste Kunden gezielt ansprechen	A
Betreuung von Kunden mit Markenan- teil 80 Prozent vom Fuhrpark intensi- vieren	A	Persönliche Vorstellung des Verkäu- fers bei Bestandskunden	B
Händlerbetreuung	C	Händlerbetreuung	B
Kundenevent planen mit hohem Anteil mittlere bis große Fuhrparks	B	Kundenevent planen mit hohem An- teil Neukunden	A

Als Gruppenergebnis zeigen sich jetzt deutlich unterschiedliche Aufgabenlisten mit deutlich unterschiedlichen Prioritäten. Auffällig dabei ist, dass bei Gruppe A alle Prioritätskategorien vergeben wurden. Bei Gruppe B hingegen fehlen die C-Aufgaben auf der Liste. Diese Verteilung der Prioritäten ist typisch und jeder im Außendienst kennt diese Situation: Wenn man ein neues Gebiet übernimmt, scheint erst mal alles gleich wichtig. Und gerade hier gilt es sich eine klare Strategie zu überlegen, um die richtigen Dinge zu tun und wirklich voranzukommen.

Welche weitere Feststellung können wir aus diesem Beispiel ableiten? Die Feststellung, dass es beiden Gruppen erst durch die klare Zielsetzung möglich wurde, klare Prioritäten zu vergeben und eine Handlungsstrategie zu entwickeln.

Fazit:

Prioritäten werden abgeleitet von den übergeordneten Zielen. Bei der Priorisierung der anfallenden Aufgaben ist es wichtig zu fragen: Wie stark bringt mich diese Aufgabe meinem übergeordneten Ziel näher?

Ziele – Motivator oder Demotivator?

Aus der Motivationsforschung wissen wir, dass Menschen immer dann am glücklichsten sind, wenn sie sich einer angemessenen Herausforderung stellen können. Wenn Sie Ziele verfolgen, die anspruchsvoll, aber nicht unmöglich zu erreichen sind. Das bedeutet, Ziele sollten »stretchy« sein, wie ich das formuliere.

»Stretchy« kommt vom Englischen »to stretch«, sich strecken und meint genau das, nämlich sich anstrengen zu müssen, um das Ziel zu erreichen.

Dazu gibt es ein wunderbares Experiment, das ich gerne in meinen Zeitmanagement- und Führungsseminaren durchführe. In einem Tagungsraum mit möglichst hoher Decke befestige ich an der Wand, so hoch oben wie es geht, ein Flipchartpapier.

Ich bitte dann einen Freiwilligen aus der Gruppe, soweit oben wie er es vermag, ein Kreuz auf dem Papier anzubringen. Danach frage ich in die Runde, wer ein noch höheres Kreuz anbringen kann. Natürlich wird das Erste durch ein Zweites mühelos übertroffen und auch ein drittes Kreuz ist schnell höher angebracht. Das ist dann meistens die Situation, wo die Gruppe der Ehrgeiz packt und sie kreativ wird. Es werden Menschenpyramiden gebaut und Hilfsmittel eingesetzt. Genau das passiert, wenn ein anspruchsvolles Ziel vorgegeben wird – und zwar nicht nur im Seminarraum!

Wozu braucht es überhaupt Ziele? Der Psychologe und Flow-Forscher Mihaly Csikzentmihalyi meint dazu: »Ziele zentrieren die psychische Energie, legen Prioritäten fest und schaffen so Ordnung im Bewusstsein. Fehlt diese Struktur, werden unsere Denkvorgänge willkürlich, und in vielen Fällen wird sich auch unsere Motivation rasch abschwächen.«

Gerade die übergeordneten Ziele, die wir uns setzen, geben unserem Leben einen Sinn. Sie helfen uns dabei, uns auf unsere

Aufgabe zu konzentrieren und verhindern, dass wichtige Dinge unerledigt bleiben. Wenn es uns dann noch gelingt, eine Aufgabe nach der anderen anzupacken und vollständig zu lösen, dann stellt sich Zufriedenheit ein. Wenn wir Aufgaben bewältigen, die uns weder über- noch unterfordern, stellen sich Glücksmomente ein, welche die Wissenschaft als »Flow« bezeichnet. Flow bedeutet, wir gehen in unserem Tun auf und vergessen die Welt um uns herum.

Mehr zum Flow-Zustand und wie wir immer öfter im Flow verkaufen, erfahren wir in Kapitel 13. Jetzt geht es uns erst einmal um unsere Ziele und wie wir diese definieren können.

gene Ziele definieren – der Zielmix macht den Erfolg!

Ziele gibt es in verschiedenen Bereichen und auf ganz unterschiedlichen Ebenen:

- Private Ziele, wie zum Beispiel: »Ich möchte mehr Zeit mit meiner Familie verbringen.«
- Persönliche Ziele, wie zum Beispiel: »Ich möchte meinen Fitnessgrad erhöhen.«
- Berufliche Ziele, wie zum Beispiel: »Ich möchte in fünf Jahren Abteilungsleiter sein.«
  (Dieses Ziel könnte man auch als Karriereziel definieren.)
- Entwicklungsziele: »Ich möchte meine digitale Kompetenz aktualisieren und … lernen.«
- Unternehmensziele, wie zum Beispiel: »Wir möchten dieses Jahr einen Umsatz von … im Bereich XYZ machen.«
- Team- oder Abteilungsziele, wie zum Beispiel: »Wir möchten einen Neukundenzuwachs von 15 Prozent erreichen.«
- Oder auch Aktivitätsziele, die im Vertrieb leider oft vernachlässigt werden: »Ich möchte pro Woche 10 Bestandskundenkontakte und 5 Neukundenkontakte machen!«

Zunächst stellt sich mir einmal die spannende Frage, ob wir in allen Bereichen Ziele brauchen, oder ob wir auch ohne Ziele glücklich und zufrieden sein können. Ich bin ein Mensch, der im privaten Bereich für sich keine klaren Ziele definiert hat, maximal vielleicht Fitnessziele oder Urlaubsziele. Ich glaube, das liegt aber daran, dass ich ein sehr zufriedenes Leben in einer Partnerschaft mit viel Freiraum ohne Kinder führe. Das heißt, ich kann fast alles, was ich mir wünsche ohne großen Abstimmungsbedarf auch umsetzen. Außerdem bin ich mit meinem Partner sehr kongruent, was unsere Zukunftsvorstellungen anbelangt. Aktuell verfolgen wir das Ziel, uns ein gemütliches Motorboot zu kaufen, mit dem wir später einmal über Europas Wasserwege tuckern und immer dort gerade zu Hause sein können, wo es uns gefällt. Das ist jetzt im Moment noch eher eine Vision als ein Ziel. Warum? Weil wir es noch nicht fest definiert haben.

Ein Ziel zu definieren bedeutet, es mit messbaren Kriterien auszustatten, wie zum Beispiel: »Was genau oder wie viel will ich erreichen?« Im Falle unseres Bootes ist es zum Beispiel die Frage nach der Bootsgröße und der Beschaffenheit, die das Ziel spezifisch macht.

Die Managementlehre der letzten Jahrzehnte fordert, dass Sie Ihre Ziele nach der Formel SMART definieren. Und auch, wenn das immer zum großen Aufstöhnen bei meinen Seminarteilnehmern führt, halte ich es für Vertriebsziele und Marketingziele, zum Beispiel im Rahmen eines Businessplans, ebenfalls für sehr sinnvoll.

Die Smartformel nach meiner Definition lautet:

S=Spezifisch

M=Messbar

A=Attraktiv

R=Realistisch

T=Terminiert

Schauen wir uns ein Beispiel mit einem klassischen Vertriebsziel an. Ein Außendienstmitarbeiter bekommt das Ziel, mindestens 15 Neukundenkontakte pro Woche zu machen. Das ist übrigens ein Aktivitätsziel, im Unterschied zu einem Ergebnisziel.

Spezifisch	Neukundenkontakt = persönlicher Besuch beim Kunden oder ein mit dem Entscheider geführtes und dokumentiertes Telefonat
Messbar	15 Kontakte, dokumentiert anhand der Kontaktliste
Attraktiv	Abschlüsse mit Neukunden bringen eine Extra-Prämie für den Vertriebsmitarbeiter. Außerdem sichert er so sein Auskommen und das des Unternehmens.
Realistisch	Abhängig von der Branche und dem Kundenpotenzial
Terminiert	Kontaktanzahl und Qualität wird wöchentlich freitagnachmittags durch Vertriebsleiter überprüft.

Ohne Definition mit der SMART-Formel stellt sich zum Beispiel die Frage, was ist ein Neukundenkontakt? Oder wie wollen wir das messen? Mit der genaueren Definition werden all diese Fragen beantwortet.

Besonders wichtig finde ich die Fragestellung: »Ist das Ziel attraktiv?« Und natürlich auch: »Für wen ist es attraktiv?« Bei der Vereinbarung von Vertriebszielen ist es sehr wichtig, dass diese für beiden Seiten attraktiv sind, für Arbeitgeber und Vertriebsmitarbeiter. Leider ist das nicht immer der Fall.

Angestellte Verkäufer kennen die demotivierende Kraft von Jahreszielen, denn in vielen Vertriebsorganisationen ist es gängige Praxis, diese von Jahr zu Jahr prozentual anzuheben. Das wirkt auf die Dauer eher leistungshemmend, denn eine gute Verkäufererleistung im Vorjahr wird im Folgejahr scheinbar bestraft. Mein Tipp an dieser Stelle ist es, neben den quantitativen Zielen auch auf qualitative Ziele zu achten. Das kann beispielsweise bedeuten, den Absatz von bestimmten Produkten mit Sonderprovisionen zu fördern oder eine spezielle Aktion zum Thema Neukundengewinnung zu machen. Dieses Ziel kann die Vertriebsleitung dann besonders attraktiv gestalten, indem sie eine Sonderprämie auslobt oder ein Incentive mit der Erreichung des Zieles verknüpft.

Das beste Incentive hilft allerdings nichts, wenn der Mitarbeiter nicht intrinsisch, also von innen heraus motiviert ist. Dieser zwingend notwendige eigene Antrieb zur Zielerreichung wird verstärkt, wenn die Mitarbeiter in die Zieldefinition involviert werden oder sogar eingeladen werden, eigene Ziele zu definieren. In einem Team-Meeting sollte die Vertriebsleitung deshalb unbedingt herausfinden, welche Ziele für die Mitarbeiter motivierend sind und welche Art von Prämie oder Incentive dabei für einen zusätzlichen Motivationsschub sorgt.

Fazit:

Ziele sind wichtig, um zielgerichtet und fokussiert zu agieren. Sie sind aber nur dann auch zielführend, wenn sie klar definiert und attraktiv, also motivierend sind.

Erfolgs- und zukunftsentscheidend für ein Growth-Mindset (Wachstum, Entwicklung) im Vertrieb sind mehr qualitative als nur quantitative Ziele. Mehr Dynamik entsteht durch Aktivitätsziele. Überlegen Sie also: was ist der richtige Zielmix für mich bzw. unsere Vertriebsorganisation?

Besonders spannend ist die Zielvereinbarung in nicht weisungsgebundenen Vertriebsorganisationen. Denn sie erfordert eine besonders gute Vorbereitung von beiden Seiten.

Vorbereitung auf Zielvereinbarungen

Schauen wir uns ein Beispiel aus der Versicherungsbranche an. Eine Freundin und Kollegin von mir führt eine erfolgreiche Versicherungsagentur. Im Januar stehen alljährlich die Zielvereinbarungen mit der Versicherungsgesellschaft an. Als erfahrener Profi schaut sich die Unternehmerin ihre Zielerreichung des Vorjahres nicht nur bezüglich der einzelnen Produktsparten

Leben-, Kranken-, Sachversicherungen an. Sie ermittelt auch, wie der Durchschnitt der Jahre davor aussieht.

Und jetzt folgt der entscheidende dritte Schritt: Sie macht eine Zielplanung, die auf ihrem Potenzial und ihren Stärken beruht. Dabei überlegt sie, in welchen Bereichen sie schon richtig Gas gegeben hat und dadurch ihr aktuelles Kundenpotenzial bereits ausgeschöpft hat. Dann lokalisiert sie Produktsparten, die noch Luft nach oben bieten und wo sie mit etwas mehr Anstrengung ihre Leistung steigern könnte. Warum macht sie das freiwillig? Erstens ist sie Unternehmerin und eine gestiegene Leistung merkt sie sofort in ihrem Ertrag und in ihrer Motivation. Zweitens weiß sie, dass sie »Verhandlungsmasse« für die Zielgespräche mit ihrem Gebietsleiter brauchen wird. Außerdem überlegt sie, in welchen Bereichen sie richtig gut ist und was ihr Spaß macht. Hier kann sie mehr leisten, als andere Agenturen im gleichen Gebiet und damit ihren Gebietsleiter bei seiner Zielerreichung unterstützen. Das gibt ihr bei dem Zielvereinbarungsgespräch die Möglichkeit, eine Herabsetzung der Ziele in »ungeliebten« Bereichen zu verhandeln oder zumindest eine tatkräftige Unterstützung einzufordern. So gewappnet geht sie zuversichtlich in die wichtigen Jahresgespräche im Januar.

Vorbereitung auf den Verhandlungspartner:

Wenn auch Sie in der Situation sind, über Ziele zu verhandeln, dann empfehle ich Ihnen eine sehr gute Vorbereitung: auf sachlicher Ebene, aber auch auf die Person ihres Verhandlungspartners bezogen. Der Leitsatz einer der führenden Verhandlungsstrategien, dem Harvard Konzept, lautet: »Hart in der Sache, weich zum Menschen!«. Ein Leitsatz, den ich voll und ganz unterstütze, der aber nur umsetzbar ist, wenn Sie sich eingehend mit der Persönlichkeit Ihres Gegenübers beschäftigen, und zwar am besten vor der Verhandlung oder dem Zielvereinbarungsgespräch. Ich empfehle Ihnen, dazu auf das Wissen der Verhaltenstypologie zurückzugreifen. Heute gibt es einige sehr gute Persönlichkeitsmodelle auf Basis C.G. Jungs auf dem Markt. Die Basis aller dieser Theorien geht auf die Verhaltenspräferenzen eines Menschen zurück.

Schon ein kleiner Einblick in diese erprobte Verhaltenspsychologie hilft Ihnen, sich auf Ihren Gesprächspartner vorzubereiten und Ihr Verhalten zu adaptieren. Die Grundlagen hierfür haben wir bereits kurz in Kapitel 5 (»Wie stärken Sie Ihr Verkaufstalent«) gelegt. Dort stehen Sie als Verkäuferpersönlichkeit im Fokus. Bei der Vorbereitung von Verhandlungen geht es um die Ziele Ihres Gesprächspartners. Die nachstehende Tabelle zeigt auf, wie sich die Motivlage der 4 Persönlichkeitstypen generell darstellt:

Introvertrierter Denker:	Extrovertierter Denker:
Verhalten: analytisch, fachkompetent, detail- und prozessorientiert, strukturiert, bedacht	Verhalten: sachlich, klar, prägnant, zielstrebig, erfolgsorientiert, schnell, überzeugend
Ziele/Motive: Präzision, Perfektion, technischer Fortschritt, Disziplin	Ziele/Motive: Erfolg, Wachstum, Fortschritt, Schnelligkeit, Image
Introvertierte Fühler:	**Extrovertierter Fühler:**
Verhalten: menschlich, einfühlsam, harmonisch, bemüht, unterstützend, zuverlässig	Verhalten: engagiert, begeisternd, flexibel, kommunikativ, kreativ, humorvoll
Ziele/Motive: Harmonie, Beständigkeit, Sicherheit, Nachhaltigkeit, Sparen	Ziele/Motive: Neues, Abwechslung, Freude, Leichtigkeit, Unabhängigkeit

Zielvereinbarungen und Verkaufsgespräche sind sich sehr ähnlich: Überlegen Sie sich, was Ihr Gesprächspartner braucht bzw. was ihn positiv stimmt. Was davon ist für Sie ebenfalls positiv? Und voila – Sie haben Ihre Schnittmenge und damit eine gute Vorlage für Ihre Ziele. Wenn Sie keine Übereinstimmung finden, dann gilt es einen Kompromiss zu erzielen.

Was mache ich, wenn ich mit einem Ziel nicht einverstanden bin?

Viele Führungskräfte im Vertrieb agieren nach wie vor nach dem Motto: »Verkäufer sind faul und müssen angetrieben werden, sonst passiert nichts!« Natürlich haben wir alle unseren inneren

Schweinehund und strengen uns nicht gerne über die Maßen an. Aber nur extrinsisch motiviert funktioniert es eben auch nicht.

Das Schlimmste, was in Sachen Ziele passieren kann, ist dass derjenige, der sie erfüllen soll, total blockiert und die Führungskraft nicht hinterfragt, warum das so ist. Dann tritt das physikalische Gesetz »Actio gleich Reactio« in Kraft – Druck erzeugt Gegendruck. Die Folge: Der eine grollt und bockt, der andere drückt und schiebt. Eine Situation, die keinem Spaß macht und über das Jahr hinweg meistens eskaliert.

Wenn Sie mit einem Ziel nicht einverstanden sind, empfehle ich Ihnen, zunächst sich selbst zu reflektieren und zu überlegen, warum das so ist. Geht es gegen Ihre Überzeugung? Fühlen Sie sich nicht in der Lage, es zu erfüllen oder haben Sie einfach keinen Spaß daran? Einmal angenommen, Sie sehen das Ziel generell als sinnvoll an und können es nur für sich nicht annehmen, dann ist die Frage, ob Sie durch eine entsprechende Unterstützung Ihres Chefs oder Ihres Unternehmens in die Lage versetzt werden, das Ziel zu erreichen. Mit Hilfe einer offenen Kommunikation über dieses Ziel und der Erörterung der kreativen Lösungsmöglichkeiten wird dann das Zielgespräch zu dem, was es sein sollte – ein wertvolles Führungs- und Förderungsinstrument.

Am Ziel lässt sich nichts verändern und Sie haben Ihren gut reflektierten Widerstand dazu sachlich geäußert? Dann empfiehlt es sich, Frieden zu machen mit der Situation und der Vorgabe. Frei nach dem Motto «love it, change it or leave it«, also in diesem Fall «love it«, nimm es an. Denn es bringt Ihnen überhaupt nichts, sich die ganze Zeit dagegen aufzulehnen. Beschließen Sie doch einfach, ihr Möglichstes zu tun und dann abzuwarten, was passiert. Legen Sie sich eine dicke Haut bezüglich des Ziels zu und ärgern Sie sich nicht weiter. Bleiben Sie offen und konstruktiv.

Allerdings können Ziele uns auch daran hindern, glücklich zu sein. Dann hilft es nichts, ständig faule Kompromisse einzugehen.

Dann müssen wir unsere Situation auch mal dauerhaft verändern und notfalls einen Job auch mal verlassen. Doch das ist eine Situation, zu der mehr dazu gehört als nur anspruchsvolle Ziele.

Ohne Ziele keine Prioritäten

Jetzt schließt sich der Kreis wieder zum Ziel- und Zeitmanagement und zu unserem Bild des Zeitmanagementhauses. Sie erinnern sich: Von den Zielen werden die Maßnahmen und Prioritäten abgeleitet. Deshalb ist es essenziell, Ziele zu haben. Sonst funktioniert die beste Selbstorganisation nicht. Viele von uns haben deutlich mehr Aufgaben, als sie erledigen können. Ohne Ziele können Sie nicht priorisieren und fühlen sich der Überlastung hilflos ausgeliefert. Wenn Sie also keine Ziele haben, dann fordern Sie sie ein oder definieren Sie sie selbst.

Fazit:

Wenn Sie Ihre Ziele definieren wollen, dann:
- **Benutzen Sie die SMART Formel.**
- **Ergründen Ihre Potenziale – Wo können Sie noch wachsen und wie können Sie das erreichen?**
- **Überlegen Sie, was Ihnen liegt und was Ihnen Spaß macht, denn das ist gut für die Motivation und kostet vergleichsweise wenig Aufwand.**
- **Gestalten Sie Ihre Ziele »stretchy«, um Ihre Grenzen zu erweitern und möglichst oft im Flow zu arbeiten.**
- **Stellen Sie sich selbst bei Zielerreichung eine attraktive Belohnung in Aussicht.**

Und ein Zusatz für Unternehmer und Führungskräfte: Wenn Sie Mitarbeiter haben, dann treten Sie in den aktiven Dialog mit Ihnen und beteiligen diese an der Zielplanung.

Übung:

Am besten Sie legen gleich mal los und definieren Ihre drei wichtigsten Ziele im Bereich Verkauf. Wenn Sie bereits Ziele haben, dann formulieren Sie sie nach der SMART-Formel und leiten Sie die wichtigsten Maßnahmen daraus ab. Das verschafft Ihnen Klarheit und Sie entwickeln zeitgleich einen Masterplan zur Zielerreichung.

Mein Ziel nach der SMART Formel	Meine wichtigsten Maßnahmen zur Zielerreichung

ele erreichen und sich belohnen

Mein Wohnort ist Rosenheim im schönen Chiemgau, südöstlich von München. Wir leben in einer Region mit sehr hoher Lebensqualität und sehr viel Lebenslust. Vielleicht ist es für mich deshalb eine Selbstverständlichkeit, nach erreichten Zielen auch immer für die nötige Belohnung zu sorgen – für mich und für andere.

Ich habe mich ja bereits dazu bekannt, dass ich privat nicht so sehr zu den »stringenten Zieleverfolgern« gehöre. Aber dennoch stecke auch ich mir Ziele. Ich wandere zum Beispiel gerne. Wenn wir dann am Wochenende in die Berge aufbrechen, ist es ein gewaltiger Unterschied, ob wir nur drei Stunden durch die Gegend laufen oder ganz genau wissen, dass wir nach 1,5 Stunden Gehzeit eine Hütte erreichen. Wir schauen beim Weggehen am Parkplatz auf die Uhr und überlegen, wie lange wir brauchen werden. Wenn es dann zwischendurch steil wird, freuen wir uns auf die gemütliche Brotzeit, die bei der Hütteneinkehr auf uns wartet ☺. Und wenn eine Gipfelwanderung auf dem Programm steht, dann muss eine entsprechende Brotzeit in den Rucksack.

Je anstrengender das Ziel, desto mehr freuen wir uns auf unsere Belohnung. Und das ist nicht nur beim Freizeitsport so. Herausfordernde Ziele und entsprechende Anreize lassen uns über unsere Grenzen hinauswachsen. Unsere Weiterentwicklung und der darauf folgende Genuss machen uns glücklich. Ein weiterer Grund, nicht auf motivierende Ziele zu verzichten, wie ich finde ☺.

0. Gelungene Selbstführung: Strategie tatt Aktionismus!

Kennen Sie den Begriff »Verzetteln«? Bestimmt, denn er ist ein typisches Wort aus unserem Sprachgebrauch und meint »den Überblick verlieren«. Man verzettelt sich, wenn man zu viele Dinge gleichzeitig anfängt und nichts zu Ende bringt. Freunde der Methode »To-dos auf Post-its notieren«, wissen genau, wie sich verzetteln anfühlt, wenn der Schreibtisch zwar schön bunt, aber leider etwas unübersichtlich wird ☺. Doch im Ursprung hat das »Verzetteln« nichts mit Post-its oder Papier zu tun!

Laut www.redensarten-index.de bedeutet »zetteln« im Althochdeutschen so viel wie ausbreiten, verstreuen. »Zette(l)n war auch ein Fachwort aus der Sprache der Weberei, so dass sich auch das heute nur noch redensartlich verwendete ›anzetteln‹ erklären lässt als »beginnen, ein Gewebe zu weben«. Das ›verzetteln‹ ist im 19. Jahrhundert auch in der Militärsprache üblich und wird verwendet zur Bezeichnung von verteilten Truppen, denen die Schlagkraft verloren geht. Von hier leiten sich Varianten ab, wie etwa ›seine Kräfte verzetteln‹.« Spannend, oder?

Genau das passiert, wenn wir nicht strategisch vorgehen, sondern von übertriebener Hektik angetrieben werden. Also, Schluss mit dem »Verzetteln« und her mit der Strategie!

e geschicktesten Verkäufer ernten die größten Kartoffeln

Kennen Sie das Pareto-Prinzip? Es wird auch als 80/20-Regel bezeichnet und ist ungefähr ähnlich bekannt, wie das Eisenhowerprinzip. Jeder kennt es, aber anwenden tun es meiner Erfahrung nach nur wenige. Jetzt aber erst mal der Reihe nach. Zunächst interessiert uns: Wer hat's erfunden?

Der italienische Ökonom Vilfredo Pareto war es, und zwar bereits Ende des 19. Jahrhunderts. Es kursiert eine Geschichte, keine Ahnung, ob sie wahr ist, aber es ist eine schöne Geschichte, und die geht so:

Vilfredo Pareto war frühmorgens mit seiner Kutsche unterwegs in der Toskana und zwar von Siena nach Florenz. Ein »Kutschunfall« zwang ihn zu einem längeren Stopp. Der Pannendienst des ADAC ist damals noch nicht erfunden. Er zog sich also unter einen schattigen Baum am Rande eines Kartoffelfeldes zurück. Die Bauern hatten gerade mit der Ernte begonnen. Pareto beobachtete, dass die Bauern innerhalb weniger Stunden, sagen wir mal zwei Stunden, die größten Kartoffeln vom Feld holten. Und dann dauerte es nochmals acht weitere Stunden, um die restlichen, viel kleineren Kartoffeln auch noch zu ernten.

Kein Wunder, dass das Pareto-Prinzip keiner anwendet, sagen Sie? Was haben denn jetzt die Kartoffeln mit gutem Zeitmanagement im Verkauf zu tun? Angewandt auf das Zeitmanagement bedeutet die Kartoffelstory: 20 Prozent der Aufgaben bringen 80 Prozent des Erfolges. Außerdem gilt: Größere Kartoffeln bringen deutlich mehr Ertrag und sie sind deutlich schneller zu ernten!

So inspiriert kam Pareto schließlich in Florenz an. Er untersuchte fortan die Gültigkeit seiner 80/20-Regel und fand heraus, dass 80 Prozent des Vermögens sich im Besitz von 20 Prozent der italienischen Bevölkerung befindet. Nachdem Pareto auch so eine Art von Unternehmensberater war, riet er den Banken, sich in erster Linie um genau diese Kundenklientel zu kümmern. Mir scheint, dies ist ein Ratschlag, den die Banken auch heute noch befolgen ☺.

Es geht also um die These, dass 20 Prozent der Kunden 80 Prozent des Ertrages bringen. Oder 20 Prozent der Produkte 80 Prozent des Ertrages. Wie verhält sich das in Ihrem Geschäft? Gilt die Pareto-Regel auch bei Ihnen? Dann sollten Sie doch dringend einmal untersuchen, welche Produkte bzw. Kunden

Ihnen den meisten Ertrag bringen. Klar, dass dies einen Einfluss auf Ihre Prioritäten und Ihr Zeitmanagement hat.

ffektiv oder effizient?

Wenn ich die Worte »effektiv« und »effizient« höre, bin ich jedes Mal neugierig. Warum? Weil die Benutzer dieser Worte den Unterschied zwischen den beiden Begriffen meistens nicht kennen. Wüssten Sie's?

Effektivität ist ein Maß für die Wirksamkeit, das Ergebnis, den Grad der Zielerreichung. Es geht um die Frage: Was bewirke ich mit meinem Handeln? Tue ich die richtigen Dinge im Sinne meiner Ziele?

Effizienz ist ein Maß für die Wirtschaftlichkeit, die eingesetzte Ressourcen im Verhältnis zum Nutzen. Es geht um die Frage: Wie wirtschaftlich arbeite ich?

»Tue ich die Dinge richtig?«, meint »auf die richtige, sinnvolle Art und Weise«?

Es geht also um die Ausführung der Maßnahmen.

Und weil wir es gerade schon mit Pareto hatten – im Zeitmanagement wird die 80/20 Regel auch so ausgelegt: 80% einer Aufgabe haben wir oft recht schnell erledigt, die letzten 20% der Aufgabenerfüllung nehmen aber nochmals sehr viel Zeit in Anspruch. Das ist dann gerade eben nicht effizient, insbesonders bei Aufgaben, die nicht zu 100% erledigt werden müssen! Die moderne Version des Paretoprinzips in dieser Auslegung ist: »Done is better than perfect!« Diese Maxime ist besonders bei agilen Unternehmen der Internetszene sehr beliebt. Es bedeutet: »Lass es uns lieber rasch und dafür nicht perfekt tun, als es gar nicht anzugehen!« Wenn es um Schnelligkeit am Markt und Innovationen geht, macht das durchaus Sinn. Und diese Handlungsmaxime bietet eine wichtige Korrektur für alle, die zu sehr dem Perfektionismus verfallen sind!

Die Zielkundendefinition – Was hat das Verkaufen mit den Kartoffeln zu tun?

Die Pareto-Regel und der Wunsch nach Effektivität führen in gut organisierten Unternehmen zu einer Kundensegmentierung. Es geht darum, an die richtigen Kunden zu verkaufen. Aber welches sind die richtigen Kunden?

Übung: Die Zielkunden-Definition

Im Kapitel 7 haben Sie bereits einmal Ihren Idealkunden nach den »weichen« Kriterien definiert, also zum Beispiel: »Welche Zielgruppe ist mir sympathisch?«, »Zu welcher Zielgruppe habe ich einen guten Zugang?« Am besten Sie holen sich diese Auflistung jetzt noch mal her und wir ergänzen Sie mit einer Zielgruppenanalyse nach »harten«, also sachlichen Kriterien, wie zum Beispiel:

• Branche
• Region
• Größe (Anzahl Mitarbeiter, Umsatz ...)
• Budget, wirtschaftliche Lage
• Wachstum, Zukunftssicherheit
• Bedarf: Engpass-Faktoren bzw. Bedürfnisse
• Eigene Kernkompetenz/Erfahrungen
• Eigene Strategie

Meine Zielkunden definiere ich wie folgt:

_____

_____

_____

_____

_____

_____

Wenn Sie sich zum ersten Mal mit dieser Frage befassen, wird es sicherlich ein bis zwei Stunden dauern, bis Sie sich ein eindeutiges Bild gemacht haben.

Und auch dann wird Ihnen im Nachgang immer wieder ein neuer oder anderer Aspekt einfallen. Am besten, Sie halten die Zielkundendefinition schriftlich fest. Sie ist eine ausgezeichnete Grundlage für Ihre Vertriebs- und Marketingstrategie und zwingend notwendig auch für Ihr Zeitmanagement.

Wenn Ihnen die Aufgabe recht schwerfällt, dann gehen Sie doch einmal zwei bis drei Ihrer wirklich guten Kunden durch. Warum sind es gute Kunden von Ihnen? Gibt es Parallelen zwischen den Kunden? Lässt sich daraus ein Schema ableiten?

Machen Sie die Übung ruhig zusätzlich, gerade wenn Sie bereits eine Zielkundendefinition haben. Oftmals ergeben sich daraus überraschend neue Erkenntnisse.

Noch mehr Effektivität erwünscht? Die Kundensegmentierung

Eine gängige Methode ist die ABC-Kundenanalyse, die Einteilung der Kunden nach Umsatz oder Deckungsbeitrag. Standardmäßig sind dabei die besten 20 Prozent A-Kunden und die schlechtesten 20 Prozent C-Kunden. Die ABC-Segmente entscheiden darüber, wie viel Aufmerksamkeit ein Kunde seitens des Vertriebs und des Marketings bekommt.

Bei der ABC-Analyse geht es um die Effektivität. Es geht darum, die Energie der Absatzorganisation auf die richtigen Kunden zu konzentrieren. Das ist schon mal ein sehr guter Ansatz.

Das Problem, das ich in der Anwendung der klassischen ABC-Analyse sehe ist, dass das künftige Kundenpotenzial nicht berücksichtigt wird.

Ein Kunde, der im Moment nicht viel Umsatz oder Deckungsbeitrag bringt, kann das bei richtiger Entwicklung und Ausbau der Beziehung in der Zukunft sehr wohl tun.

Nehmen Sie zum Beispiel einen Neukunden mit viel Potenzial. Würden man von der Ist-Situation ausgehen, wäre er im Moment vielleicht noch ein C-Kunde. Wenn man ihn dort einstuft, bleibt er das wahrscheinlich auch, denn er bekommt nicht die Zuwendung und Aufmerksamkeit, die es gerade am Anfang einer Kundenbeziehung braucht. Also müssen wir Neukunden erstens besonders intensiv betreuen und zweitens nach ihrem Umsatzspotenzial einstufen.

Eine zweite Ausnahme sind VIP-Kunden oder Multiplikatoren. Das können zum Beispiel Vorstände von Berufsverbänden sein oder im Privatkundengeschäft der Präsident des Golfclubs. Vielleicht machen diese Meinungsbilder persönlich gar nicht so viel Umsatz, aber sie kennen viele Menschen und empfehlen Sie bei entsprechender Beziehungspflege häufig weiter.

Eine dritte Ausnahme oder ein drittes Kriterium, das es zu beobachten gilt, ist die Häufigkeit des Kaufs. Nehmen wir ein Beispiel aus dem Investitionsgüterbereich: Ein LKW hat einen gewissen Lebenszyklus. Wenn eine mittelständische Spedition gerade drei Zugmaschinen gekauft hat und diese drei Jahre fährt, dann braucht der Kunde im Jahr 2 der Laufzeit nicht so viel Aufmerksamkeit, wie im Jahr 3, wenn bald wieder eine Anschaffung ansteht. Hier sollte die Kundensegmentierung definitiv mit einem guten Wiedervorlagesystem kombiniert werden.

Ich möchte mit meiner Kritik die ABC-Analyse nicht schlechtmachen, im Gegenteil. Wenn Sie sie einführen wollen oder bereits eine haben, dann achten Sie bitte nicht nur auf die Ist-Situation, sondern denken Sie zukunftsorientiert an die gesamte Lebensdauer Ihrer Kunden.

Dann ist die ABC-Analyse ein guter und relativ einfacher Ansatz, um auf Effektivität im Verkauf zu achten. Und Sie funktioniert branchenübergreifend, zum Beispiel auch ganz wunderbar bei der Erbringung von Dienstleistungen, wie Trainings oder Coachings. Hier gilt es unter Umständen noch den Sättigungseffekt beim Kunden zu berücksichtigen, ähnlich wie in dem LKW-Beispiel von vorher.

Und es gibt noch ein Feld, wo eine Kundensegmentierung hilfreich eigesetzt werden kann. Ich nutze sie zum Beispiel für die

Kennzeichnung meiner Kontakte auf der Social-Media-Plattformen Xing und LinkedIn. Wenn Sie nämlich einmal über 1000 Kontakte haben, dann sehen Sie sprichwörtlich den Wald vor lauter Bäumen nicht mehr. Die »Tags« A, B, C, kombiniert mit »Tags« nach Branchen oder Themen helfen mir dabei, gezielte Aktionen für meine Kontakte zu machen. So macht das natürlich auch jede Marketingabteilung in größeren Unternehmen mittels eines guten CRM-Systems.

Die Idee eines Customer-Relationship-Managements oder Kunden-Beziehungsmanagements ist die Definition fester Betreuungsrhythmen und Kanäle.

So werden C-Kunden zum Beispiel nur durch den Innendienst betreut und bekommen regelmäßig den Newsletter, wohingegen A-Kunden alle sechs Monate vom Außendienst besucht werden. Die Festlegung der Rhythmen und der Medien ist eine reine Gestaltungsfrage des jeweiligen Unternehmens und ein schönes Beispiel für Effizienz im Verkauf, nämlich die Dinge richtig tun.

Wenn wir die Dinge richtig tun, also unseren Kunden gut betreuen, dann sind wir übrigens auch wieder sehr effektiv unterwegs. Warum? Wir halten den Kunden aktiv und das bedeutet wesentlich weniger Aufwand, als Neukunden zu akquirieren.

Fazit:

Im Verkauf ist Ihre Zeit das knappste Gut. Es ist Ihr Engpass, den es zu berücksichtigen und zu bewältigen gilt. Daher überlegen Sie sich immer:
- **An welche Zielkunden will ich verkaufen?**
- **Wieviel Aufwand will ich für die einzelnen Kunden betreiben?**
- **Wie kann ich daraus eine verlässliche Struktur schaffen und fixe Abläufe definieren, um automatisch Zeit zu sparen?**

Sie erinnern sich an unser Zeitmanagement-Haus aus Kapitel 8?

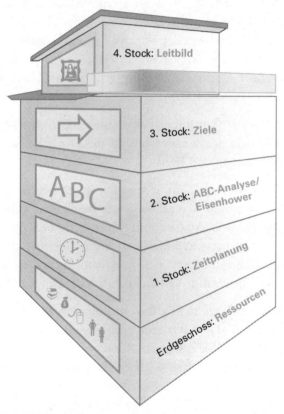

Abbildung 14: Das Zeitmanagement-Haus

Mit den Zielkunden haben wir jetzt im 2. Stock gearbeitet. Aus der Akquise und der Betreuung dieser Zielkunden leiten sich Maßnahmen ab, die im täglichen Geschäft als Aufgaben auftauchen. Wie wir bereits an Hand Ihres Rollendiagramms festgestellt haben, machen Sie ja nicht nur Akquise und Kundenbetreuung, sondern dürfen auch noch andere Dinge erledigen. Wahrscheinlich sogar eine Vielzahl von Dingen. Um nicht in Aktionismus zu verfallen, gilt es daher, die Übersicht zu behalten und Wichtiges von Unwichtigem zu unterscheiden. Sie sollten Ihre Prioritäten im

Auge behalten. Und genau darum geht es bei der wohl bekanntesten Zeitmanagementmethode im nächsten Abschnitt.

as Eisenhower-Prinzip

Kennen Sie Eisenhower? Der Alliierten-General Dwight D. Eisenhower und spätere Präsident der USA hat das Prinzip angeblich geschaffen, um bei der Kriegsführung und der Regierung der Nation die Übersicht zu behalten.

Das Eisenhower-Prinzip ist eine gute Möglichkeit, Ihre anstehenden Aufgaben in Kategorien einzuteilen. Es sorgt dafür, dass Sie die wichtigsten Aufgaben zuerst erledigen und unwichtige Dinge aussortieren.

Wenn man die Faktoren »Wichtigkeit« und »Dringlichkeit« betrachtet gibt es vier Kombinationsmöglichkeiten und damit vier Aufgabentypen. Diese Aufgabentypen werden meistens als A-, B-, C- und D-Aufgaben bezeichnet und vier Quadranten zugeordnet (Quadrant I, II, III und IV).

		Dringlichkeit	
		dringend	nicht dringend
Wichtigkeit	**wichtig**	A-Aufgaben/Quadrant I	B-Aufgaben/Quadrant II
	nicht wichtig	C-Aufgaben/Quadrant III	D-Aufgaben/Quadrant IV

Abbildung 15: Das Eisenhower-Prinzip

Jedem Aufgabentyp wird eine bestimmte Art der Bearbeitung zugeordnet.

A-Aufgaben sind wichtig und dringend und sollten von Ihnen selbst termingetreu erledigt werden.

B-Aufgaben sind ebenfalls wichtig. Ist ein Termin vorhanden, dann liegt dieser in der Zukunft. Teilen Sie B-Aufgaben in einzelne Pakete auf und erledigen Sie diese schrittweise, sonst werden sie irgendwann zu A-Aufgaben.

C-Aufgaben sind nicht so wichtig, aber dringend. Überprüfen Sie sie nach Delegations- oder Abstellmöglichkeit. Bündeln Sie gleichartige C-Aufgaben und erledigen Sie sie zügig.

D-Aufgaben gehören nicht auf Ihre To-do-Liste. Da sie weder dringend noch wichtig sind, sind sie Streichpotenzial und werden nicht erledigt!

Meine Erkenntnis aus der Anwendung des Eisenhower-Prinzips ist unter anderem: Wir machen manche Sachen dringlicher als sie sind. Ich habe es mir zum Beispiel angewöhnt, meine Kunden zu fragen, bis wann sie mein Angebot für das Seminar oder den Vortrag benötigen. Und siehe da, oft nennen sie mir einen Termin, der deutlich hinter dem liegt, den ich mir selbst »verordnet« hätte.

Eine Methode ist immer nur so gut, wie wir sie selbst anwenden. Deshalb gibt es folgende wichtige Fragen, die wir uns bei der Anwendung des Eisenhower-Prinzips stellen sollten:

Wer bestimmt den Termin?

Wir selbst?

Jemand anderer? Falls ja, müssen wir den Termin akzeptieren?

Falls wir den Termin akzeptieren, führt das zu einer Re-Planung oder Re-Organisation?

Wer bestimmt die Priorität?

Wir selbst oder jemand anderer?

Wovon ist die Priorität abgeleitet? Von welchem Ziel?

Haben wir Ziele die miteinander konkurrieren?

Oder ergänzen sich die Ziele, sind sie komplementär?

Wie gehen wir mit den konkurrierenden Zielen um?

Wichtige Dinge erledigt bekommen und dabei weniger gestresst sein

Wenn wir streng nach dem Eisenhower-Prinzip agieren, dann passiert es uns relativ leicht, dass die wichtigen B-Aufgaben auf der Strecke bleiben.

Deshalb gefällt mir eine Weiterentwicklung des Eisenhower-Prinzips besonders gut, nämlich die Zeit-Zielscheibe, wie ich sie bei Zach Davis in seinem Buch *Vom Zeitmanagement zur Zeitintelligenz* kennengelernt habe (Abbildung 16).

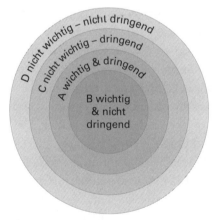

Abbildung 16: Zeitzielscheibe

Stellen wir uns eine Zielscheibe vor, am besten eine Dart-Zielscheibe. Sie haben 40 Stunden pro Woche zur Verfügung, um Ihre Aufgaben zu erledigen. Also werfen Sie mit 40 Pfeilen, »Darts«, pro Woche auf diese Zielscheibe. Die Zielscheibe ist unterteilt in vier Ringe. Je weiter wir in die Mitte treffen, desto mehr Punkte gibt es. Punkte gibt es für zwei Kriterien: die Ergebnisse, die wir durch unsere Aktivitäten erzielen und dafür, dass wir unser Stresslevel möglichst gering halten. Die vier Ringe entsprechen den vier Quadranten aus dem Eisenhower-Prinzip. Die Frage ist, auf welchem Ring sind die A-,B-, C- und D-Aufgaben angesiedelt?

Am äußersten Ring finden wir die D-Aufgaben. Sie sind nicht wichtig und nicht dringlich und bringen daher auch keine Punkte. Es ist reine Zeit- und Ressourcenverschwendung, dorthin zu zielen! Auf dem nächsten Ring finden wir die C-Aufgaben, die uns die ersten Punkte bringen. Typische C-Aufgaben werden durch E-Mails, Telefonanrufe oder Meetings dringlich gemacht. Vielleicht haben Sie so Kunden oder Kollegen, die gleich mehrere Kanäle gleichzeitig nutzen und lauthals schreien oder mit Ausrufezeichen um sich werfen. Was passiert, wenn wir uns in Panik versetzen lassen und hier viel Zeit verbringen? Wir geben uns der Illusion hin, sehr viel geschafft zu haben, leisten aber keinen wesentlichen Beitrag zu unserer Zielerreichung. Ich kann Pareto förmlich aufstöhnen hören bei dieser Vorstellung. Also, C-Aufgaben bündeln und zügig erledigen, aber nicht zu viele Darts darauf verschwenden! Und jetzt wird es spannend, denn es folgen die A-Aufgaben auf dem dritten Ring. Die bringen schon ganz ordentlich Punkte, denn der Beitrag zur Zielerreichung ist groß. Wenn wir jeden Tag Zeit für unsere A-Aufgaben einplanen, dann hält sich auch unser Stresslevel in Grenzen, obwohl der Erledigungstermin kurz bevor steht.Überraschenderweise befinden sich in der Mitte der Zielscheibe die B-Aufgaben. Sie bringen die meisten Punkte. Warum? Wenn wir wichtige B-Aufgaben als Projekt betrachten und in einzelne Teilschritte zerlegen, dann können wir das Projekt abschließen, bevor der Fälligkeitstermin erreicht wird. Wir bekommen wichtige Dinge geregelt und zwar mit weniger Zeitdruck, also stressfreier!

Wenig Stress und nachhaltiges Ergebnis – die B-Aufgaben:

Die Krux an den B-Aufgaben ist, dass sie normalerweise nicht mit einem Termin ausgestattet sind oder gar nicht auf unserer To-do-Liste erscheinen. Die Erledigung von B-Aufgaben sorgt dafür, dass wir gut organisiert und jederzeit handlungsfähig sind. Typische B-Aufgaben im Vertrieb sind strategische Aufgaben, wie zum Beispiel die dargestellte Kundensegmentierung, die Schon-Bald-Kundenliste oder die Weiterentwicklung der eigenen Produkte. Auch eine Strategie für Ihre Social-Media-Aktivitäten zu entwickeln, wertvolle Beiträge zu veröffentlichen und regelmäßig eine Pflege Ihrer virtuellen Kontakte vorzunehmen, ist heute als B-Aufgabe aus dem Vertrieb nicht mehr wegzudenken. Aber Achtung – ständig Social-Media-Nachrichten zu kontrollieren und im Newsfeed zu surfen, kann sehr zeitaufwendig werden und zur D-Aufgabe verkommen, wenn Sie die virtuellen Plattformen nicht effektiv nutzen!

Zu den B-Aufgaben gehört es ebenso, sich um gut funktionierende Arbeitsmittel zu kümmern, wie zum Beispiel die Installation und Pflege des CRM-Systems, die Online-Anbindung des Laptops, so dass Sie von überall her Zugriff auf Ihre Kundendaten haben, oder die digitale Selbstorganisation mit geeigneten Apps. Außerdem gehört es zu den B-Aufgaben, Angebotsvorlagen und Marketingunterlagen zu schaffen, die Homepage aktuell zu halten und einen Messeauftritt rechtzeitig zu planen.

Wir haben schon kurz über die Wichtigkeit von jährlichen Strategietagen gesprochen. Genau hier sollten Sie B-Aufgaben definieren und fest in den Jahresablauf einplanen.

Und schließlich gehört auch Ihre persönliche Weiterbildung zu den B-Aufgaben, die nicht in Vergessenheit geraten sollen.

Übung: B-Aufgaben definieren

Welche B-Aufgaben sind für Sie persönlich, Ihren Verkauf und Ihr Marketing wichtig?

Was macht Sie künftig erfolgreicher?

Was macht Sie künftig schneller?

Was sind immer wiederkehrende Vertriebsaufgaben, die Sie vereinfachen oder automatisieren können?

Bitte notieren Sie alles, was Ihnen dazu einfällt und vergeben Sie dazu am besten auch gleich einen Termin:

Aufgabe	Termin

Ich hoffe, Sie haben wertvolle B-Aufgaben für Ihre Liste gefunden, sind aber nicht erschlagen von der Vielzahl der Dinge.

Mein Tipp für Sie: Planen Sie Projekttage oder zumindest halbe Tage, wo Sie sich fokussieren und an diesen Aufgaben arbeiten können. Gründen Sie ein Projektteam oder bedienen Sie sich externer Hilfestellung, um diese wertvollen Projekte anzugehen. Mag sein, dass Sie dadurch kurzfristig mehr Arbeit haben, aber Sie sparen sich diese Zeit schnell wieder ein. Nutzen Sie saisonale Zeiten, in denen in Ihrer Branche nicht so viel los ist und kümmern Sie sich um Ihre strategischen Aufgaben. Sie werden erfolgreicher und halten Ihr Stresslevel auf einem zufriedenstellenden Niveau.

ie Sache mit den To-do-Listen

Die Grundlage für jedes gutes Zeitmanagement ist eine regelmäßig geführte To-do-Liste. Da Sie als Verkäufer und auch als Unternehmer viel unterwegs sind, ist es am einfachsten, wenn sie die To-do-Liste überall hin begleitet. Sonst ist sie nie vollständig und Sie fertigen automatisch permanent eine zweite Liste im Gehirn an. Das wollen wir nicht, denn dann verlieren Sie den Fokus auf Ihre die gerade anstehende Aufgabe. Sie konzentrieren sich zu wenig auf den momentanen Kunden oder das aktuelle Projekt. Sie versuchen, sich zu viele Dinge gleichzeitig zu merken und Ihr Stresspegel steigt.

Aus meiner eigenen Erfahrung heraus möchte ich Sie wirklich ermutigen, eine To-do-Liste zu führen. Als Verkaufsexperte bin ich ca. 120-150 Tage im Jahr unterwegs auf Vorträgen, Seminare, Kongressen und zu meiner eigenen Weiterbildung.

Das operative Geschäft läuft dabei weiter. Auch für mich heißt es täglich, nach Referenzen zu fragen, Empfehlungen einzuholen, Kunden aktiv zu halten und neue Kunden zu akquirieren. Wie soll ich da den Überblick behalten, wenn ich es mir nicht aufschreibe?

Eine einfache Form einer To-do- Liste sieht zum Beispiel so aus:

Prio	To-do	Bis wann	Status oder Länge

Prio	To-do	Bis wann	Status oder Länge

Tipps zur Handhabung dieser To-do-Listen Vorlage:

1. Zunächst schreiben Sie während Ihrer Arbeitswoche, wann immer Ihnen etwas einfällt, alle Aufgaben und Ideen in die Spalte »To-do«.

2. Wenn diese Aufgaben bereits einen fixen Erledigungstermin haben, notieren Sie diesen unter »Bis wann«.

3. Weisen Sie den Aufgaben eine Priorität, eine Wichtigkeit in Abhängigkeit vom Grad des Beitrags zur Ihrer Zielerreichung zu (Eisenhower-Prinzip).

4. Wenn Sie bereits Vorarbeit geleistet haben, schätzen Sie den Status der Erledigung prozentual ein. So sehen Sie auf einen Blick, bei welchen Aufgaben es noch viel zu tun gibt und wo Sie schon ganz gut unterwegs sind.

5. Statt der Status-Spalte oder zusätzlich können Sie auch eine Spalte mit der Überschrift »Länge« verwenden. Diese dient dazu die Zeitspanne zu schätzen, die Sie für die Erledigung der Aufgabe benötigen und bildet die Grundlage für Ihre Zeitplanung.

Eine solche oder ähnliche To-do-Liste bildet die Basis für Ihre Wochenplanung, die Sie am Freitag für die kommende Woche erstellen. Wie wir von den Aufgaben zur Wochenplanung kommen erfahren Sie im Folgekapitel.

Wie wird die To-do-Liste zu meiner Lieblingsliste?

Es ist extrem wichtig, dass Ihnen das Format Ihrer To-do-Liste Spaß macht, Ihrem Persönlichkeitstyp und Ihrer bevorzugten Arbeitsweise entspricht.

Extrovertierte Denker sind oft sehr technisch affin und immer auf dem neuesten Stand. Sie bevorzugen in der Regel elektronisch geführte To-do-Listen bzw. digital gepflegte Aktivitäten mit Hilfe von Software oder Apps. Für introvertierte Denker sind alle Details und Hintergründe wichtig. Sie machen sich oftmals eine Excel-Liste oder führen eine Notizbuch, mit dem sie von Meeting zu Meeting wandern. Extrovertierte Fühler machen immer viele Dinge gleichzeitig und schätzen eher kreative Methoden, wie zum Beispiel Mindmaps oder Bullet Journaling. Oft benutzen sie auch Apps, wie zum Beispiel »Evernote« oder »OneNote«.

Introvertierte Fühler vertrauen gerne auf hergebrachte Methoden, wie zum Beispiel eine handschriftliche To-do-Liste oder ein persönliches Notizbuch.

Ich habe Ihnen nachstehend einmal unterschiedliche Formate aufgelistet, ohne dabei einen Anspruch auf Vollständigkeit zu erheben!

Formate für To-do-Listen:
- Post-its, Kurznotizen, loses Papier => Achtung nicht verzetteln!
- Handschriftliche Auflistung in Form einer Tabelle (siehe Vorlage),
- Kladde,Notizbuch oder auch modern »Bullet Journal«
  Anmerkung: bei der Verwendung eines frei zu gestaltenden Bullet Journals empfehle ich unbedingt vorab eine Struktur

festzulegen und ein Register anzulegen, sonst verlieren Sie die Übersicht und sind zu viel am Blättern!

- Mindmap: handschriftlich oder per Software
- Outlook oder ähnliche Software: Aufgaben bzw. Aktivitäten definieren oder/und mit Terminen arbeiten
- Apps bzw. Software für Notizen und To-dos, wie zum Beispiel: Evernote, OneNote, Devon Think, Todoist oder Ähnliches
- Apps bzw. Software, die Aktivitätenmanagement und Teamarbeit projektbezogen ermöglichen, wie zum Beispiel: Asana, Trello oder MeisterTask usw.
- Apps, die Arbeitsprozesse automatisiert abbilden, wie zum Beispiel Microsoft Flow
- CRM-System nutzen: Kunden- bzw. projektbezogene Wiedervorlagen eintragen, Aufgabenliste daraus generieren und exportieren oder ausdrucken

Nachdem ich auch so eine extrovertierte Fühlerin bin, habe ich lange Zeit mit einem Mindmap gearbeitet. Dazu habe ich mir in der Software Mindjet eine Vorlage gemacht, denn erfahrungsgemäß bleiben die Hauptäste immer gleich.

Bei mir waren das zum Beispiel die Äste Kundenprojekte, Akquise, Finanzen & Orga, Marketing, Strategie & Weiterentwicklung und Privates. Diese Vorlage habe ich dann mit den aktuellen Aufgaben ergänzt und wöchentlich aktualisiert.

Für richtig große Kundenprojekte führe ich ein eigenes Projekt-Mindmap mit den To-do's. Dieses Format schätze ich nach wie vor sehr, denn ich sehe immer alles, was zu tun ist, auf einen Blick. Meine Kunden lieben diese Mindmaps mittlerweile auch. Manchmal glaube ich, sie engagieren mich in den Großprojekten vor allem auch wegen des Projektmanagements.

Was die To-do-Liste angeht, bin ich wieder auf eine einfache, manuell geführte Tabelle umgestiegen. Irgendwie stellt sie eine ganz angenehme Alternative zu den ganzen elektronischen Dateien dar. Und wissen Sie, was das Schönste an einer manuell geführten To-do-Liste ist? Das Durchstreichen der erledigten Aufgaben – das macht richtig gute Laune. Auf Basis dieser To-do-Liste mache ich meine Wochenplanung. Dafür verwende ich ein durchgängiges Farbsystem für die Kategorien der Aufgaben, und zwar von der manuellen Liste über meinen E-Mail-Eingang bis hin zu den Terminblöcken in Outlook. Nicht nur damit alles schön bunt ist, sondern damit ich hier auch wieder sofort sehe, was wichtig ist und zu welchem Bereich es gehört.

Noch ein Tipp zum Führen einer To-do-Liste, eines Bullet Journals oder einer GettingThingsDone(GTD)-Liste: Hier gilt die Regel (aus GTD), dass Sie bei Erhalt der Aufgabe immer entscheiden: Können Sie sie gleich binnen 3-5 Minuten erledigen? Dann bitte auch gleich tun! Dauert sie länger oder ist die Erledigung jetzt noch nicht möglich? Dann ab auf die Liste oder in die App, idealerweise mit Temin!

icht immer so viel Müssen müssen!

Die Sache mit der To-do-Liste ist wie ein zweischneidiges Schwert. Auf der einen Seite gewinnen wir einen wertvollen Überblick über unsere Aufgaben. Auf der anderen Seite erzeugt diese Auflistung auch ganz schön Druck. Wir bekommen das Gefühl, unser Leben besteht nur aus Pflichten – und zwar nicht nur beruflich, sondern auch privat. Deshalb fordern immer mehr Experten als Gegenpol eine »Not-to-do-Liste« zu führen. Auf diese Liste kommen Dinge, die wir künftig nicht mehr machen wollen, weil Sie uns nicht weiterbringen! Den Gedankenansatz finde ich gut, aber bitte nehmen Sie diese Tipps nicht zu wörtlich im Sinne – jetzt führe ich noch eine Liste!

Vor ein paar Jahren lief einmal eine Werbung im Fernsehen. An das Produkt kann ich mich nicht mehr erinnern, an die Story im Werbespot hingegen schon: Ein Paar sitzt im Garten in zwei nebeneinanderstehenden Liegestühlen. Immer abwechselnd nennt einer von beiden eine Pflicht, die es heute noch zu erledigen gilt. Offensichtlich handelt es sich um einen Wettstreit zwischen den beiden, den die Frau gewinnt. Ihr fällt eine Aufgabe mehr ein als ihrem Mann und sie ruft triumphierend aus »Gewonnen!«. Seit dem gibt es bei uns zu Hause bei meinem Partner und mir, wenn möglich, jedes Wochenende einen »Nichts-Müssen-müssen Tag«. Das ist ein sehr wohltuendes, stressvermeidendes Ritual!

Egal ob beruflich oder private To-do-Liste, falls Sie diese überhaupt voneinander trennen wollen, es hilft extrem, sich darüber klar zu werden, ob wir alle Dinge wirklich müssen oder vielleicht doch eher wollen. Was meine ich damit?

Nehmen Sie sich doch einmal Ihre To-do-Liste zur Hand und lesen Sie sie gründlich durch. Überprüfen Sie, ob Sie wirklich alle Dinge auf der Liste tun müssen. Sie werden höchstwahrscheinlich Dinge finden, die Sie gar nicht müssen. Zu denen Sie niemand zwingt, außer vielleicht ihr übertriebener Perfektionismus oder Ihr Pflichtgefühl. Welche Dinge tun Sie, die gar nicht notwendig sind, aber vielleicht in irgendwelchen längst überholten Routinen vorgesehen sind? Welche Dinge wollen Sie vielleicht eher, weil es Ihnen Spaß macht oder Sie befriedigt? Müssen Sie zum Beispiel wirklich jedes Angebot an jeden Kunden mit Bildern ausstatten und es besonders aufwändig gestalten? Müssen Sie wirklich die technischen Einzelheiten selbst klären, oder kann das auch die Technik erledigen? Ist die PowerPoint-Präsentation für das interne Meeting vielleicht auch ohne Animation gut genug?

Und dann gibt es eine Reihe von Aufgaben, die wir nicht müssen, sondern wollen, weil sie uns wichtig sind. Diese zu erledigen, ist vollkommen wichtig und sinnvoll. Die Erledigung dieser Dinge ist keine Pflichterfüllung, sondern eine sinnstiftende Maßnahme. Sie bringt Erfüllung, ohne den Prefix Pflicht!

Ein Beispiel aus meiner täglichen Praxis: Wenn ich ein paar Tage unterwegs war und wieder zu Hause bin, gehe ich am Morgen recht oft sehr früh ins Büro, um die aufgelaufenen E-Mails zu erledigen und schon mal eine Stunde konzeptionell oder strategisch zu arbeiten. Wenn dann meine Mitarbeiterin kommt, habe ich bereits wichtige Dinge erledigt und kann mir Zeit nehmen, um in Ruhe mit ihr den Tag zu besprechen. Es ist mir wichtig, dies mit ihr persönlich zu tun und nicht nur einfach eine Aufgabenliste hinzulegen – als Wertschätzung ihrer Arbeit gegenüber und um Missverständnisse und Fehler zu vermeiden. Kein Mensch zwingt mich zu diesem frühen Arbeitsbeginn und zu der Zeit mit meiner Assistenz. Es ist meine freie Entscheidung. Ich will es so!

Das Bewusstsein darüber baut enormen Druck ab, denn die Erledigung dieser Aufgaben kommt aus meiner intrinsischen, inneren Motivation und nicht aus dem »Müssen-müssen« heraus!

1. Von den Prioritäten zur Zeitplanung

Unsere To-do-Liste haben wir jetzt erstellt, und zwar am besten in einem Format, das unserer Arbeitsweise entgegenkommt. Jetzt wandern wir in unserem Zeitmanagementhaus ein Stockwerk tiefer. Wir machen uns an die Wochenplanung.

Die grundsätzliche Frage lautet: Lohnt sich das zeitliche Mehrinvest für Planung überhaupt? Wie die Abbildung 17 zeigt, ist die Antwort: Es lohnt sich definitiv, da wir in der Folgewoche Zeit gewinnen!

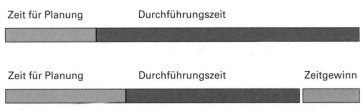

Abbildung 17: Zeitgewinn durch Planung

Die zweite Frage lautet: Lohnt sich eine Wochenplanung im Verkauf, wenn wir doch sowieso in erster Linie auf Kundenanforderungen reagieren müssen?

Meine klare Antwort auf diese durchaus berechtigte Frage lautet: Ja, sie lohnt sich, weil wir sonst nur die Kunden bedienen, die auf uns zukommen und die Akquise unserer Zielkunden auf der Strecke bleibt.

Es lohnt sich also wirklich, für unsere Wochenplanung 30 Minuten Zeit zu investieren und diese gleich in mehrfacher Hinsicht in der Folgewoche wieder zurück zu bekommen.

Eine einfache Methode, um von den Aufgaben zur Zeitplanung zu kommen, ist die ALPEN-Methode. Trotz ihres Namens hat sie nichts mit der gleichnamigen Mittelgebirgskette zu tun, in der ich in meiner Freizeit so gerne unterwegs bin. Außer vielleicht, dass man mit ihrer Hilfe eher Berge von Arbeit bewältigen kann als ohne Planung ☺.

Der Begriff ALPEN steht für:

- Aufgaben, Aktivitäten und Termine auf der To-do-Liste aufschreiben.
- Länge der Aktivitäten schätzen und in den Terminplan eintragen.
- Pufferzeit miteinplanen: Die goldene Regel lautet 40 Prozent Puffer einplanen. Im Vertrieb würde ich persönlich nicht mehr als 50 Prozent der Zeit verplanen.
- Entscheidungen über Prioritäten treffen.
- Nachkontrolle am Ende der Woche und am Abend – Unerledigtes übertragen.

Die ALPEN-Methode enthält meiner Ansicht nach zwei wesentliche Hinweise: Erstens, die Länge der Aktivitäten zu schätzen und zweitens, die Pufferzeit einzuplanen. Beides ist unabdingbar für jede Form der Zeitplanung. Viele Verkäufer, die ich betreue, führen eine To-do-Liste, gehen aber nicht den nächsten Schritt in der Selbstorganisation, nämlich den der Zeitplanung.

Zeitbudgets festlegen und mehr in weniger Zeit erreichen!

Mit unserer Zeit sollten wir umgehen wie mit einem knappen Geldbudget. Wir arbeiten erheblich konzentrierter und unterbinden Störungen konsequenter, wenn wir uns für eine bestimmte Aufgabe auch eine bestimmte Zeit vorgeben. Hier gibt es eine spannende Gesetzmäßigkeit in Sachen Zeitvorgabe:

«Die Arbeit dehnt sich aus, bis sie die Zeit ausfüllt, die ihr für ihre Ausführung zur Verfügung steht.» *Das erste Gesetz Parkinsons*

Wo kann uns Parkinson in unserer praktischen Vertriebsarbeit helfen? Zum Beispiel bei der Zeitplanung für Kundengespräche, die ja einen großen Anteil unserer Wochenarbeitszeit ausmacht. Deshalb ist es hier besonders wichtig, auf die Länge der einzelnen Termine zu achten. Ich habe schon mehrmals festgestellt, dass es extrem hilfreich ist, sich vor dem Termin eine klare Zeitvorgabe zu machen. Natürlich in Abhängigkeit von den Gesprächsinhalten. Es gibt wirklich wenig Gespräche, die sich nicht durch eine klare Struktur verkürzen lassen. In meiner Branche dauert ein persönlich vereinbarter Ersttermin meistens 60 bis 75 Minuten. Und eine gute Auftragsklärung ist in 75 bis maximal 90 Minuten zu schaffen. Alle Gespräche, die länger dauern, sind meist nicht strukturiert genug geführt. Mein ganz klarer Apell lautet: Gehen Sie sparsam um mit Ihrer Zeit und der des Kunden. Er wird es Ihnen danken und sich immer wieder gerne mit Ihnen treffen.

Übung: Das Parkinson Gesetz anwenden

Wo können Sie für sich Zeit sparen? Bitte notieren Sie Ihre Gedanken zur Frage: Bei welchen Tätigkeiten verbrauche ich regelmäßig mehr Zeit als geplant?

_____

_____

_____

_____

Und ist Ihnen etwas eingefallen? Beliebte Tätigkeiten, die hier stehen könnten, sind zum Beispiel Angebote schreiben, Präsentationen machen, Telefonate mit Kollegen, Meetings und Social-Media-Aktivitäten.

Probieren Sie doch einmal aus, Zeit mit dem Parkinsonschen Gesetz zu sparen. Planen Sie feste Zeitfenster für Aufgaben, die die Tendenz haben sich auszudehnen. Und fordern Sie sich selbst heraus, in dem Sie diese Zeitfenster knapp gestalten. Sie werden überrascht sein, wie schnell Sie sein können, wenn Sie wollen und müssen.

Flexibel bleiben mit Pufferzeiten

Die zweite wichtige Erkenntnis der ALPEN-Methode liegt in der Pufferzeit.

»Puffer, ich habe keinen Zeit für Puffer!«, kann ich Sie an dieser Stelle förmlich schreien hören.Fakt ist, wenn wir keinen Puffer einkalkulieren, dann ist unsere gesamte Planung von Anfang an zum Scheitern verurteilt! Gerade in unserer volatilen und agilen Welt wäre es grob fahrlässig, keine Zeitreserven einzuplanen. Wie könnten Sie sonst auf kurzfristige Anfordernisse reagieren? Und wie wollen Sie sonst (Vertriebs-)Chancen ergreifen, die sich kurzfristig bieten? Für die extrovertierten Persönlichkeitstypen ist flexibles Agieren außerdem eine Grundlage für motiviertes Arbeiten, also engen Sie sich selbst nicht zu sehr ein!

Wenn wir unsere Tätigkeiten bündeln, dafür Zeitblöcke bilden und diese dann über die Wochentage verteilen, dann sollten wir pro Tag auf gar keinen Fall mehr als fünf Arbeitsstunden verplanen. Das ist meine Empfehlung basierend auf meinen Erfahrungen aus dem Verkauf an Geschäftskunden. Sie gilt sowohl für Bürotage, als auch für Außendiensttage. Im Außendienst verschafft Ihnen diese 5-Stunden-Regel Zeit für Überraschungsbesuche, E-Mails und Telefonate zwischen den Terminen. Im Büro haben Sie genug Pufferzeit für Unvorhergesehenes, Störungen, spontane Meetings mit Kollegen und die Aufarbeitung von C-Aufgaben.

Mein Tipp: Reservieren Sie sich unbedingt Pufferzeiten an jedem Tag der Woche. Ist ein Tag besonders dicht verplant, erhöhen Sie die Zeitreserven am nächsten Tag. Sie brauchen diesen Freiraum für die Erledigung von liegengebliebenen Aufgaben.

~oldene Regel der Wochenplanung: Wichtiges immer zuerst ~inplanen

Kennen Sie die Kieselstein-Story? In fast jedem Zeitmanagementbuch wird die Geschichte des Professors erzählt, in der er seinen Schülern in einem eindrücklichen Experiment zeigt, wie sie bei einer guten Planung vorgehen sollen. Die wirkliche Quelle dieser Geschichte ist unbekannt, oft wird sie jedoch dem amerikanischen Managementvordenker und Autor Stephen Covey zugeschrieben.

Ich erzähle Ihnen eine moderne Variante der Geschichte, die auf einem Golfplatz, besser gesagt in einem Clublokal spielt: Eine Unternehmensberaterin wird nach einer guten Runde Golf von ihren Mitspielern gebeten, einmal zu erklären, wie sie es schafft, klug und wirtschaftlich mit ihrer Zeit umzugehen. Sie überlegt ganz kurz, verschwindet nach draußen zum Übungsplatz, taucht wieder auf, geht an die Theke des Clubhauses, wo sie sich vom Ober eine großes Blumenvase ausleiht und erscheint wieder am Tisch bei ihren Golffreunden. Zu deren Erstaunen beginnt sie die Vase mit Golfbällen aufzufüllen. Nachdem keine Bälle mehr in das Behältnis passen, blickt sie in die Runde und fragt: »Ist die Vase jetzt voll?« »Klar!«, erwidert die Tischrunde. Da schüttet sie Kiesel vom Vorplatz sorgsam in das Glasgefäß. »Und, was sagt ihr, ist die Vase jetzt voll?« Die Freunde ahnen, dass sie etwas im Schilde führt und wiegen nachdenklich die Köpfe.

Da holt die Expertin eine Tüte mit Bunkersand unter dem Tisch hervor, der nun ebenfalls fein säuberlich in die Blumenvase gefüllt wird. » So, nun ist sie aber wirklich voll, oder?« Zustimmendes Gemurmel am Tisch. Da greift die Beraterin zur

Flasche Prosecco in der Tischmitte und hält diesen über das Golfball-Kiesel-Sandgemisch. »Halt stopp, du wirst doch nicht etwa den schönen Prosecco …«, ruft eine der Damen entsetzt! Lachend stimmt die »Demonstrantin« zu: »Den trinken wir wohl besser!« »Und, Ihr Lieben, habt Ihr eine Idee, für was die einzelnen Sachen stehen?« Stirnrunzeln aufseiten der Tischgesellschaft.

»Die Golfbälle sind die wirklich wichtigen Dinge im Leben: Familie, Freunde, Gesundheit, ein Beruf, der Spaß macht. Die Kiesel sind die mittelwichtigen Dinge, wie Arbeit, Haus, Auto, die regelmäßige Partie Golf etc. Der Sand ist der Rest. Würde ich Kiesel und Sand zuerst reinschütten, hätten die wesentlichen Dinge keinen Platz mehr und würden zu kurz kommen.«, erklärt die patente Beraterin. »Ja, aber was hat es mit dem Prosecco auf sich?«, will die beindruckte Tischrunde wissen. »Egal wie voll die Woche auch ist, es ist immer Platz für ein Glas Prosecco mit netten Freunden. Prost!« Zustimmendes Gelächter und Gläsergeklirre beenden die Demonstration.

Sie ahnen es bereits, lieber Leser, die Blumenvase ist Ihr Leben. Sorgen Sie dafür, dass für die entscheidenden, glückbringenden Dinge ausreichend Zeit bleibt. Planen Sie Ihr Jahr, Ihr Monat, Ihre Woche, ja und auch Ihren Tag so, dass diese nicht zu kurz kommen.

Übung:

Was sind meine wichtigen Dinge im beruflichen/privaten Leben?

_____

_____

_____

_____

_____

Was davon ist in letzter Zeit zu kurz gekommen und soll wieder verstärkt Platz finden?

_____

_____

_____

_____

_____

Welche Tätigkeiten, Beschäftigungen, Begegnungen haben mir in letzter Zeit Freude bereitet, denen ich noch mehr Raum geben will?

_____

_____

_____

_____

_____

Mein Tipp: Erklären Sie alles, was für Ihr Glück wichtig ist zur höchsten Prioritätsstufe!

Wenn der Verkauf nicht Ihre Hauptaufgabe ist, sondern Sie Ihre Leistung zum Beispiel als Selbstständiger selbst verkaufen wollen oder bei Ihnen Verkauf Chefsache ist, dann ist es umso wichtiger, dass Sie sich feste Blöcke in der Woche für den Verkauf reservieren.

Idealerweise finden diese Verkaufsblöcke immer an den gleichen Tagen statt, damit sie zu einem festen Ritual werden und nicht anderweitig verplant werden. Mehr dazu im Kapitel 12 »Verkaufen im Flow«.

on den Golfbällen zur Wochenplanung

Einmal angenommen, Sie sind Vertriebsmitarbeiter für Bürotechnik. Sie vertreiben Kopierer, Drucker und die dazu gehörige Software, wie Dokumentenmanagementsysteme und

Archivierungssoftware. Am Freitagnachmittag machen Sie sich daran ihre Folgewoche zu planen. Sie nehmen sich Ihre To-do-Liste zur Hand und tragen alle Aufgaben ein, die noch auf Post-its oder Notizzetteln auf Ihrem Schreibtisch verteilt sind. Sie durchforsten auch noch mal den E-Mail-Account, ob Ihnen der Innendienst noch wichtige Kundenanfragen oder Ähnliches hat zukommen lassen. Dann überlegen Sie, was sind die wirklich wichtigen Aufgaben, die nächste Woche anstehen?

In zwei Wochen haben Sie eine Kundenveranstaltung geplant. Priorität A haben auf jeden Fall die Telefonate, um Kunden und Interessenten einzuladen. Sie planen sich also schon mal einen Telefonblock von zwei Stunden für den Montagnachmittag und einen weiteren für Mitte der Woche ein. Wichtig und auch dringlich sind drei zu erstellende Angebote, die sich aus Kundenterminen der Woche ergeben haben. Das wollen Sie gleich am Montagvormittag erledigen. Sie schätzen die Zeit, die sie dafür benötigen auf zwei Stunden. Da am Montag außerdem noch Vertriebsmeeting ist, ist der Tag ohnehin schon dicht. Dienstag, Mittwoch und Donnerstag möchten Sie möglichst viel Zeit bei Kunden und für die Akquise von »Schon-bald-Kunden« verwenden. Bei zwei Kunden laufen bald Leasingverträge aus. Da diese durchaus Potenzial für Folgegeschäfte haben, greifen Sie gleich zum Telefonhörer, um Termine zu vereinbaren. Glück gehabt, Entscheider erreicht und Termin bekommen. Zwei weitere wichtige Termine werden für Dienstag und Donnerstag fixiert. Oh ja, und da ist ja auch noch eine Reklamation reingekommen. Den Kunden wollen Sie gemeinsam mit dem Servicetechniker am Dienstagmorgen besuchen. Praktischerweise liegt dieser Termin auf der Route zu dem Potenzialkundentermin. Danach ist am Dienstag noch Zeit für Kaltbesuche, die sie gleich im Anschluss der abgeschlossenen Wochenplanung vorbereiten wollen. Das heißt in der Datenbank Adressen raussuchen, Ansprechpartner recherchieren, Homepage anschauen usw.

So füllt sich jetzt nach und nach die Woche. Was ist dabei entscheidend? Dass Sie nach Ihren Prioritäten vorgehen und die wichtigen und dringlichen Aufgaben (=Golfbälle) zuerst in die Woche reinplanen.

Wenn Sie am Montag erst alle C-Dinge (=Sand) erledigen, dann kommen Angebote und Kundeneinladungen zu kurz und Ihr Wochenziel ist gefährdet. Oder wie meine Kollegin Susanne Westphal in ihrem Buch *Die neue Lust an der Arbeit* schreibt: »(…) der kleine Mist darf die wichtigen Dinge nicht verdrängen!«

Deshalb mein Tipp: Noch bevor Sie mit der Übertragung Ihrer Aufgaben in den Kalender der Folgewoche beginnen, werden Sie sich darüber klar, was Ihre drei wichtigsten Ziele für den Planungszeitraum sind. Am besten Sie notieren diese schriftlich und wenn möglich nach der SMART-Formel.

Wenn Sie eher der kreative Typ sind, dann visualisieren Sie Ihre Ziele farblich und mit Symbolen in Ihrer App, Mindmap oder Ihrem Bullet Journal. Meine Kollegin Cordula Nussbaum, Expertin für Zeitmanagement für kreative Chaoten, empfielt an der Stelle ein Wochenkonzept statt einer stringenten Wochenplanung zu machen.

Nachstehend finden Sie ein einfaches Beispiel für eine eher lineare Wochenplanung. Wenn Sie möchten, verwenden Sie die Seite als Vorlage und probieren Sie einfach einmal aus, wie Sie mit der Übersicht klarkommen. Fühlen Sie sich frei, das Planungsformat an Ihre Bedürfnisse anzupassen. Auch hier gilt: Ihre Selbstorganisation darf Spaß machen. Sie dürfen, ja sollen sogar in den Planungs-Flow kommen! Umso lieber nehmen Sie Ihre Planung am Beginn der Folgewoche zur Hand und starten motiviert durch!

Wochenplanung		Woche _____		
Die drei wichtigs- ten Wochener- gebnisse	1.			
	2.			
	3.			
Aktivitäten		Prio	Zeitaufwand	Geplanter Tag

mpfohlene Vorgehensweise bei der Wochenplanung

1. A-Aufgaben definieren

Tragen Sie in der Tabelle Ihre wichtigsten Wochenergebnissen ein, um sie auf gar keinen Fall aus dem Blickfeld zu verlieren.

Markieren Sie in der To-do-Liste Ihre Aufgaben immer alle mit A, B oder C. Finden Sie dann zur Planung Ihrer Woche diejenigen Aufgaben heraus, die den größten Wert für Sie ausmachen (Paretoprinzip) und bei denen daher ein großer Planungs- und Zeitaufwand gerechtfertigt ist.

2. Wochenplanung

Um für die A-Aufgaben auch wirklich Zeit zu finden, sollten Sie eine Wochenplanung machen: Legen Sie am Ende der Vorwoche fest, wann Sie die üblicherweise zeitintensiven und termingebundenen A-Aufgaben bearbeiten werden (siehe auch Eisenhower-Prinzip). Notieren Sie dabei nicht nur die Aufgaben, sondern blockieren Sie die benötigten Zeiträume!

Wenn B-Aufgaben mit festem Termin anstehen, notieren Sie diese ebenfalls. Planen Sie außerdem täglich Blöcke, in denen Sie C-Aufgaben von der To-do-Liste erledigen können.

Planen Sie ausreichend Puffer/Zeitreserven für unvorhergesehene, kurzfristige Aufgaben ein.

3. Tagesplanung

Die Tagesplanung oder, wie sie Cordula Nussbaum nennt, »die Tagesvorschau«, ist die vielleicht wichtigste Zeit des Tages, denn mit ihrer Hilfe sorgen Sie dafür, dass der nächste Tag ein effektiver, im Verkauf erfolgreicher und glücklicher Tag wird. Jeden Abend kontrollieren Sie: Welche Dinge habe ich erledigt, welche Dinge müssen auf die Folgetage übertragen werden? Welche Dinge sind neu hinzugekommen? Mithilfe einer abendlichen Kurzplanung des Folgetages können Sie dann die Wochenplanung aktualisieren. Was hat sich wie verändert? Welche der von der To-do-Liste übrigen B-Aufgaben sowie C-Aufgaben können Sie für den nächsten Tag ansetzen? Seien Sie sich bewusst, dass Sie nicht alles machen können und auch nicht machen müssen. Seien Sie mutig und setzen Sie Prioritäten. Beginnen Sie mit dem Wichtigsten! Planen Sie auch hier wieder Puffer ein.

Überprüfen Sie den veranschlagten Zeitbedarf und kürzen Sie die Zeiten aller Vorgänge auf das unbedingt Notwendige. Versuchen Sie aber dabei, realistisch zu bleiben. Loten Sie jede Tätigkeit nach Delegationsmöglichkeiten aus.

Früher war es ein festes Ritual in Deutschland um 20:00 Uhr die Tagesschau im Fernsehen anzusehen. Genau so eine Angewohnheit sollte auch Ihre persönliche Tagesschau sein, bestehend aus Tagesrückbetrachtung/Positiv-Check und Tagesvorschau!

Die kleinste Planungszeiteinheit ist der Arbeitstag. Ich empfehle Ihnen die Wochen- und Tagesplanung mit Hilfe von Outlook oder einer ähnlichen Software zu erledigen. Idealerweise nehmen Sie sich einmal die Zeit und planen eine idealtypische Woche, eine sogenannte Musterwoche.

Anleitung - in sieben Schritten zur Musterwoche:

1. Feste Planungszeit wöchentlich und täglich reservieren
2. Feste wiederkehrende Termine eintragen (bzw. Outlook Serientermin anlegen)
3. Kernzeiten, Anwesenheitspflichten etc. berücksichtigen
4. A-Aufgaben Blöcke planen, (nicht mehr als 1-2 pro Tag), Fokusstunde planen (Erklärung folgt später in diesem Kapitel)
5. B-Aufgaben Blöcke planen => die Blöcke für A und B nenne ich auch gerne Produktivblöcke oder Produktivzeiten!
6. Hohe Störzeiten berücksichtigen => C-Tätigkeiten in diese Zeiträume legen. Überprüfen, dass genügend Blöcke für C-Tätigkeiten eingeplant sind
7. Puffer für Unvorhergesehenes einplanen

Mögen Sie es gerne bunt? Ich ja, darum arbeite ich mit einem durchgängigem Farbsystem für Aufgaben und Termine. So sind zum Beispiel alle meine privaten Termine grün. Interne Meetings mit meinem Team haben eine eigene Farbe und auch Kundentermine, die sind bei mir zum Beispiel gelb. Ganz wichtige B-Aufgaben, wie zum Beispiel Konzepterstellung, trage ich mir rechtzeitig in Rot ein, damit ich mir selbst klarmache, dass ich an diesem Konzept besser dran bleibe und die Termine nicht einfach so verschiebe.

Tagesplanung

Der Tag war stressig genug. Beim letzten Kunden sind Sie auch erst um 19:00 Uhr raus. Die Tagesplanung muss bis morgen warten? Keine gute Idee! Menschlich nachvollziehbar, aber keine gute Idee. Aus folgendem Grund: Es fehlt Ihnen die Nachbetrachtung des Tages.
*   Was habe ich heute alles geschafft?
*   Was ist mir geglückt?
*   Was konnte ich erledigen?
*   Was muss am Folgetag erledigt werden?

Wenn Sie diese Fragen für sich nicht beantworten, also diese Rückbetrachtung nicht machen, haben Sie insbesondere an hektischen Tagen den Eindruck, nichts geschafft zu haben. Meine Erfahrung: Dieser Eindruck trügt!

Und es gibt noch einen zweiten, mindestens genau so wichtigen Grund: Sie wissen nicht, wo und mit was Sie am Folgetag starten. Sie tauschen den vermeintlich schnelleren Feierabend gegen eine unruhige Nacht, weil Sie nicht abschalten können. Und ein hektischer, unproduktiver Start in den Folgetag ist auch schon vorprogrammiert.

Eine kurze Rückbetrachtung und eine Planung des nächsten Tages dauert maximal 15 Minuten. Immer vorausgesetzt, Sie haben Ihre Wochenplanung am Freitag der Vorwoche erledigt. Denn dann geht es nur mehr um eine kurze Re-Planung. Mit Hilfe dieser Aktualisierung und Vertiefung Ihrer Planung sparen Sie sich am Folgetag mindestens das Dreifache an Zeit. Warum? Sie starten mit frischer Energie dynamisch durch und sind gleich produktiv, anstatt erst noch eine Rückschau zu halten und Aufgeschobenes zu erledigen und dann erst zu den Tageszielen zu kommen. Also lieber 15 Minuten heute investieren, als 45 Minuten morgen für das gleiche Ergebnis.

Und übrigens: In die Tagesplanung gehören auch private Termine, Pausen und Puffer! Sonst lügen Sie sich gleich wieder in die eigene Tasche. Mein Tipp: Falls Sie mit Outlook arbeiten, kennzeichnen Sie ihre privaten Termine entsprechend. Dadurch wird der Inhalt unsichtbar für Ihre Kollegen, Sie haben ihn aber auf dem Schirm. Oder verwenden Sie unterschiedliche Farben für geschäftliche und private Termine. Auch das hilft bei der Orientierung.

Neulich in der Yogastunde ging es um das Thema Zeit. Es war eine sehr schöne Stunde mit lang gehaltenen Asanas und einer tollen Atemübung, dem Kalapati. Das ist eine unheimlich wirksame Feueratmung – gut für die Energie und interessanterweise gleichzeitig danach extrem entspannend. Warum komme ich gerade jetzt beim Thema Tagesplanung auf Yoga? Wegen der Meditationsübung zum Abschluss der Stunde zum Thema Zeit, die mich so angesprochen hat, dass ich Sie mit Ihnen teilen möchte: Stellen Sie sich vor, sie sitzen in einer kleinen Grotte, in deren Mitte sich ein Teich befindet. Von der Höhlendecke fällt ein einzelner Wassertropfen genau mittig in den Teich. Dieser kleine Auslöser verursacht kreisförmige Bewegungen, die sich über die gesamte Wasserfläche hinweg ausbreiten und bis ans Ufer schwappen. Ein schönes und gleichzeitig beruhigendes Bild.

Genauso verhält es sich mit den Prioritäten. Geben Sie jedem Tag eine Priorität. Ein Tagesziel, das noch nicht mal besonders groß sein muss. Dieses Ziel gibt dem Tag das gewisse Etwas, vergleichbar mit einem besonderen Gewürz, das ein gutes Essen perfektioniert. Das Gericht wird unverwechselbar und der Tag auch.

Wenn Sie Lust haben, dann schließen Sie doch die Planung für den nächsten Tag mit dieser Kurzmeditation ab. Sie können sie sogar am nächsten Tag morgens wiederholen und so gleich mit der richtigen Fokussierung in den Tag starten.

Noch viel Aufgaben und wenig Zeit übrig? So bleiben Sie handlungsfähig!

Wenn wir viel zu tun haben, geraten wir in Stress. Das ist keine bahnbrechende Neuigkeit, oder? Vor einigen Jahren habe ich mich intensiv mit dem Thema »Stress« auseinandergesetzt. Nein, ich hatte kein Burnout! Aber nachdem alle Welt davon redete, wollte ich den Dingen einmal auf den Grund gehen. Meine Recherchen in der Welt der Gehirnforschung haben eine für mich sehr interessante Neuigkeit ergeben und ich hoffe, Sie finden diese Erkenntnis auch spannend!

Was passiert in unserem Gehirn bei Stress?

Da ich kein Naturwissenschaftler bin, erkläre ich es einmal mit möglichst einfachen Worten.

Ablauf der Stressreaktion im Gehirn: Das Limbische System ist entwicklungstechnisch eines der ältesten Teile unseres Gehirns und ein ganz wichtiges unbewusstes Steuerungssystem. Der zum Limbischen System gehörende Thalamus nimmt Einflüsse und Impulse von außen über die fünf Sinne (Sehen, Hören, Riechen, Schmecken und Tasten) auf, bewertet diese nach Wichtigkeit und Dringlichkeit und leitet sie an die Amygdala, den Mandelkern weiter. Die Amygdala wertet die Sinneswahrnehmungen als emotionale Schlüsselreize aus. Vereinfacht ausgedrückt bewertet diese entscheidende Schaltzentrale in unserem Gehirn, ob wir der Situation gewachsen sind oder nicht. Je nachdem, wie diese Bewertung ausfällt, bestimmt sie unser Handeln. Kommt die Amygdala zu dem Schluss, dass wir genug Zeit, Kraft, Fähigkeiten etc. haben, um die Situation zu bewältigen, dann läuft alles ganz normal weiter. Wir erledigen die Aufgabe und nichts weiter passiert. Anders wenn unsere Amygdala erkennt, dass Gefahr droht oder die Ressourcen, wie zum Beispiel Zeit oder Fähigkeit, nicht ausreichend sind. Muten wir uns zu viele Aufgaben zu oder wird die Zeit zu knapp, dann drückt die Amygdala im übertragenen Sinn den Alarmknopf. Was passiert, wenn dieser Alarmknopf gedrückt wird? Es wird Adrenalin ausgeschüttet, was dazu führt, dass schnelle Energie den Muskeln zugeführt wird und dass bestimmte Teile unseres Gehirns besser durchblutet werden, als andere.

Leider wird aber nicht unser denkendes Gehirn, zum Beispiel unser Neo-Cortex, überversorgt, der unter Umständen rationale Lösungsvorschläge beizutragen hätte. Im Gegenteil. Weil es ja schnell gehen muss, wird auf uralte abgespeicherte Verhaltensweisen und nicht auf logische Erkenntnisse zurückgegriffen. Diese abgerufenen Programme können manchmal zielführend, manchmal aber auch extrem schädlich sein.

Wir können zum Beispiel beobachten, dass manche Menschen in Stress-Situationen zu Aktionismus neigen, also versuchen möglichst viel gleichzeitig zu erledigen. Andere flüchten erst mal und machen ganz etwas anderes. Wieder andere stellen sich im übertragenen Sinne »tot« und blockieren oder werden bei andauernder Überforderung gar krank.

Nach wiedererlangter Entspannung sieht die Welt dann wieder ganz anders aus. Wir handeln dann teilweise ganz anders. Lösungsansätze und Strategien fallen uns plötzlich ein – wir denken und handeln mit »Köpfchen« eben.

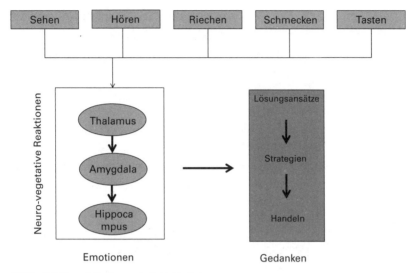

Abbildung 18: Unsere Gehirn-Prozesse im Limbischen System

Wie schaffen wir es uns in solchen Situationen zu entspannen? »Wenn du es eilig hast, gehe langsam«, so lautet das bekannte Zitat von Lothar M. Seiwert.

Nach dem wir jetzt die Vorgänge in unserem Gehirn bei Stress kennen, wissen wir auch warum.

Mit den nachstehenden fünf Tipps schaffen Sie es, auch in stressigen Situationen mit einer schieren Flut von Aufgaben handlungsfähig zu bleiben.

Tipp Nr. 1: Einen kühlen Kopf bewahren

Man kann sich förmlich vorstellen, wie unser Gehirn auf Hochtouren läuft und versucht allen Herausforderungen Herr zu werden. Ständig läutet das Telefon, die E-Mails kommen rein, der Kollege will Ihnen noch schnell etwas mitteilen und eigentlich sollten Sie schon lange das Angebot an den Neukunden abgeschickt haben.

Am besten ist es jetzt, erst einmal ruhig durchzuatmen. Das ist nämlich genau die Gegenreaktion zum ablaufenden »Notstandsprogramm«. Denn wenn Gefahr droht, sorgt die Amygdala erst mal für eine erhöhte Atemfrequenz, um die Organe und Extremitäten (Arme, Beine) besser zu durchbluten. Früher wäre die dadurch kurzfristig gewonnene Muskelkraft für einen Kampf mit dem Säbelzahntiger auch hilfreich gewesen. Aber nur selten können wir unserer übervollen To-do-Liste mit Muskelkraft zu Leibe rücken. Dabei würde uns genau das jetzt gut tun. Bewegung baut Adrenalin ab. Auf die Anspannung kann Entspannung folgen.

Haben Sie sich schon mal gewundert, warum Sie bei Stress so verspannt sind? Jetzt wissen Sie warum. Darum hilft regelmäßige Bewegung auch Ihre Leistungsfähigkeit zu steigern bzw. Stress abzubauen.

Also, wenn Sie merken, dass Sie kurz vorm Durchdrehen sind und nicht mehr wissen, wo Ihnen der Kopf steht, dann machen Sie erst mal eine kurze Pause. So paradox es klingt, eine kurze Pause von mindestens zehn, idealerweise 20 Minuten wirkt jetzt Wunder. Noch besser ist es, wenn Sie sich in dieser Pause bewegen. Ich habe zum Beispiel eine Route um mein Büro herum, die exakt 20 Minuten dauert. Nach dieser »Runde um den Block« habe ich meine Gedanken meist sortiert und sehe schon wieder klarer. Und dann setze ich mich hin und sortiere meine Prioritäten neu, delegiere, streiche, verschiebe. Mache all das, damit ich wieder handlungsfähig bin. Und erst dann beginne ich von neuem, meine Aufgaben zu erledigen.

Sie kommen partout nicht raus aus Ihrem Büro? Dann sorgen Sie zu mindestens dafür, dass Sie eine störungsfreie Atempause und Re-Planungszeit haben. Denn ihr Thalamus ist ohnehin nicht mehr bereit weitere Informationen aufzunehmen.

Eine gute Möglichkeit überschüssiges Adrenalin loszuwerden, ist zum Beispiel auch die Entspannungstechnik »Progressive Muskelrelaxation« nach Edmund Jacobsen.

Durch bewusste An- und wieder Entspannung einzelner Muskelgruppen wird der ganze Körper nach und nach lockerer. Die Tatsache, dass Sie während der An- und Entspannung die Sekunden zählen müssen, hilft das Denken zu fokussieren und nicht an die nächste Aufgabe zu denken. Progressive Muskelrelaxation ist einfach zu erlernen, in Kursen, Seminaren oder einfach durch Anleitungen auf CDs und im Internet.

pp Nr. 2: Zurück zum »Single-Tasking«!

Wann ist es eigentlich modern geworden, immer extrem beschäftigt zu sein?

Wann ist es modern geworden, immer alles möglichst schnell zu machen?

Wann ist es modern geworden, möglichst viel Dinge gleichzeitig zu machen?

Meine Wahrnehmung ist, dass insbesondere Menschen, die gerne anderen beweisen, wie erfolgreich sie sind, immer auch den größten Stress haben. Also zumindest, wenn man ihren lautstarken Äußerungen Glauben schenken darf. Ist es nicht eher ein Zeichen von Kompetenz, wenn ich die Dinge im Griff habe und nicht die Dinge mich?

Ist es nicht eher ein Zeichen von Souveränität, wenn ich selbst in turbulenten Zeiten einen ruhigen Kopf bewahre und Herr der Lage bin? Also in der Lage bin, klare Prioritäten zu setzen und diese nacheinander auszuführen oder zu delegieren?

In meinem Seminar »Vom Angebot zum Auftrag« stelle ich eingangs mit meinen Teilnehmern oft den Vergleich zwischen einem Huhn und einem Adler an.

Welche Adjektive ordnen wir den beiden Tieren zu?

Bei »Huhn« höre ich oft Beschreibungen, wie zum Beispiel hektisch, übereifrig, kopflos, laut gackernd, ...Wenn es um den

»Adler« geht, kommen hingegen Worte, wie zum Beispiel klar, schnell, zielgerichtet, behält den Überblick, ...

Was macht uns in Sachen Selbstmanagement zum Adler?

Wenn wir über den Dingen schweben, uns einen Überblick verschaffen, unser Ziel nicht aus den Augen verlieren und dann ein Beutetier in Angriff nehmen, das macht uns zu diesem großen und beeindruckenden Greifvogel.

Können Sie sich einen Adler vorstellen, der mehreren Tieren gleichzeitig hinterherjagt? Ich nicht, denn er ist ein kluges Tier. Er weiß, dass er dann hungrig in seinen Horst zurückkehrt, ohne seine Sache »Nahrungssuche« erfolgreich abgeschlossen zu haben.

Computer können Multi-Tasking, Menschen nicht!

Sie tun Ihrem Chef, Ihren Kunden, Ihren Kollegen, aber vor allem ganz besonders sich selbst einen großen Gefallen, wenn Sie sich auf eine Aufgabe konzentrieren und diese zu Ende bringen. Und sich erst dann der nächsten Aufgabe zuwenden. Also »Single-Tasking« statt »Multi-Tasking«. Der Begriff »Multi-Tasking« ist um 1990 herum in der EDV entstanden. Er kommt aus dem Englischen: »multi« für »viel« und »task« für »Aufgabe«. Mit wachsender Rechnerleistung sind Computer in der Lage, mehrere Dinge gleichzeitig zu erledigen. Was für Computer zutrifft, gilt leider immer noch nicht für das menschliche Hirn. Zumindest nicht, wenn wir dieses effektiv gebrauchen wollen. »Wir können nicht zwei Sachen, die bewusste Verarbeitung beanspruchen, parallel machen, sondern lediglich zwischen beiden hin- und herwechseln«, weiß Karl Westhoff, Professor für Psychologie an der Technischen Universität Dresden.

Es ist nachgewiesen, dass unser Gehirn deutlich länger braucht, wenn es sich auf zwei Dinge gleichzeitig konzentrieren soll. Warum? Weil es zwischen den Aufgaben hin und her »switcht« und dabei fortlaufend versucht, die Aufgaben zu priorisieren. Der Gehirnexperte Westhoff nennt das »Wechselkosten«. Ich nenne es einen Missbrauch von Rechenleistung und eine hochgradige Energieverschwendung. Da können Sie doch am besten gleich eine Priorität festlegen, eine Sache abarbeiten, sich freuen und dann die nächste in Angriff nehmen. Und dabei sind Sie noch effektiver, also wirkungsvoller und schneller, als wenn Sie alle Dinge gleichzeitig tun.

Da ich weiblich bin, sei es mir erlaubt zu erwähnen, dass trotz mehreren Studien auch kein nachhaltiger Unterschied zwischen Frauen und Männern in Sachen »Multi-Tasking« zu beweisen war. Deshalb bin ich eine bekennende »Single-Taskerin« und verkünde das auch lauthals, sobald mehrere Menschen gleichzeitig etwas von mir wollen.

Also, tun Sie sich selbst und Ihren Mitmenschen einen Gefallen und tun Sie eins nach dem anderen!

pp Nr. 3: Sich nicht ablenken lassen

Neulich war ich per Bahn unterwegs von München nach Mannheim. Das Abteil teilte ich mir mit einem Immobilienmakler, einem sehr tüchtigen und verkaufsaktiven Makler. Er nutzte die meiste Zeit der vierstündigen Bahnfahrt, um Telefonakquise zu betreiben. Am Anfang war ich sehr neugierig – ein Studienobjekt, live und kostenlos, aus einer Branche, in der ich öfters Vorträge halte. Insiderwissen ist immer erwünscht, dachte ich und hörte gespannt zu. Wir kamen auch bald ins Gespräch, und ein loser Kontakt zu diesem Mann besteht bis heute noch. Nur, ich fahre so gerne Bahn, weil ich die ohnehin notwendige Anreisezeit nutzen kann, um zu arbeiten. Ich hatte also meine Aufgaben vorbereitet, und nun kam ich nicht zum Abarbeiten. Das fing an, mich zu stressen. Da erinnerte ich mich an meine Kopfhörer, die ich vor Abfahrt noch schnell in die Reisetasche geworfen habe. Die Kopfhörer sind ein Geschenk meines Partners, der im internationalen Vertrieb beschäftigt ist und viel Zeit in Flugzeugen verbringt. Ohne seine geräuschreduzierenden Kopfhörer geht er nirgendwo hin. Genau diese Kopfhörer setzte ich jetzt auf und bekam so die Telefonate meines Reisegefährten nur noch als angenehmes Gemurmel im Background mit.

Mein Thalamus dankte es mir, er war nicht mehr so beschäftigt mit ausfiltern und die Amygdala signalisierte dem Rest meines Gehirns: »Alles okay, wir können in Ruhe weiterarbeiten!«

Nun war die Beeinträchtigung meines mobilen Arbeitsplatzes vorübergehender Natur. Umso schlimmer ist es, wenn Sie täglich im Großraumbüro in einer solchen Geräuschkulisse produktiv sein sollen. Das diese Form von Büro heute als »Open Space« benannt wird, das alleine macht sie noch nicht produktiver, es sei denn ein solches Büro verfügt über unterschiedliche Zonen für Zusammenarbeit und Rückzugsmöglichkeiten für ungestörte Einzelarbeit.

Ein Seminarteilnehmer eines traditionellen Maschinenbauunternehmens hat mir neulich berichtet, dass er sich ein Büro mit über 50 Personen teilt. In der Mitte des Raumes ist außerdem eine »Vesperinsel«, ein Tisch für die Frühstückspause eingerichtet, den alle anderen Abteilungen auch noch nutzen. Das heißt pro Tag gehen schon mal 45 Minuten an produktiver Arbeitszeit durch diesen »Frühstücksverkehr« verloren. Das wird dann zum echten Stressor, wenn man sich nicht gnadenlos mit Ohrstöpsel oder Kopfhörer abschottet.

Auch visuelle Reize können ablenken, zum Beispiel wenn der Schreibtisch mal wieder über und über mit Papier bedeckt ist. Dann machen Sie erst mal »Tabula rasa« und räumen auf. Für reinen Tisch zu sorgen, ist extrem Stress abbauend und schafft wieder Klarheit im Kopf. Ein wichtiges Prinzip in der Selbstorganisation lautet: Ordnung schaffen geht vor Abarbeiten.

Tipp Nr. 4 Gut ist gut genug

Egal welche Zeitung oder Zeitschrift Sie aufschlagen, welchen Newsletter oder Blog Sie lesen, Sie finden etwas zu den Themen »Selbstverwirklichung«, »Selbsterfüllung und »Selbstoptimierung«. Manchmal wird sogar gefordert »disrupt yourself«, also positiv formuliert: Erfinde dich neu, bevor es andere tun!

Ich bin ein großer Freund von Innovation, denn Disruption ist mir zu zerstörerisch. Damit Innovation sinnvoll ist, gilt es davor herauszufinden, was man wirklich will und das in sein Berufsleben zu integrieren. Aber es gibt einen klaren Unterschied zwischen Selbstverwirklichung und Selbstoptimierung.

Achtung: Aus diesem stetigen Bedürfnis der Selbstoptimierung entspringt eine große Quelle der Unzufriedenheit. Müssen wir wirklich für jede Situation im Leben perfekt gerüstet sein? Dürfen wir nicht einfach auch mal nur Durchschnitt sein und uns dabei wohlfühlen? Wissen Sie, wie viel Zeit dabei draufgeht, den Grad der Perfektion zu erreichen, der uns durch unser Umfeld vorgegeben wird?

Sie erinnern sich an das Pareto-Prinzip und »Done is better than perfect!«? Wenn Sie nicht mehr wissen, wie Sie alle Projekte rechtzeitig erledigt bekommen sollen, dann überprüfen Sie doch einmal den Grad der Fertigstellung der einzelnen Aufgaben. Oft können wir einen Grad von 80 Prozent der Fertigstellung mit relativ wenig Energieeinsatz erreichen. Die letzten 20 Prozent der Aufgabe kosten uns dann nochmal richtig Zeit und Disziplin. Die Frage ist, ob Sie Ihren Qualitätsanspruch an sich selbst oder an Ihre Arbeit auch mal senken können. Das geht natürlich nicht bei allen Aufgaben, eine Angebotskalkulation sollte schon vollständig sein und ein Vertrag auch. Und dennoch gibt es einige Aufgaben, wo gut auch einmal gut genug ist.

Der zweite Ansatz ist zu überprüfen, ob für den Moment Teilergebnisse reichen, damit Ihre Mitarbeiter, Kollegen und Kunden weiterarbeiten können. Ich empfehle Ihnen die Überprüfungsfragen zu stellen:

»Was genau brauchst Du von mir?« und: »Bis wann genau brauchst Du was von mir?«.

Probieren Sie es einfach einmal aus, gut möglich dass Ihnen dieses Vorgehen Handlungsspielraum und Erleichterung verschafft.

Tipp Nr. 5: Meeting mit mir selbst – die Fokusstunde

Am Ende meiner Zeitmanagementseminare frage ich die Teilnehmer immer nach ihren Umsetzungsmaßnahmen für die Praxis. Es ist ja der Wunsch jeden Trainers, dass die Teilnehmer möglichst viel mitnehmen! Unter den »Topsellern« ist dabei immer das Meeting mit mir selbst, abgekürzt MMMS, oder wie ich es lieber nenne – die Fokusstunde. Vielleicht fragen Sie sich jetzt: »Haben wir alle nicht schon genug Meetings?« »Muss ich mich jetzt auch noch mit mir selbst verabreden?« Jawohl, das sollten Sie tun. Sie sollten sich täglich mit sich selbst verabreden, und zwar für eine ganze Stunde. Diese Stunde ist dazu da, dass sie wichtige A- und B-Aufgaben erledigen, und das möglichst störungsfrei. Darum heißt sie oft auch »stille Stunde«.

Teilnehmer, die die Fokusstunde nach dem Seminar eingeführt haben, haben mir berichtet, ihre Arbeitszufriedenheit hat sich drastisch gesteigert und sie bekommen deutlich mehr geschafft. Das Gefühl der Selbstbestimmtheit steigt. Ihre Ziele werden konsequenter verfolgt und eher erreicht.

Tipps, damit es mit der Fokusstunde klappt:

- Den Zeitraum planen und fest in den Kalender eintragen, spätestens am Tag vorher, falls es sich nicht um eine wiederkehrenden Termin handelt
- Outlook- bzw. E-Mail-Programm schließen (falls Sie Outlook für Ihre Tätigkeit benötigen, dann zu mindestens die Benachrichtigung für eingehende E-Mails deaktivieren).
- Smartphone auf lautlos stellen.
- Telefon umleiten: Falls Sie keine Kollegen oder keinen externen Dienstleister haben, dann leiten Sie auf die Mailbox des Handys oder das Festnetztelefon um. Wichtig ist, dass Sie die

eingegangenen Anrufe konsequent nach der Fokusstunde zurückrufen. Sonst ist keiner mehr bereit, Ihr Telefon zu übernehmen und Ihre Kunden werden unzufrieden. Zeit für diese Anrufe nach der MMMS einplanen.

* Störungen am Arbeitsplatz ausschließen oder
* zu einem störungsfreien Arbeitsraum wechseln.

Bei einem großen deutschen Kühlgerätehersteller, bei dem ich regelmäßig meine Trainings »Mehr Zeit für das Wesentliche« durchführe, hat sich folgendes Ritual eingebürgert: In den Großraumbüros stehen Ampeln auf den Schreibtischen. Grün heißt »ich bin ansprechbar«, gelb »wenn es sein muss« und rot »ich bin in einem wichtigen Meeting mit mir selbst, bitte nicht stören!«. Das funktioniert erstaunlich gut, wird mir berichtet. Natürlich nur, wenn die Ampel nicht dauerhaft auf Rot steht und das Recht für die Fokusstunde für alle gilt.

Und was machen Sie jetzt in Ihrer stillen Stunde? Essen, Meditieren, endlich den Stapel Fachzeitschriften abarbeiten? Auch eine Möglichkeit ☺. Dafür ist sie allerdings nicht gedacht.

Tipp Nr. 6: Nein-Sagen

Ich habe einmal ein sehr gutes Seminar zum Thema »Stressmanagement« der VBG besucht. Die Seminarleiterin machte uns klar, dass ein Großteil unserer Zeitprobleme daherkommen, dass wir nicht rechtzeitig »Nein sagen« zu Aufgaben, die uns übertragen werden – sei es durch bewusste oder unbewusste Delegation, sei es von Kollegen oder von Kunden. Vielen überlasteten Menschen fällt es schwer, den Wunsch des Chefs oder eines Kollegen abzulehnen. Wissen Sie, was dabei unser größtes Problem ist? Unsere inneren Antreiber! Wir wollen stark, perfekt und schnell sein.

Und vor allem wollen wir es unserem Umfeld nach Möglichkeit immer recht machen. Häufig spielt die Angst, dass ein »Nein!« als Schwäche aufgefasst wird, dabei eine Rolle.

Aus Sicht der Stressprävention ist es sehr wichtig, auf seine eigenen Grenzen zu achten.

Einfach einmal »Nein!« zu sagen, klingt leichter, als es ist. Sie können nicht plötzlich wahllos alle Aufgaben ablehnen, die Ihnen übertragen werden – insbesondere dann nicht, wenn es in der Arbeit »brennt«. Manchmal haben Sie gar keine Zeit, darüber nachzudenken, ob Sie eine Aufgabe übernehmen möchten. Sie muss einfach erledigt werden. Andererseits gibt es immer wieder auch Aufgaben, die keine höchste Priorität haben, nicht in Ihr Aufgabengebiet gehören oder problemlos delegiert werden könnten. Wird Ihnen eine derartige Aufgabe angetragen, sollten Sie überlegen, ob Sie diese wirklich übernehmen müssen oder ob ein »Nein!« nicht für Ihr Wohlbefinden besser wäre.

Die Abwägung »Ja!« oder »Nein!« ist nicht immer einfach. Gerade dann, wenn Sie einerseits das Gefühl haben, »nichts geht mehr« und andererseits schon beim Gedanken, eine Aufgabe abzulehnen, ein schlechtes Gewissen bekommen, werden Sie hin- und hergerissen sein. Mein erster Tipp hierzu: Sie sind nicht verpflichtet, sofort Ja oder Nein zu sagen. Bitten Sie um einen Moment Geduld und teilen Sie Ihrem Kunden oder Kollegen mit, bis wann Sie sich wieder bei ihm melden. Mein zweiter Tipp: Machen Sie sich ganz sachlich die positiven und negativen Konsequenzen eines »Nein!« bewusst zu machen. Kurzfristig und langfristig. Damit Sie das auch wirklich sachlich tun können, braucht es gerade die Bedenkzeit aus Tipp Nr 1.

Haben Sie sich entschieden, »Nein!« zu sagen? Dann kommt es jetzt auf das »Wie sage ich es?« an. Sie haben unterschiedliche Möglichkeiten, Ihre Entscheidung auszudrücken. Sagen Sie Ja zum Nein, indem Sie bewusst, offen und gleichzeitig verbindlich »Nein« sagen. Damit es dabei nicht zu einer Konfrontation mit Kollegen oder gar Kunden kommt, können Sie argumentativ vorgehen, in dem Sie Ihren Prioritäten- und Zeitplan erläutern. Achtung: Der Unterschied zwischen Argumentation und Rechtfertigung ist ein minimaler, aber wichtiger. Bleiben Sie auf Augenhöhe, höflich aber klar in Ihren Aussagen und bitten Sie nicht übertrieben unterwürfig um Verständnis.

Meine Empfehlung ist es, mit offenen Karten zu spielen und dem Gegenüber zu erklären, warum Sie keine Zeit haben oder warum Sie eine Aufgabe nicht übernehmen möchten. Handelt es sich nur um ein temporäres Nein zur Erledigung der Aufgabe im Moment, dann bieten Sie einen Alternativtermin an, zu dem Sie die Aufgabe erledigen können.

Sie können natürlich auch Nein sagen, indem Sie auf andere Kollegen verweisen. Damit es dabei aber nicht nur zu einer Problemverlagerung kommt, sollten Sie die Bereitschaft dazu wiederum abklären. Und manchmal, wenn es gar nicht mehr anders geht, dann können Sie eine Entscheidung über konkurrierende Prioritäten auch mit Ihrem Vorgesetzten diskutieren. Immer vorausgesetzt Sie haben einen ☺.

Da das Thema Nein-Sagen ein so wichtiges ist, habe ich hier nochmals alle kontruktive Möglichkeiten auf einen Blick zusammengefasst:
* statt einem kompletten »Nein« eine Teillösung anbieten,
* bei Terminproblemen oder Kapazitätsengpässen einen Alternativtermin anbieten,
* auf Dritte verweisen, die dem Kunden oder Kollegen weiterhelfen können,
* Knowhow bei Kollegen aufbauen (braucht zunächst mehr Zeit, spart aber dann mittel- bis langfristig Zeit).
* Wenn die Aufgabe nicht in Ihren Zuständigkeitsbereich fällt, dann können Sie auch Ihren Vorgesetzten um Mithilfe bitten. Das ist insbesonders sinnvoll, wenn diese Art von Job häufiger vorkommt.

12. Wie Sie Ihre Zeit im Verkauf bestmöglich nutzen

Jetzt sind wir bereits im Erdgeschoss unseres Zeitmanagement-Hauses angekommen: bei unseren Ressourcen, Methoden und Hilfsmitteln.

Erinnern Sie sich an die Zeitzielscheibe aus Kapitel 10? Wir haben an dieser Stelle schon ganz viele notwendige Ressourcen bei den B-Aufgaben lokalisiert.

Um Ihr Zeitmanagement auf ein wirklich stabiles Fundament zu stellen, ist es wichtig, dass Sie:
- mit den richtigen Hilfsmitteln arbeiten und diese beherrschen,
- sich eine gute Struktur schaffen und Prozesse automatisieren,
- alle Ressourcen verwenden, damit sind auch interne und externe Unterstützer gemeint.

Delegieren oder durchdrehen

Sich um alles zu kümmern macht einen Verkäufer nicht erfolgreich. Im Gegenteil, wenn Sie sich selbst für alles zuständig erklären, dann denken die anderen, der will sich doch nur vor der Neukundenakquise drücken. Und haben »die anderen« Recht?

Sagt Ihnen Ihr innerer Schweinehund, dass die Auftragsabwicklung wichtiger ist, als die Gewinnung von neuen Kunden? Natürlich ist ein gut ausgeführter Auftrag wichtig für das Folgegeschäft und die ganzen Verwaltungssachen müssen auch stimmen. Das ist ja gerade das Problem, alles ist wichtig. Nur nicht alles muss von Ihnen persönlich erledigt werden. Ich sehe das so, wenn Sie erfolgreich sein wollen im Verkauf haben Sie die Wahl – delegieren oder durchdrehen. Wenn Sie delegieren, dann immer vollständig und mit ganzem Herzen. Dazu braucht es zunächst einmal Klarheit auf Ihrer Seite darüber, was Sie delegieren wollen und wie Sie das am besten anstellen.

Mein geschätzter Kollege Prof Lothar Seiwert, Deutschlands Zeitmanagement-Papst, hat einmal trefflich die 5 W-Fragen der Delegation benannt:

1. Was will ich abgeben?
2. Wer soll es tun?
3. Warum sollte er/sie es machen?
4. Wie soll er/sie es tun?
5. Wann soll es erledigt sein?

Was will ich abgeben?

Denken Sie an das Eisenhower-Prinzip. Es sollten entweder C-Aufgaben sein oder Teilschritte zur Erledigung von B-Aufgaben. Auch Teilschritte zur Erledigung von A-Aufgaben sind durchaus denkbar, wenn Sie sie rechtzeitig delegieren.

Wer soll es tun?

Die meisten Verkäufer haben keine direkten Mitarbeiter. Daher bekomme ich immer wieder die Antwort: »Ich kann nichts delegieren, ich muss alles selbst machen!« Das ist oftmals eine Fehleinschätzung der Situation. Wie sieht es aus mit dem Vertriebsinnendienst, der Teamassistenz oder Assistenz des Verkaufsleiters, der Technik oder dem Service? Gibt es Azubis, Praktikanten, Diplomanten? Und wenn keine eigenen Mitarbeiter greifbar sind, wie sieht es aus mit externer Unterstützung? In meiner Funktion als Teamleiterin habe ich es immer so gehandhabt: Wenn mir einer meiner Mitarbeiter logisch nachvollziehbar aufgezeigt hat, dass er die Vielzahl der Aufgaben selbst mit Sondereinsatz nicht erledigen kann, ohne seine Prio-A-Aufgaben zu vernachlässigen, dann haben wir gemeinsam überprüft, was aufgeschoben, gestrichen oder von anderen Personen erledigt werden kann. Und mit meinem »Okay« konnte mein Mitarbeiter dann auch ganze Aufgaben oder Teilaufgaben delegieren. Am liebsten war mir natürlich, es wurde ohne mich geregelt. Dafür ist der motivatorische Aspekt einer Delegation wichtig.

Warum sollte er/sie es machen?

Darauf gibt es mindestens drei Antworten:
1. Er/sie hat die Fähigkeit, sprich das Wissen und die Erfahrung dazu.
2. Er/sie hat die Ressourcen, also Arbeitsmittel und Zeit dazu.
3. Er/sie trägt damit zu einem übergeordneten, gemeinsamen Ziel, zum Beispiel zum Thema Kundenzufriedenheit oder Neukundengewinnung, bei.

Bei der Besprechung der zu übertragenden Aufgabe hilft es, alle drei Dinge mit dem Unterstützer zu klären. Auch Charme und Wertschätzung schadet nicht!

Wie soll er oder sie es tun?

Wie genau Sie diese Aufgabe bei der Übertragung mit dem Helfer besprechen, ist abhängig vom »Reifegrad« des Mitarbeiters oder des externen Dienstleisters.

Mit »Reifegrad« meine ich die Erfahrung hinsichtlich der zu erledigenden Tätigkeit. Ist es ein Routineprozess, dann klären Sie das gewünschte Endergebnis. Ist es eine neue Aufgabe, generell oder für den Mitarbeiter, dann ist es wichtig, Teilschritte gemeinsam zu besprechen und diese auch zu kontrollieren.

Wie selbstständig arbeitet der Mitarbeiter gerne? Das ist eine wichtige motivatorische Komponente. Manche Menschen schätzen klare, detaillierte Vorgaben, andere bestimmen den eigenen Vorgehensweg lieber selbst.

Gerade wenn Sie mit dem Kollegen häufiger zusammenarbeiten, ist es vorteilhaft, ihn nach seinen Ideen zur Vorgehensweise zu befragen und ihre eigenen Ideen dazu zu geben. Denn dann erfolgt auch gleich noch eine Förderung und Weiterentwicklung durch die Delegation. Also, sie werden ein Teil Ihrer Arbeit los, bekommen ein Ergebnis und tun auch noch etwas Gutes ☺.

Wann soll es erledigt sein?

Sie haben Ihre Prioritäten, der Kollege allerdings auch. Und selbst wenn Sie als Kunde bei einem externen Dienstleister auftreten, hat auch dieser sein zeitliches Vorgehen im Kopf. Klar können und sollen Sie einen Wunschtermin zur Fertigstellung äußern. Sie sollten aber auch nachfragen, ob das denn in die Planung des Helfers passt. Sonst ist es keine Delegation der Aufgabe, sondern ein Aufdrängen!

Ein Appell an alle Verkaufsleiter und Chefs, die dieses Buch lesen: Damit Ihre Verkäufer nicht in den Zwang kommen, zu viel zu delegieren, überlegen Sie doch immer, ob nicht noch jemand anders kundennahe bzw. abwicklungsbezogene Aufgaben übernehmen kann. Nichts ist so wertvoll, wie die Zeit der Verkäufer für Zusatzverkäufe und Kundenakquise. Und überlegen Sie bitte auch, ob es wirklich noch eine zusätzliche Marketingaktion oder einen zusätzliches Reporting braucht. Weniger, dafür klare Aufgaben führen oft zum besseren Ergebnis!

Die Dinge erledigt bekommen – Tipps für eine wirkungsvolle Arbeitsmethodik

Der Zeigarnik-Effekt – praktische Erinnerungsfunktion zum falschen Zeitpunkt

Unser Gehirn ist extrem clever und verfügt über jede Menge praktische Funktionen. Eine davon ist die Erinnerungsfunktion an unerledigte Dinge und noch nicht abgeschlossene Aufgaben. Das funktioniert ähnlich wie bei Outlook, nur dass es automatisch geht. Sie müssen noch nicht mal eine Wiedervorlage machen oder die Erinnerungsfunktion aktivieren. Ihr Gehirn erinnert Sie automatisch. Enorm praktisch, oder? Dieser Effekt heißt Zeigarnik-Effekt, so benannt nach der Psychologin, die ihn entdeckt hat. Das einzig unpraktische an dem Zeigarnik-Effekt ist, dass unser Gehirn sehr flexibel ist, bezüglich des Zeitpunkts der Erinnerung. Meistens erinnert es uns dann, wenn wir gerade entspannen oder gar schlafen wollen. Das führt dazu, dass manchen Menschen mitten in der Nacht hochschrecken und ganze Notizblöcke mit To-dos füllen, damit Ruhe herrscht im Kopf und das Erinnern endlich aufhört.

Das mit dem Aufschreiben ist grundsätzlich genau die richtige Strategie, nur ein denkbar ungünstiger Zeitpunkt, um sich Notizen zu machen.

Im Fachjargon wird der Zeigarnik-Effekt auch »Cliffhanger« genannt. Lauter unerledigte Dinge im Kopf zu haben, ist wie mit einem schweren Rucksack ohne Haken an einer zehn Meter hohen Felswand zu hängen. Kein sehr angenehmer Zustand und extrem kräftezehrend. Deshalb lautet die erste Empfehlung ganz klar, möglichst viele Dinge zu Ende zu bringen. Wenn Sie viele Dinge erfolgreich abschließen wollen, dann vermeiden Sie das Übel Multitasking. Raffen Sie sich außerdem mit der nötigen Selbstdisziplin dazu auf, die angefangenen Dinge auch zu Ende zu bringen, dann sind Sie schon einen ganzen Schritt weiter. Alle dann noch offenen Aufgaben schreiben Sie sofort auf Ihre To-do-Liste oder machen sich einen Termin zur Erledigung im Kalender. Außer Sie können binnen fünf Minuten erledigt werden. Denn sonst ist der Zeitaufwand des Notierens und Terminierens höher, als der Zeitaufwand für die Erledigung der Aufgabe.

Und noch eine gute Möglichkeit gibt es, den Rucksack mit den unerledigten Dingen zu erleichtern. Schmeißen Sie sie einfach raus – beziehungsweise beschließen Sie, diese Aufgaben nicht zu erledigen. Insbesonders dann, wenn Sie sie schon länger mit sich rumtragen, stellt sich die Frage, ob Sie sie überhaupt tun müssen.

Was die Zufriedenheit Ihrer Kunde mit einer Säge zu tun hat

Vor Kurzem habe ich die technische Kundendienst-Hotline eines Hausgeräteherstellers betreut. Die Aufgabe der überwiegend männlichen Mitarbeiter ist es, die Anfragen von Endkunden und Mechanikern aus dem Kundendienst möglichst schnell telefonisch zu beantworten. Das ist eine sehr wichtige Aufgabe, denn von der Erreichbarkeit der Mitarbeiter und den zufriedenstellenden Antworten hängt im höchsten Maße die Zufriedenheit der Kunden ab. Die Mitarbeiter der Hotline verfügen über einen großen Wissensschatz und können die Anfragen deshalb in der Regel schnell beantworten. Das ist auch der Grund, warum sie neben den Telefonaten ebenfalls für schriftliche Anfragen und Reklamationen zuständig sind. Während meines Coachings am Arbeitsplatz fällt mir dabei eines sofort auf: Einer der Mitarbeiter beginnt eine E-Mail vom Händler zu lesen, will gerade antworten, da klingelt das Telefon. Selbstredend nimmt der Mitarbeiter das Telefonat entgegen und beantwortet alle Fragen nach bestem Wissen und Gewissen. Danach macht er sich wieder an die Beantwortung der E-Mail. Er denkt sich erneut ein und braucht dafür zwei bis drei Minuten. Gerade will er seine Antwort schreiben, da läutet das Telefon erneut. Und so geht das geschätzt eine Stunde lang. Das produktive Ergebnis dieser 60 Minuten Arbeit: eine Endkundenanfrage und zwei Kundendienstprobleme am Telefon geregelt und ein Kulanzangebot angefangen zu schreiben. Nach weiteren 30 Minuten ist auch diese E-Mail endlich erledigt. Aber nur, weil zwischenzeitlich Mittagspause ist, und die Anzahl der Telefonate zurückgeht. Kennen Sie dieses Drama mit den Störungen?

Das Problem im Zeitmanagement ist: Nach jeder Unterbrechung müssen wir uns neu eindenken und neu einarbeiten. Dies kostet uns viel Energie und Zeit. Es gibt Zeitmessungen am Arbeitsplatz, die besagen: »Wenn man für drei Minuten abgelenkt ist, braucht man zwei Minuten, um wieder auf dem gleichen Stand wie vorher zu sein.«

Im Zeitmanagement gibt es einen Namen für dieses Syndrom: den Sägeblatteffekt.

Warum dieser so heißt, zeigt die Abbildung 19 sehr deutlich.

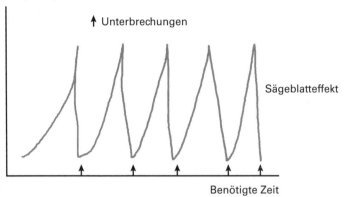

Abbildung 19: Der Sägeblatteffekt

Die ständigen Unterbrechungen sind Zeitfresser und Produktivitätsvernichter.

Die Bearbeitung einer Tätigkeit verlängert sich durch die Störungen ganz erheblich. Hinzu kommt, dass die Konzentration abnimmt und die Fehlerquote steigt.

Im Fall unserer Kundendienstabteilung leisten sowohl die Telefonate als auch die E-Mails einen wichtigen Beitrag zur Zufriedenheit der Kunden. Welche sollten also bevorzugt werden? Eine Entscheidung, die die Mitarbeiter nicht in der Lage sind zu treffen. Weshalb ich mit dem Chef der Abteilung über mehrere Lösungsmöglichkeiten diskutiert habe:

- Konzentration der Kulanzregelungen auf einen Mitarbeiter, rotierendes tages- oder wochenweises Verfahren. So kommt es zu Abwechslungen von der Telefontätigkeit und einer effektiven Bearbeitung der Kulanzen.
- Reduktion der Hotline-Kapazitäten zu Tageszeiten mit weniger Anrufen. Als erster Schritt dazu Messung des Anrufaufkommens während des Tages und der Wochentage. Gibt es immer wiederkehrende Regelmäßigkeiten, und wann werden weniger Mitarbeiter am Telefon benötigt?

- Einführung eines MMMS (Meeting mit mir selbst), einer Fokusstunde ohne Störungen pro Mitarbeiter und Tag.
- Berücksichtigung der anrufschwachen Zeiten in der Tagesplanung der Mitarbeiter. Einführung einer gleitenden Arbeitszeit, damit je nach Biorhythmus frühmorgens oder am späten Nachmittag die Kulanzen bearbeitet werden können.

Sie sehen, es gibt eine Vielzahl von Möglichkeiten, um den Sägeblatteffekt in diesem Beispiel deutlich zu reduzieren. Entscheidend zur Problemlösung trägt bei, dass auch Prozesse und nicht nur das Verhalten der Mitarbeiter verändert werden können.

Über ein ähnliches Problem hinsichtlich häufiger Störungen klagte ein Einrichtungsberater eines großen Möbelhauses in einem meiner Trainings. Bei der aufwändigen Aufriss-Planung für die zu bestellenden Küchen wird er immer wieder durch Telefonate, Fragen seiner Kollegen und natürlich auch durch Kunden im Geschäft unterbrochen. Letzteres ist ja eine willkommene Störung, wenn kaufwillige Kunden in der Ausstellung eine Frage haben. Aber was ist mit den anderen Dingen? Wir überlegen gemeinsam, wie er diese Unterbrechungen in den Griff bekommen kann. Auf meine Frage hin, ob denn das Planungsprogramm auch auf anderen Computern außerhalb seines eigenen Arbeitsplatz verfügbar sei, blickte er mich mit einem fragenden Gesichtsausdruck an und antwortet: »Ja im Prinzip überall. Ich kann mich an jedem PC im Haus anmelden und habe dann Zugriff auf die Software.« Ich frage weiter: »Gibt es denn einen Arbeitsplatz im Haus ohne Kundenverkehr und wo es ruhig ist?« Seine Antwort lautet kurz: »Die Buchhaltung. Die ist außerdem eh nur halbtags besetzt.« »Das könnte doch eine Möglichkeit sein, wohin sie in frequenzarmen Zeiten einmal ausweichen können, um ihre Planungen effektiv anzufertigen, oder?«, schlage ich vor. Er schaut mich etwas zweifelnd an und verspricht, nach dem Training mit seinem Chef darüber zu sprechen. Ein paar Tage später bekomme ich eine E-Mail, in der er schreibt, dass ein Auszubildender ihn jetzt an drei Tagen die Woche morgens an seiner Beratungstheke vertritt und er so die

Planungen des Vortages immer gleich in der Früh erledigt. Das wäre gleich ein mehrfacher Vorteil für ihn, denn er hat den Druck der unerledigten Planungen über den Tag weg, er kann sich so besser auf neue Kunden konzentrieren, und er verpasst durch die Vertretung in der Fläche keinen Kunden. Ich habe mich sehr über diese E-Mail gefreut und natürlich auch über den Mut des Verkäufers mit seinem Chef zu sprechen und einfach einmal eine andere Arbeitsweise auszuprobieren.

Geht es Ihnen auch, wie dem gerade beschriebenen Einrichtungsberater? Vielleicht wenn Sie komplexe Angebote oder Verträge erstellen? Dann ermitteln Sie doch einfach einmal, wann Sie typischerweise am häufigsten gestört werden mit der Störzeitenkurve.

Übung: Die persönliche Störzeitenkurve ermitteln

Stellen Sie sich einmal einen typischen Arbeitstag vor. Gehen Sie Stunde für Stunde durch, vom Moment des Bürobetretens am Morgen bis hin zum Verlassen am Abend. Wie sieht Ihr Tagesablauf aus? Wann werden Sie am häufigsten gestört?

Tragen Sie diesen Störungsverlauf bitte in das nachstehende Raster ein:

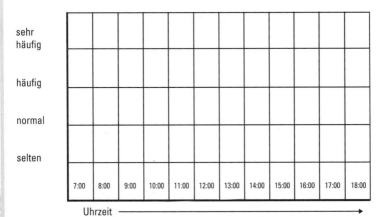

Was können Sie am Verlauf Ihrer Kurve feststellen? Ich hoffe sehr für Sie, dass es Zeiten gibt mit weniger Störungen, in denen Sie Ihre wirklich wichtigen Dinge erledigen können.

Mein Tipp lautet daher: Bündeln Sie komplexe Aufgaben und überlegen Sie bei Ihrer Tagesplanung am Vorabend, wann Sie am Folgetag Störungen ausschließen können und wo Sie diese wichtigen Arbeiten möglichst ohne Unterbrechungen erledigen können.

Das hilft gleich doppelt – bei der Kundenzufriedenheit und beim effektiven Umgang mit Ihrer Zeit!

Der Sägeblatt-Effekt schlägt übrigens häufig auch in elektronischer Form zu. Zum Beispiel über die Push-Funktion von E-Mails auf Ihrem Smartphone. Meine Empfehlung ist ganz klar: Deaktivieren Sie diese Funktion und holen Sie Ihre E-Mails lieber manuell ab. Nirgendwo steht geschrieben, dass Sie Ihre E-Mails binnen zehn Minuten beantworten müssen. Auch wenn Sie am PC oder Laptop sitzen, müssen Sie nicht ständig über eintreffenden E-Mails informiert werden. Wenn Sie mit Outlook arbeiten, dann kennen Sie die kleinen Vorankündigungen in Form von Fenstern, die immer dann aufpoppen, wenn Sie eine neue E-Mail bekommen haben. Und was machen Sie dann? Genau, Sie sind neugierig und lesen die Nachrichten. Das ist durchaus menschlich, aber definitiv nicht sinnvoll. Also stellen Sie am besten einfach mal die Vorschaufunktion in Outlook ab. Das lässt Sie deutlich konzentrierter arbeiten und mehr erledigt bekommen.

Die E-Mail-Flut in den Griff bekommen

Es empfiehlt sich, jeden Tag feste Zeiten für die Erledigung des Posteingangs zu reservieren. Die meisten Informationen und Aufgaben kommen ja ohnehin per E-Mail. Gut ist es also, wenn Sie fixe Zeiträume am Tag einplanen, zum Beispiel drei mal dreißig Minuten, in denen Sie Ihre E-Mails lesen und bearbeiten. Alle Tätigkeiten unter fünf Minuten werden sofort erledigt. Also, wahrscheinlich schaffen Sie pro Zeitblock so drei bis vier Miniaufgaben. Der Rest kommt auf die To-do-Liste.

Damit Sie während der »Nicht-E-Mail-Zeit« produktiv arbeiten können und nicht durch neue E-Mails abgelenkt werden, sollten Sie:

- Ihr Outlook schließen, was den Nachteil hat, dass Sie nicht mehr aktiv damit arbeiten können, was daher oft nicht möglich ist.
- Die Benachrichtigungsfunktion am Laptop und Smartphone abstellen.
- Die Software so einstellen, dass Sie nur in regelmäßigen Zeitrythmen E-Mails abholt.

Ich habe für Sie nachfolgend aufgeschrieben, wie ich persönlich meine E-Mail-Flut in den Griff bekomme. Allerdings schicke ich als Warnung gleich voraus, dass ich nur ein ganz normaler Outlook-Anwender und kein Experte bin. Ich bin mir aber sicher, dass alles Nachstehende auch mit der entsprechenden Apple- bzw. Mac-Software funktioniert.

Jetzt zu meiner Vorgehensweise: Damit meine To-do-Liste nicht ins endlose wächst, verschiebe ich die E-Mails mit den noch zu erledigen Dingen einfach in den Kalender an die Stelle, wo ich Zeit zur Bearbeitung eingeplant habe. Dazu sollte ich erklären, dass ich keine Aktivitäten oder Aufgaben in Outlook pflege. Ich arbeite nur mit einer manuellen To-do-Liste und mit Terminen. Die Termine haben eine unterschiedliche farbige Kennzeichnung, nach externen Terminen, Teamterminen und Terminen mit mir selbst. Klar, bei diesem System ist der Kalender dann bis auf die Pufferzeiten ziemlich voll. Aber ich weiß auch genau, was ich wann zu erledigen habe.

Wenn Sie im Team und abteilungsübergreifend arbeiten und oft an Meetings teilnehmen müssen, können Sie diese Termine mit sich selbst übrigens in der Funktion »Termin« und »Anzeigen als« mit »mit Vorbehalt« kennzeichnen. Dann haben Ihre Kollegen auch weiterhin eine Chance Meetings mit Ihnen zu planen.

Zurück zum Posteingang: Die E-Mails bzw. die Aufgaben, die zu Projekten gehören, kommen in die Projektordner und werden dann bearbeitet, wenn das Projekt wieder an der Reihe ist. Sollten Sie zu mehreren an einem Projekt arbeiten und es tatsächlich schaffen, eindeutige Projektbezeichnungen in den Betreff der jeweiligen E-Mails zu schreiben, dann können Sie alle Projektnachrichten automatisch per Regel in den jeweiligen Ordner verschieben lassen. Leider mangelt es dazu in vielen Unternehmen an der entsprechenden Disziplin ☺.

Wichtige E-Mails, in denen es zum Beispiel um Konditionen geht, speichere ich im Dateiexplorer. Dieser sollte im Übrigen über eine möglichst identische Ordnerstruktur verfügen, wie der Posteingang Ihres E-Mail Programms. Eine feine Sache ist hier natürlich auch ein automatisches Dokumentenmanagement und ein Archivierungsprogramm, das Ihnen solche manuellen Speicherarbeiten abnimmt. Die Installation einer solchen Software ist eine meiner B-Aufgaben, die ich jetzt baldmöglichst einmal angehen will.

E-Mails, in denen ich nur als CC-Adressat aufgeführt bin, kommen ohnehin dank Outlook-Regel automatisch und direkt in den CC-Ordner und werden gelesen, wenn ich dazu Zeit habe.

Wenn ich E-Mails versende, bei denen ich zu einem bestimmten Zeitpunkt eine Antwort des Empfängers benötige, aktiviere ich die Outlook-Erinnerungsfunktion und schon habe ich auch diese aus dem Kopf und muss mir die Eingangskontrolle nicht mehr aufschreiben.

Und schließlich der vielleicht wichtigste Tipp: Räumen Sie am Ende jeder Woche den E-Mail Eingang gnadenlos auf und zwar bevor Sie die kommende Woche planen.

Alles was bis dahin an Newslettern nicht gelesen ist, fliegt raus. Auch wenn es schwerfällt. Alle E-Mails, die zur Nachverfolgung gekennzeichnet sind und immer noch im Posteingang sind, werden jetzt für die Folgewoche in Termine umgewandelt. Alle Kleinigkeiten unter fünf Minuten werden jetzt noch erledigt und dann sollte der E-Mail-Eingang auch leer sein, oder?

n vier Schritten den Arbeitstag klar abschließen

Am Ende eines ereignisreichen Verkaufstages ist es mit der eigenen Energie oftmals nicht mehr so weit her und man wünscht sich nichts sehnlicher als endlich Feierabend zu machen. Das ist verständlich und menschlich. Damit Sie Ihren Abend wirklich genießen und die Geschehnisse des Tages loslassen können, nehmen Sie sich gerade an solchen Tagen 15-20 Minuten Zeit, um den Tag abzuschließen. Diese Zeit nutzen Sie für Ihre Tagesschau und Tagesvorschau – wie bereits erwähnt, die vielleicht wichtigste Zeit des Tages!

Die Strategie für einen erfolgreichen Tagesabschluss besteht aus vier Schritten: Als Erstes sorgen Sie einmal dafür, dass nichts mehr dazu kommt. Also, Telefon auf Mailbox oder zu mindestens lautlos stellen und keine E-Mails mehr abrufen.

Als Zweites ordnen Sie alle Notizen und übertragen ihre gesamte »Zettelwirtschaft« in Ihre To-do-Liste, je nach dem, welches Format Sie nutzen. Nehmen Sie sich auch einen Moment Zeit um nachzudenken, ob Sie im Laufe des Tages Aufgaben nicht aufgeschrieben haben?

Als Drittes machen Sie Ihre Kontrolle, was Sie heute alles erledigt haben, was noch übergeblieben ist und wie Sie es auf die nächsten Tagen verteilen können.

Jetzt planen Sie Ihren Folgetag im Detail. Die Grobplanung haben Sie ja bereits am Freitag vorher gemacht.

Und als Viertes machen Sie Ihren Positiv-Check. Beantworten Sie sich am besten schriftlich die Frage, was Ihnen heute im Verkauf alles geglückt ist. Freuen Sie sich über Ihre Erfolge und über die Dinge, die Sie erledigt bekommen haben. Loben Sie sich selbst, freuen Sie sich auf den Feierabend und überlegen Sie sich, was Sie sich jetzt gleich gutes Tun werden.

Schluss mit der Akquise-Aufschieberitis

Das Phänomen der Aufschieberitis kennen, glaube ich, ausnahmslos alle Menschen. Sie scheint ein sehr weit verbreitetes Übel zu sein. Menschen, die mit der Aufschieberitis infiziert sind, sagen solche Sätze, wie: »Ach, das mache ich morgen!« Oder: »Um das erledigen zu können, fehlen mir ja noch die Informationen xyz!« Der lateinische Fachausdruck für dieses Übel ist »Procrastinatio«, laut Wikipedia die Zusammensetzung aus *pro* »für« und *cras* »morgen«. Der eingedeutschte Begriff Prokrastination bedeutet »Vertagung«. Er meint eine Erledigungsblockade, ein Aufschiebeverhalten oder einfach nur eine Bummelei. Prokrastination oder Aufschieberitis, wie ich sie nenne, ist das Verhalten, als notwendig, aber unangenehm empfundene Arbeiten immer wieder zu verschieben, anstatt sie zu erledigen.

Das beste Mittel, das ich gegen Aufschieberitis kenne ist »Eat the Frog«. Jawohl, Sie haben richtig übersetzt »Friß die Kröte«. Je länger wir Arbeiten aufschieben, umso schwerer, nerviger und zeitraubender erscheinen sie uns, eben wie eine dicke fette hässliche Kröte. Packen wir diese ungeliebten Tätigkeiten dann endlich an, merken wir dass die Verkaufsplanung in nur 30 Minuten erledigt ist oder man die Adressen für die Kunden-Weihnachtskarten ohnehin zu zwei Drittel aus dem Vorjahr übernehmen kann. Einmal »aufgefressen« ist die Kröte nur mehr ein kleines Fröschlein.

Außerdem ist es ungemein erleichternd, die aufgeschobenen Dinge erledigt zu bekommen. Gönnen Sie sich dieses Wohlgefühl unbedingt täglich, verspeisen Sie jeden Tag ein kleines Fröschlein, bevor es zu einer hässlichen Kröte wird.

Im Vertrieb, insbesondere wenn es um die Ansprache von Neukunden geht, hört man sehr gerne Sätze, wie:»Montag ist ein ganz schlechter Tag, da haben alle was anderes zu tun!« Oder: »So kurz vor der Sommerpause erreiche ich eh niemanden mehr!« Und ich sage Ihnen, so eine Sommerpause kann sich ziehen – sechs Wochen Schulferien ergänzt durch eine »Schonfrist« von zwei Wochen vorher und nachher, da sind das gleich mal ganze acht Wochen, die uns für die Neukundengewinnung fehlen. Die Aufschieberitis ist die schlimmste Zeitmanagementkrankheit, die ich kenne. Die Silbe »itis« bezeichnet in der Medizin Entzündungen. Wie wir wissen, breiten sich solche Infektionen sehr schnell aus, wenn man sie nicht rechtzeitig bekämpft. Sie gefährden jegliche Produktivität und können sogar zu vollkommenen Lähmungserscheinungen führen. Bei einem selbst und auch bei anderen, denn die Akquise-Aufschieberitis ist außerdem noch sehr ansteckend. Lieber Vertriebsleiter, sollten Sie diese Zeilen lesen, achten Sie darauf, dass jeder und ich meine ausnahmsloser jeder Mitarbeiter in Ihrem Team regelmäßig Neukunden anspricht, denn wenn es nur einer nicht tut, steckt er die anderen damit an. Lassen Sie das auf gar keinen Fall zu und am besten, Sie gehen selbst mit gutem Beispiel voran und zeigen Ihren Mitarbeitern, wie es geht!

Wie können wir selbst als Verkäufer die Akquise-Aufschieberitis eindämmen? Um dieser gefährlichen Krankheit Herr zu werden gibt es verschiedenen Heilungs- und Präventionsmethoden:

- Methode Nr. 1:
  Wir stecken uns selbst ein klares, eigenverantwortliches und messbares Ziel. Zum Beispiel: »Ich spreche jeden Tag einen Neukunden an!« Das kann jeder schaffen, vorausgesetzt er verkauft nicht in der Investitionsgüterindustrie oder ist Key-Account-Manager.

- Methode Nr. 2:
  Die Kunst der kleinen Schritte, englisch »Babysteps« genannt.
  »Ein Neukundenkontakt pro Tag« ist ein überschaubares Ziel.
  Das macht es schon deutlich weniger abschreckend als die
  Vorgabe »fünf Neukundenkontakte pro Woche«.
- Methode Nr. 3:
  Die Neukundenakquise in die Zeit des Tages legen, wenn wir
  ein Energiehoch haben oder gerade ein Erfolgserlebnis hatten.
  Schwung ist sehr gut gegen Bummeln und Verschieben.

Und was wirklich am besten hilft gegen die Akquise-Aufschieberitis, ist das Medikament »ETT«. Vielfach ausgetestet von
erfahrenen Verkäufern und von mir als Verkaufsexpertin dringend empfohlen. ETT heißt: Einfach Täglich Tun. So verliert die
Kaltakquise ihren Schrecken und Sie gewinnen an Erfahrung,
Erfolg und an Kunden.

Die wichtigsten Zeitfresser im Verkauf ausschalten und dadurch Aufträge bekommen

Fünf Zeitfresser bei der Telefonakquise

Die Kaltakquise am Telefon gehört ja nicht gerade zu der Lieb-
lingsdisziplin vieler Verkäufer. Mag sein, dass das am fehlenden
visuellen Sinn liegt und man dadurch weniger improvisieren
kann, als im persönlichen Gespräch vor Ort.

Um Geschäftskunden effektiv zu gewinnen bzw. einen Termin
zu vereinbaren, gibt es nach wie vor aus meiner Sicht keine
bessere Methode, insbesonders wenn die Telefonate mit einer
guten Social-Selling-Methodik oder einem guten Empfeh-
lungsmarketingkonzept kombiniert werden. Wenn Sie es richtig
machen, dann kann ihnen eine strategische Telefonakquise enorm viel Zeit sparen. Deshalb habe ich hier für Sie die fünf
größten Zeitfresser und das passende Gegengift dazu.

Zeitfresser Nr. 1: Aufwändige Gesprächsvorbereitung

Seit über 25 Jahren akquiriere ich selbst aktiv am Telefon, zuerst für Kapitalanlagen, dann im Messe- und Kongressgeschäft, anschließend in einem reinen Outbound-Callcenter für unterschiedlichste Branchen und seit nun mehr 20 Jahren für mich selbst und für ausgewählte Kunden von mir. Während all dieser Jahre habe ich mir immer für jede Kampagne bzw. für jeden Kunden einen Telefonleitfaden gemacht.

Was nicht bedeutet, dass ich diesen Leitfaden am Telefon dann stur verfolge. Im Gegenteil: Je besser die Vorbereitung, desto lockerer entwickelt sich die Gesprächsführung. Daher ist es mir unbegreiflich, dass viele Verkäufer im Geschäftskundenbereich und auch für sich selbst akquirierende Unternehmer nicht über einen solchen roten Faden für ihre Telefonate verfügen.

Die Vorteile einer schriftlich niedergelegten Gesprächsstruktur sind eine kurze Vorbereitungszeit vor den eigenen Akquiseaktivitäten und eine hohe Sicherheit vom ersten Telefonat an. Außerdem ermöglicht ein guter Leitfaden eine effektive Delegation an interne und externe Mitarbeiter, die in der Telefonakquise unterstützen.

Zu einem guten Telefonleitfaden gehört:
- Ziel des Telefonats: Wofür will ich den Kunden gewinnen?
- Zweck: »Um was geht es« als Antwort auf die Frage von Empfang und Entscheider.
- Nutzenorientierter Einstieg, der idealerweise situativ abgewandelt wird.
- Argumentation je nach Ziel für ein Produkt oder für einen Termin.
- Einwandbehandlung.
- Verbindliches Vereinbaren des nächsten Schrittes.

Ein guter Gesprächsleitfaden ist in einem halben Tag erstellt, kann nach jeder Telefonsession ergänzt werden und dient dem gesamten Verkaufsteam über Jahre hinweg als Grundlage. Also, einmal Zeit und Gedanken investiert, jedes Mal Zeit gespart.

Zeitfresser Nr. 2: Aufwändige Recherche für jeden Kunden

Eine gute Recherche vor einem Akquiseanruf ist heute ein absolutes Muss und gleichzeitig eine Wertschäftzung dem Anrufer gegenüber. Wir zeigen ihm damit, dass es kein Massencall, sondern ein gezielter Anruf mit der Absicht ist, ihm Nutzen zu stiften. Im Telefontraining entstand neulich der Satz »Always stalk, before you talk!«. Auch wenn »Stalking« natürlich einen sehr negativen Beigeschmack hat, trifft die Aussage voll ins Schwarze und ist zudem einprägsam ☺. Dank Internet, Webseiten und Social Media ist es leicht, Ansprechpartner, Unternehmenszweck und Unternehmensstruktur zu recherchieren. Die Kunst ist es eher, nicht zu viel Zeit auf der Firmenhomepage und in den sozialen Netzwerken zu verbringen. Setzen Sie sich ein Zeitlimit pro recherchierten Kunden von maximal 15 Minuten und notieren Sie sich Ihre Beobachtungen in Ihrem CRM, Ihrer Akquiseliste oder notfalls in einer gut strukturierten Excel-Liste, wobei diese schnell unübersichtlich wird. Wichtig ist, dass Sie einen schnellen Zugriff haben auf diese Informationen und zwar auch von unterwegs aus.

Eine Akquise-Dienstleisterin, mit der ich zusammenarbeite, hat mir neulich erzählt, dass sie im Extremfall bis zu 28 Anrufversuche benötigt, bevor sie einen Entscheider erreicht. Wenn es Ihnen gelingt, in nur 5 Anrufversuchen Ihren gewünschten Gesprächspartner ans Telefon zu bekommen, und Sie recherchieren jedes Mal von Neuem, haben Sie allein mehr als eine Stunde pro Adresse für die Recherche und die Auffrischung Ihrer Erinnerungen investiert. Halten Sie sich deshalb unbedingt Ihre Anknüpfungspunkte für eine Zusammenarbeit und mögliche Motive des Kunden in Ihrem CRM-System fest, so dass Sie innerhalb kürzester Zeit startklar sind. Diese Vorbereitung können Sie im Übrigen auch wunderbar für Spontanbesuche im Außendienst verwenden.

Zeitfresser Nr. 3: Ansprechpartner nicht erreichbar

»Der ist nicht da«, »Ist gerade in einem Meeting«, »Können Sie später noch einmal anrufen?«. In 80 Prozent der Fälle bekommen Sie diese oder ähnliche Aussagen bei Ihren Akquise-Anrufen. Je wichtiger der Entscheider ist, den Sie versuchen zu erreichen, umso weniger wird er am Arbeitsplatz sein. Und umso härter wird er von seinen Mitarbeitern abgeschirmt. Deshalb ist es extrem wichtig, dass Sie eine gute Strategie und am besten gleich mehrere Varianten haben, wie Sie die Durchwahl, Handynummer oder am besten gleich einen Telefontermin bekommen.

Mein Tipp an der Stelle: Beziehen Sie die Mitarbeiter am Telefon mit ein. Bitten Sie sie um Mithilfe und nutzen Sie sie als Informationsquelle für weitere Unternehmensinformationen. Das wertet die Menschen auf und Sie sind gut gerüstet für den ersten Kontakt zum Entscheider. Bringen Sie klar den Nutzen eines Telefonats mit Ihnen auf den Punkt und vereinbaren Sie dann einen 15-minütigen Telefontermin. Und nennen Sie eine realistische Zeitspanne – ein zwei bis drei minütiges Telefonat kann keinen echten Nutzen stiften.

Zeitfresser Nr. 4: Unterlagenversand

Die Aussage »Schicken Sie mir erst einmal Unterlagen!« aus dem Mund einer Empfangsmitarbeiterin oder Sekretärin ist Gift. Bestenfalls wird sie die von Ihnen sorgsam aufbereiteten Unterlagen kurz überfliegen und mit ihrem Chef in zwei bis drei Minuten abhandeln. Ein erneuter Anruf bringt dann die Antwort: »Dafür haben wir derzeit keinen Bedarf.« Meine Empfehlung: Verweigern Sie nett, aber verbindlich den Unterlagenversand mit dem Argument, ihr und ihrem Chef Zeit sparen zu wollen bzw. für einen Unterlagenversand einen kurzen Telefontermin zu benötigen, um die Interessen des Entscheiders abklären zu können. Schicken Sie ihr maximal einen Link auf die Homepage mit der Angabe von Zeitfenstern für einen Telefontermin.

Bittet Sie der Chef selbst um die Unterlagen, dann habe ich sehr gute Erfahrungen gemacht mit einer »geführten Tour« über meine Homepage oder einem kurzen virtuellen Präsentationstermin im Web.

Eine meiner Klientinnen, mit der ich im Coaching einen Telefonleitfaden erstellt habe, hat die Antwort entwickelt: »Die Informationen, die wir verschicken sind 1,60m groß, blond gelockt und haben blaue Augen. Sie sind außerdem interaktiv in der Lage, alle Ihre Fragen zu beantworten. Wann wollen Sie die Informationen haben?« Clever oder?

Zeitfresser Nr. 5: Langatmige Gespräche ohne Ergebnis

Dieser Zeitdieb schlägt sowohl am Telefon, als auch im persönlichen Gespräch zu.

Er hat immer dann ein leichtes Spiel, wenn weder Verkäufer noch Kunde so recht wissen, welchen Verlauf die Unterhaltung nehmen soll. Deshalb schlängelt sich das Gespräch wie ein träge fließender Fluss durch das Tal der allgemeinen Geschäftsthemen. Nach dem Termin wissen oft beide Beteiligten nicht, was ihnen die Unterhaltung jetzt konkret gebracht hat.

Meine Empfehlung: Sorgen Sie immer und in jedem Gespräch für einen klaren Mehrwert für den Kunden. In den meisten Fällen ist das eine interessante Information, ein Lösungsansatz oder eine wichtige Erkenntnis. Echte AHA-Momente eben.

Mit der Einhaltung der folgenden vier Schritte führen Sie nützliche und dabei effiziente Gespräche:
- Ein klares Gesprächsziel vor Augen haben: Was wollen Sie in dem Termin oder Telefonat erreichen?
- Einen klar strukturierten Fragekatalog haben: Ergründen Sie zunächst die Gesamtsituation Ihres Gesprächspartners und dann gehen Sie ins Detail.
- Einen Gesprächsaufhänger und ein dazu passendes Speerspitzenangebot: Verwirren Sie nicht mit zu vielen Möglich-

keiten den Kunden, sondern machen Sie ein interessantes und übersichtliches Angebot, zu dem er möglichst sofort ja sagen kann.

- Termin oder Produkt: Wenn Sie einen Termin verkaufen wollen, dann ist das Ihr Produkt. Formulieren Sie einen klaren Nutzen und überinformieren Sie Ihren Kunden nicht schon am Telefon. Sonst verliert das persönliche Gespräch seinen Sinn. Ein solches Telefonat muss nicht mehr als drei bis vier Minuten dauern.

Gerade eine klare und strukturierte Gesprächsführung spart Ihnen und Ihrem Kunden extrem viel Zeit und hinterlässt ein gutes Gefühl bei allen Beteiligten.

Mit einem erfolgreich geführten Verkaufsgespräch generieren Sie einen »Will-haben-Effekt« und die Frage des Kunden nach dem Angebot ist eine logische Konsequenz.

ünf Zeitfresser in der Phase »Vom Angebot zum Auftrag«

Sehr, sehr viel Zeit im Verkauf verwenden wir für die Erstellung von Angeboten.

Das ist gut so, denn diese Angebote sind für viele von uns der entscheidende Schritt zum Auftrag oder zum Verkaufsabschluss. Allerdings können wir beim Umgang mit Angeboten auch vieles falsch machen. Aus meiner eigenen Verkaufspraxis heraus und aus vielen Beratungssituationen habe ich Ihnen die fünf ärgsten Zeitfresser zusammengestellt und natürlich auch die Lösungen dazu.

Zeitfresser Nr. 1: Anfragen aus dem Internet

Dank des Internets befinden wir uns heute in einer spannenden Situation. Viele Geschäftsleute schreiben momentan mehr Angebote als je zuvor. Weil wir uns vor Aufträgen nicht mehr retten können? Nein, sondern weil wir von allgemeinen Anfragen nahezu überschwemmt werden. Denn nie war es für unsere

Kunden so einfach wie jetzt, gleichzeitig eine Vielzahl von An-
bietern anzuschreiben. Ich bin als Coach und Berater in vielen
Firmen unterwegs und beobachte dieses Phänomen sowohl auf
der Kunden-, als auch auf der Lieferantenseite. Meine feste
Überzeugung ist, dass diese scheinbare Marktübersicht durch
das Internet genau das Gegenteil bewirkt. Unsere potenziellen
Kunden erhalten eilig angefertigte, unspezifische Angebote ohne
viel Emotion und ohne Aufbau einer persönlichen Beziehung.
Der Preis bleibt daher oft das alleinige Unterscheidungsmerkmal
beim Vergleich der Angebote.

Ein Beispiel aus meiner Coaching-Praxis: Ein Automobilver-
käufer beschwert sich bei mir, dass ihm sein Chef immer kurz
vor Feierabend noch schnell die Anfragen aus dem Internet
weiterleitet. Er fühle sich dann gezwungen, kurzfristig vor Feierabend noch ein paar Angebote rauszusenden. Er empfinde das
als reine Arbeitsbeschaffungsmaßnahme, denn ein Auto habe er
so noch nie verkauft.

Auf meine Nachfrage hin, ob er die Kunden denn nicht anrufe,
um mit Ihnen die Anfragen zu besprechen, meinte er: »Nein,
Internetkunden machen sowieso nur einen Preisvergleich!«
Zugegeben, die Wahrscheinlichkeit ist groß, aber warum
schreiben wir dann überhaupt ein Angebot, wenn wir ohnehin
nicht an den Auftrag glauben?

Wie können wir dem Zeitfresser »Anfragen aus dem Internet«
Herr werden?

Indem wir bei diesen Anfragen nach Möglichkeit sofort zum
Telefonhörer greifen und den Interessenten anrufen. Damit er-
reichen wir drei Dinge: Wir können durch kluges Nachfragen
unsere Kompetenz und unser Engagement unter Beweis stellen.
Wir erfahren mehr über den wirklichen Kundenbedarf als der
Wettbewerb und können unser Angebot zielgerichteter erstellen.
Und wir können uns selbst ein Bild bezüglich der Abschluss-
wahrscheinlichkeit machen. Sie können oder wollen nicht gleich

zum Telefonhörer greifen? Dann machen Sie doch den Social-Media-Test. Wenn ich eine Anfrage bekomme, dann schaue ich immer erst auf LinkedIn oder Xing, ob ich den Interessenten dort finde und sende eine nette Kontaktanfrage mit persönlicher Nachricht. Kommt eine Kontaktbestätigung mit ein paar persönlichen Zeilen zurück, dann weiß ich, dass kein großer Massenverteiler angeschrieben worden ist.

Zeitfresser Nr. 2: Zu aufwändige Angebote

Wir Verkäufer hinterfragen zu wenig, welches Angebot wie viel Aufwand wert ist. Frei nach dem Gesetz »viel Engagement bringt viel« glauben wir durch mehr Anstrengung unsererseits, die Auftragswahrscheinlichkeit steigern zu können. Die Folge: Wir machen uns zwar viel Arbeit, vernachlässigen dabei aber die wirklich wichtigen potenziellen Kunden.

Wie können wir diese unbefriedigende Situation ändern? Erstens durch eine wirklich gute Auftragsergründung. Zweitens finden Sie mit gezielten Fragen heraus, wie hoch die Wahrscheinlichkeit ist, dass Ihr Unternehmen den Auftrag bekommt. Bewerten Sie für sich, wie interessant der Kunde und der Auftrag für Ihr Unternehmen sind. Wenn Sie zu einem eindeutigen »ist interessant« kommen, dann setzen Sie auch alles daran, den Auftrag zu bekommen. Denken Sie an die 80/20-Regel. In dem Fall bedeutet das Pareto-Prinzip: 20 Prozent der Angebote bringen 80 Prozent der Aufträge.

Wenn Sie die Abschlusswahrscheinlichkeit hoch einschätzen und der Kunde interessant ist, dann gehört das Angebot zu den 20 Prozent, die Ihr volles Engagement als Verkäufer wert sind.

Ein weiterer Tipp, um Angebote zwar attraktiv zu gestalten, aber die Erstellung nicht zu zeitaufwändig werden zu lassen, ist die Erarbeitung guter Angebotsvorlagen.

Auch hier spricht wieder Pareto: 80 Prozent der Anfragen können Sie mit gut gestalteten Vorlagen erledigen, die sie dann entsprechend dem Kundenanliegen adaptieren können. Diese Anpassung kann dann vielleicht sogar von einer Assistenz oder dem Innendienst erledigt werden.

Zeitfresser Nr. 3: Falscher Entscheider, falsches Timing, noch nicht entschieden

Wenn Sie Antworten, wie »das kann ich nicht alleine entscheiden« oder »da bin ich noch nicht dazu gekommen« von Ihren Interessenten bekommen, dann haben Sie zu wenig nachgefragt, bevor Sie das Angebot abgegeben haben. Fragen in der Auftragsergründung sind natürlich von der jeweiligen Branche abhängig.

Deshalb ist es gut, sich einmalig eine Checkliste zu erstellen, die alle wichtigen Fragen enthält. Bezüglich zeitlichem Ablauf und Entscheiderstruktur eignen sich zum Beispiel folgende Fragen:

- Was ist der Anlass Ihrer Anfrage?
- Bis wann wollen Sie XYZ haben?
- Wie häufig benötigen Sie XYZ?
- Wie sehen Ihre Einkaufs-/Entscheidungsprozesse aus?
- Um eine schnelle Entscheidung zu bekommen, wem soll ich das Angebot noch zukommen lassen?
- Welche Voraussetzungen sollten wir erfüllen, damit wir Ihren Auftrag erhalten?

Je mehr Sie Entscheidungsprozesse eingrenzen, umso genauer können Sie den richtigen Zeitpunkt für Ihr Angebot abstimmen. Fragen Sie daher Ihren Kunden unbedingt auch, bis wann er das Angebot braucht. Ich bin selbst immer wieder überrascht, dass der Kunde das Angebot oft nicht so dringend braucht, wie ich gedacht habe. Das entstresst mich und der Kunde bekommt die Informationen zum richtigen Zeitpunkt. Ich habe auch schon Kunden angeboten, ihnen das Angebot lieber nach ihrem Urlaub oder nach der Messe zuzusenden. Das hat außerdem den Vorteil, dass mein Angebot nicht im E-Mail-Account meines Kunden unbearbeitet versinkt.

Zeitfresser Nr. 4: Zu wenig Budget

Und noch so ein Fall, von zu wenig Auftragsklärung vor Angebotsabgabe. Viel zu selten stellen wir im Verkaufsgespräch die simple Frage:»Wie hoch ist Ihr Budget?« Und das gilt für den Verkauf an Privatkunden genauso, wie für den Umgang mit Geschäftskunden. Wenn Sie nicht so direkt vorgehen wollen, dann können Sie auch fragen:»Wie wichtig ist Ihnen qualitativ hochwertige Ware?« Oder:»Wie viel Wert legen Sie auf eine qualitativ hochwertige Dienstleistung?« Meistens rückt dann der Kunde mit seinen Preisvorstellung heraus und Sie wissen, was Sie anbieten sollen. Oftmals nenne ich auch einfach eine Hausnummer des ungefähren Preises gleich im ersten Gespräch, natürlich nicht ohne entsprechende Nutzennennung. An der Kundenreaktion kann ich dann sofort ablesen, ob es sich lohnt, das Angebot abzugeben. Und was noch viel besser ist, ich bekomme oft direkt die Zusage, wenn der Preis im Budget des Kunden liegt.

Zeitfresser Nr. 5: Aufwändiges Nachhalten von Angeboten

Stellen Sie sich vor, Sie sind beim Pferderennen. Auf der Rennbahn findet ein spannendes Kopf-an-Kopf-Rennen statt. Die Jockeys treiben ihre Pferde an. Ihr Favorit liegt mit in Führung. Und dann ganz plötzlich in der vorletzten Runde lässt der Reiter Ihres Pferdes die Zügel schleifen. Sie fürchten schon um Ihren Wetteinsatz. Und tatsächlich, der Galopper wird merklich langsamer und trabt schließlich locker ins Ziel.

Was passiert? Ein anderes Pferd macht das Rennen und Ihr Favorit wird disqualifiziert. Gibt es nicht? Was im Pferdesport unmöglich erscheint, passiert im Verkauf tagtäglich. Warum telefonieren so wenig Verkäufer ihren gemachten Angeboten nach oder warum machen sie das nicht ausdauernd genug? Möglicherweise haben sie zu viel Arbeit. Oder sie denken, der Kunde würde sich auch von alleine entscheiden. Was er auch meistens tut, aber wesentlich langsamer und ohne, dass Sie positiv auf ihn Einfluss nehmen können. Und natürlich ist da die Angst vor dem »Nein« des Kunden. Lieber lassen wir Dinge im Unklaren, als Dinge abzuhaken oder aus Defiziten zu lernen.

Also, es ist definitiv gut, wenn wir zum Telefon greifen und unseren Angeboten nachtelefonieren. Aber wer kennt die Situation nicht: Ist das Angebot einmal abgegeben, telefoniert man stundenlang dem Ansprechpartner hinterher, bis man ihn erreicht. Daher mein Tipp: Fragen Sie schon vor Angebotsabgabe: »Wann erreiche ich Sie am besten, um das Angebot zu besprechen?« Oder: »Wann wollen wir uns telefonisch verabreden, um das Angebot zu besprechen?«

Sie vereinbaren dann den nächsten Schritt, wenn die Motivation bei Ihnen und Ihrem Kunden am größten ist und sparen sich viel Zeit beim nachtelefonieren.

Für das Nachtelefonat des Angebotes notieren Sie sich bitte auch gleich bei Abgabe, welche zusätzlichen Informationen Sie Ihrem Kunden bei der Nachbesprechung noch mitgeben wollen und auf welche seiner Kernmotive Sie nochmals genauer eingehen wollen. Dann machen Sie sich einen entsprechenden Termin, damit Sie das Nachhaken auch wirklich nicht vergessen.

Sie können sich das Nachtelefonieren nach dem Angebot natürlich auch ersparen, in dem Sie es persönlich beim Kunden präsentieren. Wenn sich der Kunde darauf einlässt, ist das ein sehr gutes Signal in Sachen Auftragswahrscheinlichkeit.

Ist die räumliche Distanz zu Ihrem Kunden zu groß für eine persönliche Präsentation? Dann nutzen Sie die Vorteile der Digitalisierung: Um nicht kreuz und quer durch die Republik zu fahren, verabreden Sie sich einfach im Web via Zoom, Skype, Teams oder Facetime. Sie können Ihr Angebot persönlich präsentieren und sich via Webcam dabei auch noch in die Augen schauen. Nutzen Sie virtuelle Meeting-Plattformen und verabreden Sie sich mit Ihrem Kunden online. Bei Interesse gebe ich Ihnen als zertifizierte Webinar-Leiterin zu Webmeetings oder professionel moderierten Telefonkonferenzen gerne weitere Tipps.

Das knappste Gut, das wir als Verkäufer haben, ist unsere Zeit. Wir sollten damit umgehen, wie mit Ausgaben aus einem knappen Budget. Deshalb empfehle ich Ihnen am Ende dieses wichtigen Kapitels mit der folgenden Selbstreflektion, Ihre persönlichen Zeitfresser zu identifizieren und mit sich selbst verbindliche Gegenmaßnahmen zu vereinbaren.

Übung: Zeitfresser identifizieren und bekämpfen

Bitte kreuzen Sie in der nachstehenden Tabelle die Zeitfresser an, die für Sie besonders relevant sind. In der Spalte daneben halten Sie bitte Ihre Maßnahmen, also Ihre Vereinbarungen mit sich selbst fest.

Zeitfresser	Maßnahme
Zu viele Rollen/Hauptaufgaben	
Fehlende Prioritäten	
Fehlende Zeitplanung	
Fehlender Tagesabschluss	
Mangelnde Delegation	
Viele offenen Aufgaben	
Ständige Unterbrechungen	
E-Mail-Flut	
Akquise-Aufschieberitis	
Aufwändige Gesprächsvorbereitung	
Aufwändige Kundenrecherche	
Social Media	
Schlechte Erreichbarkeit der Ansprechpartner	

Zeitfresser	Maßnahme
Vertröstungsstrategie der Kunden	
Zu lange Kundengespräche	
Anfragen aus dem Internet	
Aufwändige Angebote	
Ungeklärter zeitlicher Ablauf	
Ungeklärte Entscheiderstrukturen	
Ungeklärtes Kundenbudget	
Aufwändiges Nachhalten von Angeboten	

Ergänzen Sie gerne auch noch weitere Zeitfresser, die Sie bei sich identifiziert haben. Klassiker diesbezüglich sind ineffektive Meetings, fehlende Ordnung im Büro oder auf dem Schreibtisch, Zettelwirtschaft, …

Das eigene Erfolgssystem überprüfen

Die beste Planung ist nichts ohne eine konsequente Umsetzung. Ob das, was wir planen auch gelingt, sollten wir regelmäßig überprüfen. Machen Sie noch die richtigen Dinge?

Erinnern Sie sich noch an Ihre Rollen als Verkäufer? Das Kuchendiagramm und/oder die Tabelle, die Sie angefertigt haben? Ich habe Ihnen erzählt von den vielen Rollen meines Vertriebsingenieurs und wie wir es gemeinsam geschafft haben, diese »unter einen Hut« zu bekommen. Genau das Gleiche habe ich jetzt mit Ihnen vor, nur wenn Sie wollen natürlich. Dazu benötigen Sie jetzt Ihre Rollendefinition.

Wahrscheinlich liegt es schon ein paar Wochen zurück, dass Sie diese angefertigt haben. Nun ist es an der Zeit, zu überprüfen, wie es in der Realität damit aussieht.

Übung: Das Zeitjournal im Verkauf – Ihre Aufgaben, Ihre Rollen

Nehmen Sie jetzt Ihre Tabelle oder Ihr Kuchendiagramm zur Hand und schreiben Sie einmal spontan daneben, was Sie glauben, wie viel Zeit diese Rollen in den vergangenen Wochen eingenommen haben.

Jetzt analysieren Sie das Ergebnis mit folgenden Fragen:
- Welche Abweichungen zwischen Ist- und Sollzustand ergeben sich?
- Welche Rollen haben mehr Platz eingenommen und warum?
- Welche Rollen sind zu kurz gekommen?
- Wie wichtig sind diese Rollen und wie können Sie Ihnen in Zukunft wieder mehr Aufmerksamkeit schenken?

Hier ist Platz für Ihre Notizen: _____

_____

_____

_____

_____

_____

Achtung Pareto-Prinzip: Sie sollten unbedingt darauf achten, dass die Rollen bzw. Hauptaufgaben, die ganz wesentlich zu Ihrem Verkaufserfolg und Ihrer Zielerreichung beitragen, nicht zu kurz kommen. Verschaffen Sie ihnen künftig wieder mehr Raum!

Eine Schätzung des Ist-Zustands Ihrer Hauptaufgaben im Vertrieb ist Ihnen nicht genau genug? Sie wollen ganz sicher wissen, wofür Sie am meisten Zeit und Energie aufwenden. Dann führen Sie in den kommenden zwei Wochen ein Zeitjournal.

Nachstehend finden Sie eine einfache Tabelle, die Sie für sich übernehmen oder nach Ihren Wünschen anpassen können.

Bitte notieren Sie in dieser Tabelle täglich Ihre 10 Hauptaufgaben im Verkauf und die dafür aufgewendete Zeit.

Überlegen Sie in einem zweiten Schritt, zu welcher Ihrer Rollen diese Aufgabe gehört.

Wochentag: **Datum:**

Aufgabe-Nr. /Rolle	Thema der Aufgabe	Zeit in Stunden (0,25h, 0,5h, 0,75h, 1h, ...)
1		
2		
3		
4		
5		
6		
7		
8		
9		
10		

Nun addieren Sie die aufgewendete Zeit für die jeweiligen Rollen per Woche oder einen anderen beliebigen Zeitraum. Machen Sie wieder einen Ist- und Sollabgleich.

Analysieren Sie das Ergebnis wiederum mit folgenden identischen Fragen:
- Welche Abweichungen zwischen Ist- und Sollzustand ergeben sich?
- Welche Rollen haben mehr Platz eingenommen und warum?
- Welche Rollen sind zu kurz gekommen?
- Wie wichtig sind diese Rollen und wie können Sie Ihnen in Zukunft wieder mehr Aufmerksamkeit schenken?

Hier ist Platz für Ihre Notizen: _____

_____

_____

_____

_____

_____

_____

Um eine Monatsbetrachtung oder eine Betrachtung über einen längeren Zeithorizont zu bekommen, notieren Sie sich bitte zusätzlich einmalig, welche zusätzlichen Hauptaufgaben Sie zu erledigen haben, die in diesem Betrachtungszeitraum nicht stattgefunden haben. Wie verändern diese das Gesamtbild?

13. Verkaufen im Flow

Mihály Csíkszentmihályi, Professor der Psychologie an der Universität von Chicago und Autor zahlreicher Fachbücher zum Thema Motivation, beschreibt den von ihm geprägten Begriff »Flow« als einen Zustand, in dem wir vollkommen in unserer momentanen Tätigkeit aufgehen. Ist Flow also etwas, das wir hauptsächlich in unserer freien Zeit erleben? Ganz im Gegenteil! Csíkszentmihályi schreibt in seinem Buch *Flow im Beruf*: »Wenn wir für eine Tätigkeit bezahlt werden, bedeutet dies nicht, dass wir nicht auch Freude an dieser Tätigkeit haben können.« Meist erleben wir Flow, wenn wir Aufgaben ohne Fremdmotivation, also aus eigenem Antrieb heraus angehen.

Und aus eigenem Antrieb heraus, ohne zusätzliche Motivation von außen, machen wir lieber Dinge, die uns grundsätzlich liegen, also unseren Stärken und unserer Begabung entsprechen.

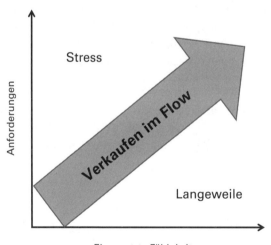

Abbildung 20: Flow

In der Abbildung 20 habe ich das Verhältnis der eingesetzten Fähigkeiten zu den Anforderungen unseres Arbeitslebens dargestellt. Sind die Anforderungen geringer, als das, was wir zu leisten in der Lage sind, fühlen wir uns relativ schnell gelangweilt. Diese Unterforderung erklärt, warum sich zum Beispiel Langzeitarbeitslose gestresst fühlen, ohne dass Sie wirklich viel zu tun haben. Im Verkauf ist die Gefahr der Unterforderung eher seltener gegeben, weil jeder Kunde anders ist und es genügend menschliche Herausforderungen auf zwei Beinen gibt. Je nach Branche begegnen uns auch immer wieder anspruchsvolle Kundenanforderungen, die gelöst werden dürfen. Das finde ich persönlich auch so spannend am Verkäuferberuf.

Aber zurück zur Grafik: Der Idealzustand »Flow« entsteht, wenn wir die an uns gestellten Anforderungen gerade so mit unseren Fähigkeiten bewerkstelligen können.

In diesen Flow-Phasen wachsen wir als Verkäufer und als Mensch. Wir erleben uns als selbstwirksam, entwickeln uns weiter, werden gelobt und sind glücklich.

Weichen die Anforderungen stark von unseren Fähigkeiten ab, fühlen wir uns überfordert. Eine ungünstige Situation, die uns schnell stresst. Mit erhöhtem Energieaufwand schaffen wir es trotzdem, es kostet uns aber eben mehr Mühe.

Eine weitere Rolle, um in den Flow zu kommen oder im Flow zu bleiben, spielen unsere Ressourcen wie Zeit, Arbeitsmittel und Wissen. Unabhängig von unseren Fähigkeiten versetzt uns ein Mangel an diesen Ressourcen ebenfalls in Stress.

Verkäufer im Flow führen

Für alle Führungskräfte ein wichtiger Hinweis an dieser Stelle: Wenn Sie mit den Leistungen Ihrer Verkäufer nicht zufrieden sind, sollten Sie sich fragen: Kann er nicht, will er nicht oder darf er nicht?

»Kann er nicht« heißt, Ihrem Mitarbeiter fehlt es an Fähigkeiten oder an Wissen. »Will er nicht« bedeutet, ihm mangelt es an

Motivation. Dann sollten Sie untersuchen, ob es Motivations-hemmer gibt, die Sie beseitigen können. Und ob es ein kurz-fristiger Motivationsmangel, zum Beispiel wegen fehlendem Erfolg ist, oder ob ein grundsätzliches Motivationsdefizit vor-liegt. Vielleicht sind bei Ihrem Verkäufer die schönen Seiten des Verkaufens aus Kapitel 1 dieses Buches in Vergessenheit geraten?

»Darf er nicht« meint, das System arbeitet gegen den Verkäufer. Damit meine ich zum Beispiel ungeklärte Zuständigkeiten und Entscheidungsbefugnisse oder fehlende Arbeitsmittel, wie zum Beispiel ein nicht vorhandener Onlinezugang zur Kundenda-tenbank oder zu wenig Kundenpotenzial im betreuten Gebiet oder, oder, oder. Es gibt unzählige Möglichkeiten für »darf er nicht«, sämtliche Fehler in der Aufbau- und Ablauforganisation fallen hier rein.

Mein Tipp an dieser Stelle: Hinterfragen Sie doch einmal diese drei Stellschrauben in einem Mitarbeitergespräch. Ich glaube, Sie werden erstaunt sein, wie viel Verbesserungspotenzial sie ent-decken können. Immer vorausgesetzt, Ihr Mitarbeiter oder Ihre Mitarbeiterin ist grundsätzlich an der richtigen Stelle eingesetzt.

Für Flow-Erlebnisse im Verkauf sorgen

Leider stellt sich Flow im Verkauf nicht auf Knopfdruck ein und wir können ihn auch nicht bewusst erzeugen. Was wir tun kön-nen, ist förderliche Rahmenbedingugen zu schaffen. Der größte Feind des Verkaufens im Flow ist der Zustand »Zu viel zu tun«. Gerade deshalb sollten wir bewusst dafür sorgen, dass wir diesen erfüllenden Zustand häufiger erleben. Um im Verkäuferalltag möglichst oft in den »Flow-Zustand« zu kommen, können wir folgende Voraussetzungen sicherstellen:
* Wir sind der Aktivität oder Aufgabe gewachsen, heißt also die Aufgabe fordert uns, überfordert uns aber nicht.
* Zur Erledigung dieser Aufgabe können wir unsere Stärke(n) einsetzen und/oder uns weiterentwickeln.

- Idealerweise haben wir uns die Aufgabe selbstständig ausgewählt und die Art ihrer Durchführung eigenverantwortlich geplant. Das erhöht unseren Eigenantrieb, die intrinsische Motivation.
- Die Tätigkeit erscheint uns als sinnvoll (Werteglück) und/ oder erfreulich (hedonistisches Glück). Auch das hat steigernde Auswirkungen auf unsere Motivation!

Ein praktisches Beispiel: Ein Klient von mir plant gerade eine Veranstaltung für seine Kunden zu einem wichtigem IT-Thema, nämlich Dokumentenmanagement in Verbindung mit automatischer Archivierung. Da alle Unternehmen gesetzlichen Vorschriften zur Archivierung unterliegen, ist die Chance groß, für diese Kundenveranstaltung sowohl bestehende Kontakte, als auch neue Kontakte als Teilnehmer zu gewinnen. Eine Vertriebsmitarbeiterin meines Klienten hat ein großes Organisationstalent und verfügt über ein gutes Netzwerk. Sie hat richtig Spaß daran, die Veranstaltung zu planen, also die Referenten anzufragen und ein tolles Programm zusammenzustellen. Außerdem hat sie auch schon die richtige Örtlichkeit ausgesucht und mit dem Gastronom das Catering besprochen. Sie hat die Veranstaltung am Wochenanfang im Vertriebsmeeting vorgestellt und sehr positive Rückmeldung von ihrem Chef und ihren Kollegen erhalten. Nachdem alle Vorkehrungen für ein erfolgreiches Event getroffen sind, braucht es nur noch Teilnehmer. Wobei »nur noch« relativ ist, denn die Zielgruppe Unternehmer bekommt natürlich vielfältige Angebote, um an Veranstaltungen teilzunehmen. Allein eine Einladung rauszusenden, wird also nicht den gewünschten Erfolg bringen. Es geht darum, aktiv Kunden per Telefon anzusprechen und bei den Besuchen vor Ort eine persönliche Einladung auszusprechen. Kaltakquise am Telefon ist normalerweise nicht die Stärke der Vertriebsmitarbeiterin. Da sie aber so begeistert ist vom Thema und dem interessanten Programm der Veranstaltung fällt es ihr leicht, Akquisetelefonate mit diesem Aufhänger zu führen. In der Vorwoche hat sie sich deshalb gleich für Montag und Dienstagnachmittag zwei Telefonblocks mit jeweils drei Stunden eingeplant. Sie bereitet für diese Telefonaktion eine Liste mit Firmenadresse, Ansprechpartner, Telefonnummer und E-Mail-Adresse vor. Dann recherchiert sie noch kurz die wichtigsten Dinge zum jeweiligen Unternehmen und notiert diese in einem Bemerkungsfeld in ihrer Excel-Liste. Außerdem bereitet sie eine Text für den E-Mail-Versand der Einladung vor. Alle vorbereitenden Tätigkeiten sind also bereits in der Vorwoche erledigt und sie sieht dem kommenden Montag mit einem guten Gefühl entgegen.

Am Montagnachmittag zieht sich die Vertriebsmitarbeiterin in ihr Homeoffice zurück, schaltet das Handy auf Mailbox und meldet sich beim Innendienst für drei Stunden ab. Sie fängt an zu telefonieren und hat sich auch nach ein paar wenigen Telefonaten »warm geredet«. Der Einstieg ins Telefonat gelingt ihr immer besser, sie kann das spannende Programm interessant schildern und fragt ihren Anrufer vollkommen natürlich, mit positivem Aufforderungscharakter, ob und mit wie vielen Personen er an der Veranstaltung teilnehmen möchte. Die ersten 45 Minuten telefoniert sie ohne sofortige Zusage, bekommt aber positive Resonanz zum Thema. Am Ende des Telefonblocks hat sie mit 15 Entscheidern gesprochen und fünf Zusagen bekommen. Außerdem wollen es sich ein paar weitere Personen noch überlegen. Sie sendet noch schnell die E-Mail-Einladungen mit dem vorbereiteten Text raus und macht sich Wiedervorlagen, um Ende der Woche nochmals nachzuhaken. Dann berichtet sie noch ihrem Vertriebsleiter von dem erfolgreichen Nachmittag. Als sie auf die Uhr blickt, ist sie überrascht, wie schnell die Zeit vergangen ist. Ein typisches Beispiel von »Verkaufen im Flow«!

Wie ist meine Klientin in dieser konkreten Situation in den »Verkaufsflow« gekommen?

Alle vier oben dargestellten Rahmenbedingungen waren vollständig erfüllt. Und zusätzlich hat sie sich auch noch sehr gut selbst organisiert.

Diese Voraussetzungen können wir im Sinne eines guten Selbst-
und Zeitmanagement ergänzend schaffen, um in den Flow zu
kommen:

- Die gesteckte Aufgabe oder Aktivität hat deutliche Ziele. Die
  Ziele dieser Aufgabe stecken wir uns so hoch, dass wir sie
  gerade noch erreichen können.
- Wir nehmen uns für befristete Zeit eine bestimmt Aufgabe vor.
- Wir sind fähig, uns auf unser Tun zu konzentrieren, schließen
  also mögliche Störquellen aus.
- Wir bekommen positive Rückmeldungen nach Erledigung
  unsere Aufgabe von unserer Umwelt.

Die Vertriebsmitarbeiterin hat außerdem instinktiv noch eine
weitere wichtige Voraussetzung für ihren Vertriebserfolg geschaffen: Sie hat strategische und vorbereitende Dinge von der
aktiven Durchführung der Telefonate getrennt. Das ist sehr gut,
denn so konnte sie voller Tatendrang mit neuer Energie in die
Akquise gehen. Nach den ersten positiven Rückmeldungen am
Telefon, konnte sie diese »gute Energie« nutzen, um den
Schwung in das nächste Telefonat mitzunehmen. Auch die eine
oder andere Absage konnte ihr so nichts anhaben.

An diesem praktischen Beispiel haben wir, glaube ich, erkannt,
wie erstrebenswert es ist, möglichst oft in den »Verkaufsflow« zu
kommen. Also, lassen Sie uns etwas dafür tun!

Übung: Flow

Was bringt mich in den Flow

Der Flow-Zustand wird uns oft leider erst im Nachhinein be-
wusst. Umso wichtiger ist es, sich an Flow-Zustände und Flow-
Tätigkeiten zu erinnern und diese möglichst oft in unseren
Alltag zu integrieren.

Schreiben Sie deshalb zehn Tätigkeiten auf, die Sie gerne tun.
Überlegen Sie in einem zweiten Schritt, warum Sie dabei in den

Flow kommen? Ergänzen Sie gleichzeitig die Stärken, die Sie bei dieser Flow-Tätigkeit einsetzen.

	Tätigkeit	Bringt mich in Flow, weil ...	Dabei eingesetzte Stärke
1			
2			
3			
4			
5			
6			
7			
8			
9			
10			

Meine verkäuferischen Flow-Tätigkeiten

Was können wir aus diesen Flow-Tätigkeiten für den Verkauf lernen? Wo gibt es Parallelen? Wo und wie können wir die gleichen Stärken einsetzen? Notieren Sie alle verkäuferischen Flow-Tätigkeiten, die Ihnen jetzt einfallen oder Tätigkeiten, die Sie in diesen Flow-Zustand versetzen!

Praktische Beispiele:

- Flow-Tätigkeit »gutes Buch lesen«; eingesetzte Stärke »Wissensdurst«; Tätigkeit, um in den Verkaufsflow zu kommen: Fachbuch/Blogs lesen oder Hörbuch/Podcasts hören.
- Flow-Tätigkeit »fremde Städte erkunden«; eingesetzte Stärke »Neugier«; Tätigkeit, um in den Verkaufsflow zu kommen:

Kundentermin mit Erkundung der Umgebung verbinden und
Spontanbesuche machen. Oder virtuell: auf Social-Media-
Entdeckungsreise gehen und das persönliche Umfeld unserer
Kontakte erkunden: »Wer kennt wen und könnte mich be-
kannt machen?«

- Flow-Tätigkeit »30 Minuten Schwimmen«; eingesetzte Stärke
  »Durchhaltevermögen«: Tätigkeit, um in den Verkaufsflow zu
  kommen: 30 Minuten Telefonakquise pro Tag.

Meine Flow-Tätigkeiten im Verkauf:

	Inspirierende Flow-Tätigkeit	Eingesetzte Stärke	Verkäuferische Flow-Tätigkeit
1			
2			
3			
4			
5			
6			
7			
8			
9			
10			

Prima, Gratulation! Wenn Sie diese Liste vollständig ausgefüllt
haben, kann mit Ihrem Glück im Verkauf nichts mehr schiefgehen. Alles was Sie dafür noch tun müssen, ist, diese Tätigkeiten
möglichst oft auszuüben.

Fazit:

Wir können uns nicht vornehmen, in den Verkaufsflow zu kommen, aber wir können sehr wohl günstige Rahmenbedingungen dafür schaffen.

Machen wir uns nochmal die wichtigsten Voraussetzungen für Verkaufen im Flow klar:
- Die Tätigkeit erscheint uns sinnvoll.
- Wir können unsere Stärken einsetzen.
- Wir haben ein klares Ziel vor Augen und
- wir verfügen über die nötigen Ressourcen, wie Zeit, Arbeitsmittel und Informationen.

Hinzu kommt der Leistungs- und Glücksturbo: positive Rückmeldungen!

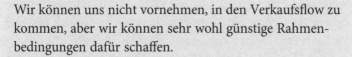

Wochenplanung im Flow

In der vorhergehenden Übung haben Sie Ihre verkäuferischen Flow-Tätigkeiten identifiziert. Damit Sie diese gut in Ihren Alltag integrieren können, empfehle ich Ihnen, mehrere Verkaufsblöcke über die Woche zu verteilen. Pro Block sollten Sie sich mindestens 1,5 bis zwei Stunden Zeit reservieren und dieser Zeiteinheit ein festes Ziel zuordnen. Sie können sich zum Beispiel vornehmen, Zufriedenheitsanrufe bei Ihren aktiven Kunden durchzuführen und diese nach weiteren Aufträgen oder Empfehlungen zu fragen. Am besten, Sie suchen sich zu Anfang des Zeitblocks alle anzurufenden Kunden raus, um diese dann in einem Rutsch durchtelefonieren zu können. Legen Sie sich außerdem eine Gesprächsstrategie zurecht, wie zum Beispiel einen aktuellen Anlass für Ihren Anruf, dann fällt Ihnen der Einstieg leichter und Sie kommen von Mal zu Mal mehr in den Flow. Sorgen Sie dafür, dass Sie während dieser

Verkaufseinheit nach Möglichkeit nicht gestört werden und alles am Arbeitsplatz haben, was Sie benötigen. Auch um Ihr leibliches Wohl sollten Sie sich kümmern, in dem Sie ausreichend trinken und vor dem Block eine Pause machen, in der Sie sich bewegen, Frischluft tanken und sich mental auf die nächsten ein bis zwei Stunden freuen. Nach Abschluss der Flow-Tätigkeit können Sie Ihre Erfolge mit dem Positiv-Check im Erfolgstagebuch festhalten. Sie geben sich dadurch quasi selbst positives Feedback. Oder Sie planen ein kurzes Gespräch mit einem Kollegen, Erfolgspartner usw., mit dem Sie sich über Ihre Erfahrungen austauschen können.

Wie viele solcher Verkaufsblöcke Sie pro Woche einplanen, bleibt Ihnen überlassen. Nicht jede Woche ist außerdem gleich. Wenn Sie nicht hauptberuflich verkaufen, dann empfehle ich Ihnen mindestens zwei Blöcke oder einen halben Tag dafür zu reservieren und zwar jede Woche. Ein weiterer Tipp ist es, schon bei der Planung zu überlegen, wie Ihre Energie und Leistungskurve zu dem vorgesehenen Zeitpunkt wohl sein wird.

Tagesplanung im Flow

Kennen Sie Ihre persönliche Leistungskurve? Sind Sie ein Frühstarter und haben am Morgen Ihre produktivste Zeit oder sind Sie doch eher der Spätzünder, der am Abend nochmal so richtig durchstartet? Unser Organismus folgt gewissen Rhythmen, in denen sich Hoch- und Tiefphasen abwechseln. Diese Leistungskurve wird als Biorhythmus bezeichnet. Statistische Untersuchungen bestätigen, dass viele Menschen ihr erstes Leistungshoch des Tages zwischen 09:00 Uhr und 12:00 Uhr vormittags haben.

Der Unterschied ist, dass das Hoch bei den Morgenmenschen einfach früher beginnt, während die Abendmenschen erst später in Schwung kommen. Dafür halten sie mittags länger durch. Am Nachmittag haben die Morgenmenschen ihr Hoch ab 15:00 bis maximal 18:00 Uhr, wohingegen die Abendmenschen dann erst noch mal so richtig Gas geben, oft bis tief in die Nacht hinein.

Übung: Ermitteln Sie Ihre Leistungshochs

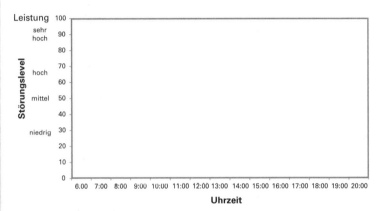

Abbildung 21: Ihre Leistungskurve

Wann sind Ihre persönlichen Hoch- und Tiefphasen? Wann sind Sie besonders leistungsfähig? Tragen Sie diese im Tagesverlauf in die Grafik von Abbildung 21 ein.

Schauen Sie sich dann Ihren typischen Kurvenverlauf einmal genauer an. Wie können Sie diese Erkenntnis nutzen, um im Flow zu arbeiten? Die Idee ist, dass Sie Ihre Hochphasen für die wirklich wichtigen Dinge im Verkauf reservieren und Routineaufgaben eher in energetischen Tief-Phasen erledigen.

Schauen wir uns das Prinzip an einem praktischen Beispiel eines Verkäufers an (Abbildung 22).

In der Abbildung sehen wir die Leistungskurve eines Morgenmenschen dargestellt. Der Leistungshöhepunkt liegt am Vormittag. Das ist die ideale Zeit für A-Aufgaben. In der Abbildung hat sich unser Verkäufer an diesem Tag einen Zeitraum von

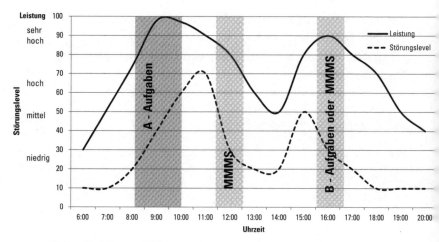

Abbildung 22: Leistungs- und Störkurve

8:30 bis 9:30 Uhr dafür reserviert. Vielleicht plant er hier einen anspruchsvollen Kundentermin oder wichtige Kundentelefonate. Seine Konzentrationsfähigkeit ist jetzt am höchsten. Er kann in dieser Zeit gut Informationen aufnehmen und sehr schnell reagieren. Er vermittelt seinen Kunden einen wachen und aufgeweckten Eindruck. Hingegen eignet sich das Tief nach der Mittagszeit ausgezeichnet für die Dokumentation der Vormittagsgespräche, für innerbetriebliche Rückrufe oder die Erledigung der E-Mails. Während dem zweiten Leistungshoch am Nachmittag kann unser Verkäufer weitere Kundentermine planen oder wichtige Arbeiten erledigen, wie zum Beispiel komplexe Angebote ausarbeiten, eine Präsentation designen oder Termine strategisch vorbereiten.

Diese Zeit eignet sich auch hervorragend für strategische B-Aufgaben, die Sie insgesamt im Vertrieb weiterbringen (vergleiche dazu Zeitzielscheibe im Kapitel 10).

In Kapitel 11 haben Sie bereits die Störzeitenkurve kennengelernt, die wir ebenfalls in der Abbildung 22 abgebildet sehen. Es gibt einen Zusammenhang zwischen Leistungskurve und Störzeitenkurve. Um während des Tages möglichst gut im Flow zu bleiben, hat sich der Verkäufer seine A- und B-Blöcke in Phasen mit relativ hoher Leistung und relativ niedrigen Störungen gelegt. Außerdem hat er sich ein MMMS, ein Meeting mit sich selbst, eine Fokusstunde kurz vor die Mittagspause gelegt, wo er nochmals ungestört wichtige Aufgaben erledigen will, um dann eine Pause zu machen. So nutzt er den Tag effektiv und ist trotzdem viel für seine Kunden und Kollegen erreichbar.

Was halten Sie davon, den typischen Verlauf dieser beiden Kurven einmal für sich zu betrachten? Ich halte es für sehr wesentlich und würde mich freuen, wenn Sie neue Erkenntnisse für Ihre Arbeitsweise daraus gewinnen.

Übung: Produktivphasen erkennen

Übertragen Sie die Störzeitenkurve aus Kapitel 11 in Ihr Diagramm mit der Leistungskurve (Abbildung 21). Was stellen Sie dabei fest?

_____

_____

_____

Wann gibt es Zeiten, in denen Sie eine gute Leistungsfähigkeit haben, aber nur eine geringe bis mittlere Störhäufigkeit?

Notieren Sie sich diese Zeiten:

_____

_____

_____

_____

Diese Zeiten nenne ich Produktivphasen. Sie eignen sich hervorragend, um in den Flow zu kommen und idealerweise im Flow zu verkaufen. Zum Beispiel für Telefonanrufe bei Ihren Zielkunden. Oder für die Ausarbeitung Ihrer Verkaufsstrategie.

Können Sie in diese Zeiten Ihre Fokusstunde legen, um richtig effektiv arbeiten zu können?

Berücksichtigen Sie diese Produktivphasen bereits bei Ihrer Tagesplanung am Vorabend, um Ihren Tag möglichst im Flow zu verbringen. Nachdem diese Produktivphasen auch von Wochentag zu Wochentag unterschiedlich sein können, sollten Sie sie auch wochenweise betrachten und die wichtigen Aufgabenblöcke der Folgewoche für diese Zeiten terminieren. Lassen Sie sich Ihre Produktivphasen auf gar keinen Fall durch sekundäre Meetings oder Ähnliches kaputtmachen. Das wäre echte Zeit- und Flow-Verschwendung.

Flow-Planung im Außendienst

Ihre größte Priorität ist Ihr Kunde? Das ist verständlich und gut so. Sie sollten ihm trotzdem nicht erlauben, Ihren Wochen-Flow zu gefährden. Damit meine ich die typische Verkaufssituation »Kunde droht mit Auftrag«. Das ist ganz wunderbar, wenn dem so ist und natürlich sollen und wollen Sie auf dieses Kaufinteresse kurzfristig reagieren.

Die größte Chance, im Außendienst flexibel zu agieren und dabei selbstgesteuert zu bleiben, haben Sie, wenn Sie nicht nur eine gute Wochenplanung, sondern auch eine entsprechende Routenplanung haben.

Wie kann das funktionieren? Mal angenommen, Sie haben ein Gebiet mit einem 100 km Radius zu betreuen. Ihr Wohnort befindet sich relativ mittig in Ihrem Vertriebsgebiet. Ihr Ziel ist es, mindestens drei Tage pro Woche aktiv in Ihrem Gebiet unterwegs zu sein. Dann liegt es doch nahe, ihr Gebiet in drei Routen zu unterteilen und diese regelmäßig abzufahren. Wenn Sie diesen Routen jetzt feste Wochentage zuweisen, dann können Sie bei kurzfristigen Terminanfragen diese in Ihre bereits geplante Route einfügen. Sie nutzen Ihre Tage effektiver und haben weniger Leerlauf- und Fahrtzeiten. Auch für die Akquise ist eine solche vordefinierte Routenplanung von großem Vorteil. Bei der telefonischen Terminvereinbarung wissen Sie immer genau, welche Termine Sie dem Kunden anbieten. Wenn Sie Spontanbesuche auf Ihrer Route vorbereiten und Ihren Ansprechpartner einmal nicht antreffen, dann kommt die bereits getätigte Gesprächsvorbereitung einfach auf Wiedervorlage in die nächste Woche.

Sie können keine festen Wochentage definieren oder drei Routen reichen nicht aus? Vielleicht gibt es noch eine zusätzliche vierte Route, die Sie aufgrund geringeren Potenzials nur im zweiwöchentlichen Turnus abfahren oder sie wechseln die Wochentage alle 14 Tage durch. Alles kein Problem! Vorausplanen heißt nicht starr darauf zu beharren. Im Gegenteil – eine gute Planung ermöglicht Ihnen ein hohes Maß an Flexibilität und gleichzeitig Effektivität. Entwickeln Sie Ihre eigene Struktur und steigern Sie dadurch Ihr persönliches Flow-Erleben im Gebietsverkauf.

Flow-Akquise nach erfolgreichen Terminen – Glückssträhnen ausnutzen

Ein wichtiges Flow-Kriterium ist positives Feedback. Deshalb ist es nicht weiter verwunderlich, dass wir in Zeiten, in denen es gut läuft, auch besonders gut verkaufen. Wir haben eine Glückssträhne – scheinbar ohne unser aktives Zutun. Aber eben nur scheinbar. Wie können wir dieses Phänomen des Erfolgsflows für uns nutzen?

Zum Beispiel, indem wir:

- Nach einem gelungenen Verkaufsabschluss sofort zum Telefonhörer greifen und Akquiseanrufe machen oder Angeboten nachtelefonieren.
- Vor wichtigen Akquiseterminen unser Erfolgstagebuch durchblättern oder unsere Referenzen durchlesen.
- Kennenlerntermine mit Schon-Bald-Kunden in die zeitliche und räumliche Nähe von Terminen mit Lieblingskunden legen.
- Von unseren Erfolgen auf Netzwerktreffen erzählen, um unsere Weiterempfehlungsquote zu erhöhen.

- Unsere Erfolgserlebnisse auf Social Media posten und damit eine Positivsog generieren. Aber bitte mit ehrlicher Freude über ehrliche Erfolge, sonst wirkt das sehr arrogant und wir erreichen genau das Gegenteil.

Welche weiteren Möglichkeiten fallen Ihnen ein, um Ihre Erfolgserlebnisse auszunutzen? Schreiben Sie sich am besten gleich auf, damit Sie nicht vergessen den Erfolgsflow bei nächster Gelegenheit für sich zu nutzen.

Flow im Handel

Selbstverständlich gibt es den Verkaufsflow und die Glückssträhnen nicht nur im klassischen Gebietsverkauf, sondern auch im Handel. Nach wie vor verkaufe ich für ausgewählte Kunden von mir in der Augenoptik schon mal samstags mit. Da finde ich es immer am angenehmsten, wenn der Kundenstrom stetig dahin fließt und nie Langeweile aufkommt. Denn der Flow-Feind Nummer eins ist genau das: Langeweile!

Natürlich kann man den Kundenfluss nicht immer vorhersehen und noch weniger beeinflussen. Mal strömen die Kunden nur so in den Laden, dann wieder ist es nur ein schmales Rinnsal. Können wir wirklich nichts tun, um die Kundenfrequenz zu beeinflussen, damit sie sich günstig auf unseren Verkaufsflow auswirkt?

Selbstverständlich können wir! Durch gezielte Marketingaktionen nämlich. Es gibt eine ganze Palette von Möglichkeiten, von klassischer Werbung über Events bis hin zu Promotions. Vom aktiven Empfehlungsmarketing bis hin zu gezielten Social-Media-Aktivitäten. Der richtige Mix macht's und eine gezielte Jahresplanung sorgt dafür, dass es gar nicht erst zur »Sauren-Gurken-Zeit« kommt.

Was wenn trotzdem mal sehr, sehr wenig los ist? Wie sollen Sie als Verkäufer denn dann in den Flow kommen? Indem Sie zum

Beispiel aktiv werden und zum Telefonhörer greifen und Zufriedenheitsanrufe machen und bei dieser Gelegenheit gleich nach Empfehlungen fragen. Oder indem Sie vor Ihren Laden gehen und Flyer und Give-aways verteilen. Oder indem Sie Geschäftspartner besuchen und gemeinsame Kooperationen vereinbaren. Oder indem Sie Ihre Kundendatei durchforsten und überlegen, wie Sie Ihren Kundenstamm mal wieder aktivieren können.

Was auch immer Sie tun, nutzen Sie gerade diese ruhigen Phasen, um kreativ zu werden und in den Verkaufsflow zu kommen. Und nutzen Sie diese Phasen, um Routinen zu hinterfragen oder alles einfach mal anders zu versuchen. Denn Routinen und eingefahrene Prozesse sind der Hauptfeind Nummer zwei des Flow-Zustands.

Also, hinterfragen Sie doch mal Ihre Verkaufsgesprächsführung. Entwickeln Sie neue Ideen und probieren Sie diese gleich mal mit Kollegen live aus. Gemeinsame Weiterentwicklung ist gut fürs Team und eine ausgezeichneter Flow-Garant. Denn dann flutscht es auch so richtig, wenn mal wieder richtig viel los ist bei Ihnen!

en Kunden-Flow nicht abreißen lassen – die Salespipeline

Damit die Salespipeline immer gut gefüllt ist und am Ende der gewünschte Umsatz bzw. Ertrag erzielt wird, gilt es, sie dauerhaft mit genügend qualifizierten Kontakten zu befüllen. Wir können uns unseren Salespipeline wie einen Verkaufstrichter, ein gut gefülltes Sammelbecken mit Kontakten in unterschiedlichen Kontakt-Stadien, vorstellen (Abbildung 23). Oben führen wir dem Trichter qualifizierte potenzielle Kunden zu, im Verkaufsdenglisch auch Leads genannt.

Durch aktive Kontaktpflege werden diese zu »angewärmten« Schon-Bald-Kunden. Dann hegen und pflegen wir unseren Kundennachwuchs weiter, bis aus den Kontakten schließlich gute Kunden werden.

Potenzieller Kunde

Schon-Bald-Kunde

Kunde

Abbildung 23: Salespipeline oder Verkaufstrichter

Im Verkauf an Geschäftskunden erfolgt das Befüllen der Sales-pipeline durch aktives Verkaufen. Im Privatkundenbereich wird dies oftmals durch aktives Marketingarbeit erledigt. Es gibt viele Möglichkeiten, unseren Verkaufstrichter oder »Salesfunnel« stetig voll zu machen. Ich unterscheide dabei zwischen »selbst aktiv Verkaufen« und »Kunden kaufen lassen«. Welche Methoden und Kanäle Sie nutzen können, um Ihren Verkaufstrichter immer schön zu füllen bzw. Ihren Ertragsflow niemals abreißen zu lassen, sehen Sie in Abbildung 24.

Wie können Sie für mehr Kunden und höhere Umsätze sorgen?

① Selbst aktiv Verkaufen

- Kunden aktiv halten
- Cross-Selling
- Neukundenansprache
- Gezielte Social-Media-Aktivitäten
- Sich verkaufen lassen über Agenturen/Dienstleister

② Kunden kaufen lassen

- Empfehlungsmarketing
- Netzwerken/Events
- Image aufbauen durch Social Media, PR
- Klassische Werbung
- Online-Marketing (z. B. Blogs, Youtube, Google Adverts...)

Abbildung 24: Für höhere Umsätze sorgen

Übung:

Welche Möglichkeiten fallen Ihnen noch zusätzlich ein? Schauen Sie noch mal auf die Liste mit den verkäuferischen Flow-Tätigkeiten und halten Sie diese fest:

_____

_____

_____

_____

Welche Verkaufsaktivitäten ergeben sich aus diesen Ideen, die Sie sich für die nächsten zwei Wochen vornehmen?

_____

_____

_____

_____

Digitaler Kundenflow – wie die Kundengewinnung im Internet mit Online-Marketing funktioniert!

Zahlreiche Unternehmer und Verkäufer sind auf der Suche nach Strategien, damit aus Interessenten begeisterte Kunden werden. Sie alle kämpfen mit der Herausforderung, dass der Kaufprozess heutzutage überwiegend im Netz startet. Das heißt, wer verkaufen möchte, muss dort auch gut sichtbar und auffindbar sein. Aber nicht nur das! Nur wenn wir es schaffen, Kunden im Internet mit interessanten und relevanten Angeboten anzuziehen, dann haben wir in der Neukundengewinnung die Nase vorn. Es geht darum Interessenten digital und persönlich abzuholen, zu begleiten und erfolgreich zum Lead und Kunden zu verwandeln. Unsere Aufgabe bei der digitalen Kundengewinnung ist es, aus einem interessierten, digitalen Besucher einen begeisterten Kunden zu machen – und zwar sowohl online als auch offline!

Dazu bauen wir uns einen digitalen Verkaufstrichter, einen sogenannten Salesfunnel. Und das funktioniert so:

Ein Interessent recherchiert im Internet, was im Übrigen ca. 90% der Konsumenten und ca. 70% der Businesskunden heute machen, bevor sie eine Kaufentscheidung treffen.

Er kommt auf Ihre Webseite und fühlt sich dort gut aufgehoben, heißt er findet Ihre Inhalte interessant und will mehr erfahren. Jetzt kommt gutes »Contentmarketing« ins Spiel. Das bedeutet, Sie bieten Ihrem Online-Besucher so spannende und nutzwertige Inhalte an, dass er bereit ist, Ihnen dafür seinen Namen und seine E-Mail Adresse zu verraten. In diesem Moment wird aus einem unbekannten Besucher ein bekannter »Lead« oder Interessent. Jetzt haben Sie die Möglichkeit über weitere, automatisierte Angebote Vertrauen aufzubauen und mit Ihrem potentiellen Neukunden immer enger in Dialog zu treten. Das nennt man »Leadnurturing«, weil Sie Ihren Schon-Bald-Kunden so lange füttern, bis er kaufwillig ist und Sie ihm ein unwiderstehliches Angebot unterbreiten können. Nun gilt es zu definieren, ob:

- Sie ein Online-Angebot verkaufen wollen,
- oder mit Ihrem Schon-Bald-Kunden einen persönlichen Kontakt herstellen wollen.

Bei Letzterem ist ein klarer Call to Action, eine Handlungsaufforderung, wichtig, damit dieser persönliche Kundenkontakt auch entsteht. Oder besser Sie ergreifen selbst die Initiative und schreiben Ihren Lead über E-Mail oder Social Media persönlich an. Bei Businesskontakten gelingt es oft auch, über die E-Mail-Adresse die Firma und somit die Kontaktdaten herauszufinden. Dann ist es auch möglich mit Ihrem Schon-Bald-Kunden zu telefonieren und ihn für sich zu gewinnen.

Falls Sie jetzt über eine solche Contentstrategie nachdenken und gleichzeitig noch mehr Verkaufs- und Motivationstipps bekommen wollen, dann können Sie das Ganze ganz einfach einmal auf meiner Webseite www.schubs.com testen. Bereits auf der Startseite können Sie einen 4-teiligen Erfolgskurs abonnieren. Dieser ist vollkommen gratis und einfach mal für Sie zum testen, ob Ihnen Leadnurturing generell sympathisch ist oder nicht und ob Sie diese Möglichkeiten der Kundengewinnung für sich nutzen wollen.

14. Ihre Verkäuferenergie – damit Sie der Verkaufserfolg nicht anstrengt!

Gerade wenn wir im Flow sind, vergessen wir Raum, Zeit und Geschwindigkeit. Wir sind auf einem positiven Stresslevel unterwegs, dem Eustress. Wir stellen uns unseren Herausforderungen, wachsen daran, werden belohnt und sind glücklich. Wir brennen so richtig für das was wir tun. Wenn wir das über längere Phasen tun, sind wir bestimmt erfolgreich, die Gefahr ist jedoch da, dass wir durch unser Engagement ausbrennen. Selbst der positivste Stress wird einmal zu negativem Stress, dem Distress, wenn Körper und Geist keine Erholungsphasen mehr bekommen. Deshalb ist es gut, temporeiche Zeiten mit langsameren Zeiten abzuwechseln.

Mensch – mach mal langsam

Till Eulenspiegel ging eines schönen Tages mit seinem Bündel an Habseligkeiten zu Fuß zur nächsten Stadt. Auf einmal hörte er, wie sich schnell Hufgeräusche näherten und eine Kutsche hielt neben ihm.

Der Kutscher hatte es sehr eilig und rief: »Sag schnell – wie weit ist es bis zur nächsten Stadt?«

Till Eulenspiegel antwortete: »Wenn Ihr langsam fahrt, dauert es wohl eine halbe Stunde. Fahrt Ihr schnell, so dauert es zwei Stunden, mein Herr.«

«Du Narr«, schimpfte der Kutscher und trieb die Pferde zu einem schnellen Galopp an und die Kutsche entschwand Till Eulenspiegels Blick.

Till Eulenspiegel ging gemächlich seines Weges auf der Straße, die viele Schlaglöcher hatte. Nach etwa einer Stunde sah er nach einer Kurve eine Kutsche im Graben liegen. Die Vorderachse war gebrochen und es war just der Kutscher von vorhin, der sich nun fluchend daran machte, die Kutsche wieder zu reparieren.

Der Kutscher bedachte Till Eulenspiegel mit einem bösen und vorwurfsvollen Blick, worauf dieser nur sagte: »Ich sagte es doch: Wenn Ihr langsam fahrt, eine halbe Stunde …«

(Quelle: www.zeitzuleben.de nach Lothar Seiwert in *Wenn Du es eilig hast, gehe langsam: das neue Zeitmanagement in einer beschleunigten Welt.*)

Das ist eine Geschichte, die ich immer wieder sehr gerne erzähle. Wie alle guten Geschichten hat sie einen wahren Kern. Sie spielt mal wieder im Mittelalter und doch ist sie aktueller denn je. Wir brausen im High-Speed-Tempo durch die Welt, als könnten wir dadurch mehr Zeit gewinnen. Das Motto »Carpe Diem« ist schon lange zum »Carpe Minutem« geworden.

Digital Detox – gehen Sie auf Kommunikationsdiät

Thomas Schmid, der Chefredakteur der Tageszeitung *Die WELT* bezeichnete bereits 2007 E-Mails als »elektronische Heimsuchung«. Er schreibt in seinem Artikel im Magazin *FORUM 03/07*: »E-Mails ziehen uns mit ihrer Sogwirkung von dem weg, was wir eigentlich tun wollen!«

Das Internet ist allgegenwärtig und überall. Davon profitieren wir sehr stark, denn es gibt uns den Freiraum unsere Arbeitsweise so zu gestalten, wie wir das wollen. Der Preis, den wir dafür zahlen, ist der scheinbare Zwang der ständigen Erreichbarkeit. Das macht uns wiederum extrem unfrei. Wir sind moderne Kommunikationssklaven. Und unsere Sklaventreiber sind E-Mails, WhatsApps, Messenger und Chatprogramme sowie Social-Media-Kanäle. Zwar sind wir die ständigen elektronischen Unterbrechungen mittlerweile gewohnt, gut tun sie uns allerdings nicht. Eine Studie der Universität von London hat herausgefunden, dass das Phänomen oder der Zustand »always on« den IQ in ähnlicher Weise reduziert, als ob wir unter einer schlaflosen Nacht leiden oder gar Canabis geraucht hätten! Fest steht, durch das Gefühl immer online sein zu müssen und das ständige Hin- und Herspringen zwischen Mails, Nachrichten, Anrufen und Aufgaben fällt es uns immer schwerer, uns zu fokussieren auf das, was hier und jetzt gerade wichtig ist. Zum Beispiel der Gesprächspartner, mit dem wir gerade am Tisch sitzen. Oder die Präsentation, die wir eigentlich gerade fertigstellen wollen, bis uns der vertraute Nachrichtenton unseres Smartphones aus der Konzentration reißt. Zu den ständigen Unterbrechungen kommt eine weitere unschöne Nebenwirkung des »always on«: Selbst die kleinsten Pausen werden aufgefüllt – dabei hätte es unser Gehirn wirklich auch einmal verdient, in den Standby Modus zu gehen

Egal ob am Flughafen, am Bahnhof oder im Stau – wir checken noch schnell unsere E-Mails und erledigen unsere Telefonate. Neulich im Flughafenbus hat ein Mitreisender wirklich lauthals telefoniert – vom Gate bis zu dem Zeitpunkt, als er schließlich seinen Sitzplatz im Flieger eingenommen hat. Dabei konnten wir alle wohl oder übel mitverfolgen, wie die Verhandlungsstrategie seiner Firma im wichtigen Pitch um die neue Werbekampagne aussieht. Ich frage mich, ob man nach solchen Telefonaten von Fremden eigentlich Fragen stellen darf, wenn man etwas nicht verstanden hat? Spaß beiseite: Wir stressen mit so einem Verhalten nicht nur uns selbst, sondern auch unsere Mitmenschen. Und wir nehmen unsere Umgebung nicht mehr wahr. Vor ein paar Jahren war ich für mehrere Wochen in Asien unterwegs. Spannend fand ich den täglichen Weg zur MRT, dem Verkehrsmittel Nummer eins in Singapur, vergleichbar mit unserer U-Bahn, nur viel besser organisiert. Durch separierte Zugangsschleusen zum Ein- und Aussteigen entfällt das lästige aneinander Vorbeigeschiebe und man kann auch nicht mehr auf die Gleise fallen. Was zur Folge hat, dass selbst beim Betreten und Verlassen der Bahn niemand mehr den Blickkontakt zu seinem Handy verlieren muss. So kann man sich noch schnell mit dem Kollegen per WhatsApp über die Agenda des anstehenden Morgenmeetings austauschen. Ach ja, das wäre auch direkt gegangen, der steht ja nebendran im gleichen Wagon. Aber macht ja nichts, direkte Kommunikation von Mensch zu Mensch wird echt überschätzt.

So, bevor Sie mich jetzt für komplett rückschrittlich und unkommunikativ halten, ich finde diese Kommunikationsmedien auch toll, ich habe nur keine Lust darauf, mich ständig und überall von ihnen beherrschen zu lassen. Und ich halte mich nicht für so wichtig, als dass nicht auch mal jemand 12 Stunden ohne eine Antwort von mir überleben könnte. Darum mache ich täglich Digital Detox, ab 20:00 Uhr abends bis 8:00 Uhr morgens. Ich gönne meinem Gehirn absichtlich eine Pause, zur Verarbeitung des Erlebten, zur Erholung und für neue Ideen! Statt FOMO (Fear of missing out) mache ich JOMO (Joy of missing out), denn um die Freude geht es schließlich bei *Happy Sales*! Diese 12 Stunden Kommunikationspause umfassen übrigens die gleiche Zeitspanne, in der ich auch nichts esse. Spannender Zufall! Aber genau darum geht es ja beim »Detoxen«, wie Fasten oder Entschlacken jetzt mittlerweile heißt. Es geht darum, die ganzen Rückstände abzubauen, die die Kommunikation auf allen Kanälen in unserem Hirn und in unserem Körper täglich hinterlässt. Und am Wochenende bleibt das Handy meist auch aus, es sei denn, ich bin unterwegs zu einem Vortrag oder einer Verabredung. Denn in der Regel habe ich die Menschen, mit denen ich kommunizieren will, ja dabei oder sogar zu mehreren vor mir sitzen. Ich kann mich auf meine Umwelt konzentrieren, dabei schöne neue Dinge entdecken, interessante Gespräche führen und mich erholen.

Dann »schmeckt« die mobile Kommunikation am Montagmorgen auch wieder besser. Ganz wie nach einer wohltuenden Fastenkur!

Einfach mal bewusst mehr Zeit nehmen

Ich habe einen amerikanischen Newsletter von www.moodscope. com abonniert. Täglich bekomme ich Erfahrungsberichte von Menschen, die unterschiedlichste Dinge ausprobieren, um mehr positive Emotionen in ihr Leben zu bringen. Neulich berichtete ein Autor über seine Geschäftsreise und den Vorsatz, sich heute dabei einmal mehr Zeit zu nehmen. Seine Reiseplanung sah vor, mehrere unterschiedliche öffentliche Verkehrsmittel zu nehmen und entgegen seiner sonstigen Angewohnheit wollte er an diesem Tag mal mit extra Pufferzeit am Bahnhof ankommen. Die Folge war, dass er ein besonders günstiges Ticket kaufen konnte, weil er Zeit hatte, am Schalter anzustehen. Danach hat er ganz genüsslich einen Kaffee getrunken und sich schließlich in Ruhe ein Abteil gesucht. Während der Fahrt hat er sich ausgezeichnet mit seinen Mitreisenden unterhalten und auch mit dem Wechseln der Verkehrsmittel hat alles wunderbar funktioniert. Er kam entspannt bei seinem Kundentermin an, der dann auch prompt erfolgreich verlief. Die Rückreise gestaltete sich ähnlich. Am Abend des Tages mit dem Vorsatz »heute nehme ich mir mal Zeit« blickte er erstaunt, amüsiert und glücklich zurück und erkannte für sich, was für ein Unterschied seine bewusste Einstellung am Morgen im Tagesablauf bewirkt hatte.

Zehn Kraftquellen für mehr Verkäuferenergie

Im vergangenen Sommer habe ich das Buch *Die Business Class macht Ferien* von Martin Suter gelesen. Er beschreibt darin herrlich zynisch, wie die modernen Helden des Alltags, die Topmanager sich gegenseitig damit übertrumpfen, lange zu arbeiten und den Familienurlaub so kurz wie möglich zu halten. Etwas »Quality Time« muss reichen, man lebt ja schließlich intensiver. Klar lebt man intensiver, dabei aber mitnichten gesünder und glücklicher.

Wenn man sich auf Verkaufsleitertagen und auf Treffen für »Topseller« so umhört, dann klingt das nicht viel anders, als in der Persiflage von Martin Suter. Ist es wirklich ein Zeichen von Erfolg, möglichst beschäftigt und unabkömmlich zu sein? Eines ist sicher, diese eingebildete persönliche Unersetzbarkeit geht definitiv zu Lasten der eigenen Energie und der eigenen Leistungsmotivation.

Sorgen Sie täglich für Ihren Energiehaushalt im Alltag – Sie und Ihre Kunden werden davon profitieren.

Als Kind der 1980er Jahre kann ich mich noch an die Hitparade im Radio erinnern. Einmal aufgenommen haben wir unsere Lieblingslieder immer und immer wieder gespielt.

Die folgenden 10 Tipps sind meine persönliche Hitliste. Ich freue mich, wenn sie Sie dazu inspirieren, Ihre eigene Energie-Hitliste zu erstellen und diese möglichst oft auch zu »spielen«, sprich umzusetzen.

1. *Gelassenheit*:
   »Auch wenn die Zeiten stürmisch sind, dürfen wir nicht glauben, das Rezept hieße immer schneller, immer atemloser durchs Leben zu rennen.«, schreibt die von mir sehr geschätzte Keynote Speakerin und Erfolgsautorin Sabine Asgodom in ihrem Buch *12 Schlüssel zur Gelassenheit*. »Gelassenheit ist ein Lebensgefühl, das uns auch in schwierigen Zeiten einen klaren Kopf bewahren lässt, inmitten von Hektik und Unsicherheit, von Krisen oder Karriere«, folgert sie weiter. Nachdem ich Sabine schon lange kenne, bewundere ich im Übrigen auch genau diese Eigenschaft an ihr. Und auch ich kann aus eigner Erfahrung berichten: Wenn wir den äußeren Anforderungen mit mehr innerer Ruhe und Besonnenheit begegnen, dann ist das die beste Medizin gegen Stress und emotionalen Überreaktionen. Schreiben Sie doch einfach mal alle Situationen in Ihrem Verkäuferleben auf, in denen Sie künftig gelassener reagieren möchten.

Wenn eine solche Situation auftritt, dann sind Sie schon sensibilisiert. Halten Sie in dem Fall inne, nehmen Sie wahr, was ist, und überlegen Sie, wie Sie auf die Situation reagieren möchten, welche Verhaltensoptionen Sie haben.

Wenn Wünsche und Aufgaben an Sie herangetragen werden, dann wägen Sie ab, ob und zu welchen Grad Sie diesen Anforderungen genügen müssen oder wollen. Sie haben die Handlungsfreiheit. Sie alleine entscheiden, was in der momentanen Situation das richtige ist.

2. *Positive Glaubenssätze:*
Wenn Sie sich müde und erledigt fühlen, wird es nicht besser, wenn Sie sich das noch minütlich selbst ins Ohr flüstern. Reden Sie sich lieber selbst gut zu mit positiven Aussagen, wie zum Beispiel:
»Ich bin stolz auf meine Leistungsfähigkeit!«
»Ich werde diese Herausforderung meistern!«
»Das schaffe ich schon.«
»Ein Schritt nach dem anderen!«
»Heute Abend entspanne ich mich!«
»Ich finde jemand, der mir hilft!«
Sie werden den Unterschied deutlich in Ihrem mentalen und körperlichen Energielevel spüren.

3. *In kleinen Zeiteinheiten arbeiten:*
Wenn Sie viele Dinge in kurzer Zeit erledigen müssen und dabei hochkonzentriert sein wollen, dann arbeiten Sie doch einmal mit der sogenannten »Pomodorotechnik«. Der italienische Erfinder Francesco Cirillo hat dazu einen Küchenwecker in Form einer Tomate verwendet und die Technik kurzer Hand nach seinem Hilfsmittel benannt. Die Pomodoromethode basiert auf der Idee, dass unsere Konzentrationsfähigkeit in kurzen Zeitspannen höher ist und wir so effektiver arbeiten.

Und so geht's: Nehmen Sie sich eine konkrete Aufgabe vor, stellen Sie sich einen Timer auf 25 Minuten und legen Sie los.

Nach Ablauf der 25 Minuten machen Sie 5 Minuten Pause und dann starten Sie die nächste »Tomateneinheit«. Alle vier Pomodoros folgt eine längere Pause, um auch wirklich geistig fit zu bleiben.

Der ideale Tag besteht dann aus 4x4 Pomodoros, also acht Stunden und 3 längeren Pausen dazwischen. Die Folge: Sie bekommen echt was geschafft und sind am Abend immer noch leistungsfähig!

Um Ihre Pomodoros zu planen und zu timen gibt es einige Apps am Markt, wie zum Beispiel »Focus To Do«. Mit Hilfe dieser App können Sie Pomodoros mit Aufgaben verknüpfen und auch bereits im Voraus planen.

4. *Zur Ruhe kommen*:
   Über den Wert der kleinen Pausen haben wir gerade schon gesprochen. Daran knüpft dieser Tipp an: Gönnen Sie sich jeden Tag mindestens einmal, am besten mehrmals 5-10 Minuten, in denen Sie innehalten. Sehr förderlich ist dabei eine möglichst ruhige Umgebung. Schotten Sie sich notfalls mit Kopfhörern oder Ohropax ab.

   Schließen Sie die Augen und lassen Sie den Atem in Ihrem eigenen Rhythmus ruhig fließen. Lassen Sie die Gedanken kommen und gehen.

   Versuchen Sie sie nicht zu bewerten, nehmen Sie sie einfach wahr. Wenn es störende Gedanken sind, hilft es einfach »interessant« zu denken und die Gedanken geistig wieder ziehen zu lassen. Wenn es schöne Gedanken sind, freuen Sie sich daran, lächeln Sie und lassen Sie auch diese wieder ziehen.

   Wenn Sie Lust haben, sich mehr und mehr mit dem Thema Mediation auseinanderzusetzen, dann empfehle ich Ihnen das Buch *Stressfrei durch Meditation* von Maren Schneider. Sie gibt darin eine Vielfalt von Übungen auf der Basis der MBSR-Methode von Jon Kabat-Zinn wieder.

5. *Bewusst essen*:
Oder sollte ich sagen »achtsam essen«. Achtsamkeit ist zu so einem Trendwort geworden, dass man sich schon seltsam dabei vorkommt, es zu benutzen. Nichts desto trotz, bei einem Kurs über Achtsamkeit habe ich einmal eine »Rosinen-Meditation« miterlebt. Die ist denkbar einfach und sehr bemerkenswert: Sie essen eine Sultanine ganz bewusst und sehr sehr langsam. Ich glaube die Vorgabe war, die getrocknete Frucht zehn Minuten lang im Mund zu behalten. Eine lange Zeit für eine einzelne Rosine. Es ist ganz erstaunlich, was das mit den Geschmacksnerven und der eigenen Wahrnehmung macht.

Was hingegen machen wir im Alltag? Wir arbeiten bis zur Minute vor der Mittagspause, wenn wir überhaupt eine machen, und setzen uns dann schnell zu Tisch. Ich weiß nicht, wie es Ihnen geht, aber ich persönlich nehme dann oft gar nicht wahr, was ich überhaupt esse! Also habe ich es mir angewöhnt vor dem Essen kurz an die frische Luft zu gehen oder eine Atemübung zu machen.

Bei der Nahrungsaufnahme versuche ich dann bewusst, langsam zu essen, damit mein Geist und mein Körper überhaupt mitbekommen, dass gerade Zeit zum Genießen ist. Mir ist es wichtig, mich ausschließlich auf die Nahrungsaufnahme zu konzentrieren und die Informationsaufnahme zumindest für 30 Minuten einmal zu stoppen. Auch wenn es verlockend ist, nebenbei noch schnell etwas Fachliteratur zu lesen.

Mein ganz persönliches Glücksritual ist der Espresso nach dem Mittagessen und, ich gebe zu, dazu ein kleines Stück Schokolade. Dann ist die Hedonistin in mir befriedigt und ich kann mich wieder in die Arbeit stürzen.

6. *Gut schlafen*:
Jeder von uns tut es – mal mehr, mal weniger, mal besser mal schlechter. »Wer viel leisten will, muss auch viel schlafen,

lautet das Ergebnis einer Studie des Clayton Sleep Institute in St. Louis mit 544 Teilnehmern. Denn sonst setzt sich ein Teufelskreis in Gang: Menschen, die chronisch unter Druck stehen, schlafen kürzer und schlechter und sind dann tagsüber weniger leistungsfähig. Das wiederum setzt sie so unter Druck, dass der Schlaf in der Nacht verstärkt leidet.«, schreibt *Focus Online* in seinem 2010 veröffentlichten Artikel »13 Fakten über das Schlafen«. An der Stelle habe ich schlechte Nachrichten für die Spätzünder, die noch bis spät nachts vor dem Bildschirm hängen, das blaue Licht gefährdet unseren guten Schlaf. Und auch der Schlummertrunk hilft dann nichts, denn wir entspannen uns zwar eher, aber unsere Leber hat mehr Arbeit mit dem Entgiften, was uns wiederum unruhiger schlafen lässt. Also, am besten den Arbeitstag gut abschließen mit Tagesplanung und Positivcheck und dann etwas für die Entspannung tun. Nachdem Menschen in festen Partnerschaften besser schlafen, als Singles, ist es doppelt förderlich dabei, etwas zu zweit zu machen.

Apropos Zwischenmenschliches: Sie sollten keine Gelegenheit zum Mittagsschlaf auslassen, empfehlen zumindest die Wissenschaftler der University of California. »Nickerchen mit Rapid-Eye-Movement-Phase (REM) erhöhen die Sensibilität des Gehirns, Emotionen anderer wahrzunehmen und zu bewerten. Denn eine Siesta reduziert negative Befangenheit und fördert positive Emotionen.« Regelmäßiger Mittagsschlaf macht also empathisch und fördert Glücksgefühle.

7. *Kurze Bewegungseinheiten*:
   Der Physiker und Buchautor Stefan Klein schreibt: »Die Natur hat uns nicht dazu eingerichtet, träge zu sein, und bestraft uns dafür mit unangenehmen Gefühlen. Glück entspringt der Aktivität!« Deshalb versuchen Sie, so oft es geht, Bewegungssequenzen einzubauen und wenn es nur kurze sind. Wir sitzen alle viel zu viel, am Schreibtisch, im Besprechungsraum, im Auto, im Flieger, auf der Couch. Die Liste der sitzenden Tätigkeiten lässt sich schier endlos fortsetzen. Und

dabei sitzt unser Gehirn mit! Forscher der Uni Pittsburgh haben herausgefunden, dass im Sitzen unsere Blutzirkulation im Körper extrem eingeschränkt ist. Unser Gehirn wird dadurch mit deutlich weniger Sauerstoff versorgt. Je weniger wir uns bewegen, desto mehr lässt unsere Konzentrationsfähigkeit nach. Außerdem muss sich unser Herz im Sitzen mehr anstrengen, um den Blutkreislauf trotzdem stabil zu halten. Das fördert Krankheiten, wie Schlaganfall und Herzinfarkt.

Mein Tipp daher: Machen Sie möglichst oft Aktivpausen! »Aktivpausen«, so nenne ich Bewegungseinheiten von mindestens 20 Minuten, die eine willkommen Pause vom Alltag darstellen. Bei der Art der Bewegung können Sie sich ganz nach Ihren persönlichen Vorlieben orientieren. Egal, ob Sie nun Rückengymnastik oder Businessyoga machen, ob Sie Jonglieren oder einfach nur Besorgungen machen, Hauptsache Aufstehen und Bewegen. Am besten natürlich an der frischen Luft! Mein Favorit ist daher der »Pleasure Walk«. Er heißt so, weil es während diesem Vergnügungs-Spaziergang nicht erlaubt ist, an die unerledigten To-dos zu denken. Ihre Aufgabe ist es, einzig allein spazieren zu gehen und dabei Ihre Umgebung wahrzunehmen. Schärfen Sie Ihren Blick und lernen Sie, die kleinen Dinge am Wegesrand wahrzunehmen und sich an ihnen zu erfreuen.

8. *Herzhaft lachen*:
   Situationskomik, ein guter Witz, eine lustige Geschichte: Wenn wir lachen, kommt der Körper auf Hochtouren. Mit bis zu 100 Stundenkilometern pressen die Bauchmuskeln dann die Atemluft durch die Lunge. Das heißt, Lachen kurbelt die Sauerstoffversorgung an, weil es den Luftaustausch in der Lunge verdreifacht. Von Kopf bis Fuß spannen sich rund 200 Muskeln an und erschüttern das Zwerchfell so stark, dass die inneren Organe regelrecht ins Hüpfen kommen. Die gute Nachricht für alle Sportmuffel ist, dass schon 20 Sekunden herzhaftes Lachen der körperlichen Leistung von drei Minuten schnellem Rudern oder Laufen entsprechen.

Deshalb fühlen wir uns nach Heiterkeitsausbrüchen sofort wacher, konzentrierter – und glücklicher. Das wiederum liegt daran, dass Lachen die Ausschüttung von Glückshormonen anregt, während es jene von Stresshormonen hemmt.

9. *Gemeinsam fröhlich sein*:
   Lachen ist weitaus mehr als eine körperliche Reaktion. Wissenschaftler ordnen das Entstehen eines Lachimpulses dem limbischen System zu, einem evolutionsgeschichtlich sehr alten Teil des Gehirns. Lachen konnten wir schon, bevor wir sprechen lernten. Das zeigt, wie wichtig es für Sozialleben und Kommunikation ist. Daran hat sich bis heute nichts geändert. In Gesellschaft lachen wir 30 Mal häufiger als alleine. Also, begeben Sie sich in Gesellschaft und zwar in die Gesellschaft von positiven Menschen. Kurzer Energieschub im Büro gefällig? Rufen Sie einen netten Kunden oder Kollegen an.

10. *Für den nötigen Ausgleich sorgen*:
    Ich weiß, ich weiß, man darf nicht mehr von Work-Life-Balance sprechen, denn schließlich soll unsere Arbeit doch unsere Erfüllung sein und wir sollen die Bereiche Arbeit und Freizeit nicht mehr so strikt trennen. Also, ich bin auch sehr dafür, Spaß in der Arbeit zu haben, das ist ja mit der Sinn dieses Buches. Nichts desto trotz finde ich es extrem wichtig, den richtigen Ausgleich zur Arbeit zu haben. Ich persönlich kann mich nirgendwo so gut entspannen wie in der Natur. Deshalb bin ich so oft wie möglich draußen beim Wandern, Schwimmen, Walken oder Ähnlichem. Nach solchen Aktivphasen genieße ich es einfach, in der Hängematte im Garten zu liegen und ein gutes Buch zu lesen. Ich gehe außerdem sehr gerne auf Festivals, Märkte und überall hin, wo sich Menschen treffen und etwas los ist. Und ich liebe es, die Welt kennenzulernen. Idealerweise kann ich das auch mit meinem Beruf verknüpfen, aber die schönste Businessreise ist definitiv kein Urlaub! Was macht Ihnen Spaß? Schauen Sie doch noch mal auf Ihre Flow-Liste aus Kapitel 10. Was nehmen Sie sich vor, wieder öfter zu tun?

Diese zehn Energiequellen helfen mir persönlich sehr, den Stress im Zaum zu halten.

Ganz viele der Tipps basieren auf körperlichem Wohlbefinden. Sie wissen schon, von wegen »mens sana in corpore sana«, wie wir Lateiner sagen. Den gesunden Geist, der in dem gesunden Körper wohnt, mal etwas näher zu betrachten, lohnt sich aber definitiv auch! Bei der Konzentration auf die mentale Stressebene bin ich bereits vor Jahren auf ein sehr spannendes Konzept gestoßen, dass ich Ihnen definitiv nicht vorenthalten möchte, die Theorie der »inneren Antreiber«. Ich habe daraus viel für meine Einstellung zur Arbeit und für meine Verkäuferpersönlichkeit gelernt.

Die inneren Antreiber – vom Erfolgsfaktor zum Stressor

Antreiber sind oft gut gemeinte elterliche Aufforderungen, die einem Kind bestimmte Verhaltensweisen vorschlagen. Eine Aussage, wie zum Beispiel »Lass Dich nur nicht unnötig hetzen«, ist wohlwollend gemeint und auch im Erwachsenenleben durchaus hilfreich. Andere Ratschläge dagegen sind belastend, einengend und blockierend, wie zum Beispiel: »Ein Indianer kennt keinen Schmerz!« Auf diese als Kind verinnerlichten Aussagen greifen wir auch als Erwachsener immer wieder zurück. Diese Botschaften dienen uns als Handlungsanleitung im Alltag, treiben uns an und bringen uns vorwärts.

Erfahrungen aus unserer Jugend mit unseren Eltern, Verwandten und Bekannten prägen unser Erwachsenenleben, mal positiv, mal negativ. Frei nach dem Motto, »es ist nie zu spät in einer glücklichen Gegenwart zu leben«, ist es das Ziel unserer persönlichen Entwicklung, uns diese Botschaften bewusst zu machen und zu überlegen, ob sie uns erfolgreich machen oder eher dauerhaft unter Stress setzen.

Die Amerikaner Kahler und Capers haben in der Transaktionsanalyse fünf grundlegende elterliche Forderungen herausgearbeitet, die sie als Antreiber bezeichnen. Wenn diese verinnerlichten Gebote zu stark ausgeprägt sind, dann werden sie zu Stressoren, was man auch schon an dem Wörtchen »immer« erkennt:

Sei immer perfekt:

Dieser Antreiber verlangt Perfektion, Vollkommenheit und Gründlichkeit, in allem was wir tun. In der Regel erwarten Menschen, die unter diesem Antreiber stehen, dies auch von anderen. Toleranz ist nicht ihre größte Stärke.

Wer mit diesem Antreiber »engeren Kontakt pflegt«, hat als Kind gelernt, dass er/sie nur dann in Ordnung ist, wenn das, was man tut, perfekt ist. Für das eigene Arbeitsverhalten bedeutet dieser Antreiber, lieber sehr viel Zeit in Perfektion zu investieren, als nur 90 Prozent Leistung abzuliefern. Und zwar wohlgemerkt 90 Prozent in den Augen des Perfektionisten. Da die Informationsgrundlagen nie vollständig, also perfekt sind, werden Entscheidungen nur zögerlich und verspätet getroffen.

Um seinen eigenen Antreiber im Zaum zu halten und auf ein gesundes Maß zu reduzieren, eignen sich entspannende Glaubenssätze, die ich »Erlauber« nenne.

Erlauber für den Perfektionisten:

»Ich darf Fehler machen, ohne mich unzulänglich zu fühlen und kann daraus lernen.«

»Ich darf klären, ob 80% nicht auch ausreichen.«

»Ich darf mich über das Erreichte freuen und mich ausruhen.«

Ein Spruch, den ich während meiner Ausbildung als zertifizierte Speakerin gelernt habe, gefällt mir sehr und gilt nicht nur für Menschen, die auf großen Bühnen stehen: »Perfektion schafft Agression!« Also, wollen Sie sich lieber an Ihrem Perfektionismus abarbeiten oder lieber Ihren Mitmenschen sympathisch sein?

Mach immer schnell:

Dieser Antreiber ist Anlass für uns, alles rasch zu erledigen – schnell zu sprechen, schnell zu denken, schnell zu antworten. Naheliegend, dass dies dann häufig auch von anderen verlangt wird. Personen mit einem stark ausgeprägten »Mach schnell«-Antreiber sind immer in Hektik und haben Mühe, ruhig und gelassen zu sein, zuzuhören und anderen die Zeit zu geben, die sie für ihren Rhythmus brauchen.

Erlauber für den Schnellen:

»Ich darf mir Zeit nehmen und meinen Rhythmus finden.«

»Ich darf mich auf den Moment einlassen und genießen.«

»Ich darf auch mal Pause machen und zur Ruhe kommen.«

Streng dich immer an:

Für Personen, die an sich selbst diese Forderung stellen, steht Leistung und Fleiß an vorrangiger Stelle. Eine Aufgabe ist für sie nur dann erfüllt, wenn sie sich dafür Mühe gegeben haben. Dabei ist die Anstrengung wichtiger als das Ergebnis. Das Leben besteht aus Herausforderungen, die es zu meistern gilt. Zu viel Unbekümmertheit sehen sie als Leichtsinn an. In Stresssituationen passiert es dadurch, dass einfache Lösungen übersehen werden.

Erlauber für den Anstrenger:

»Ich brauche nicht für andere zu denken und die Verantwortung zu übernehmen.«

»Ich darf es mir auch mal leicht machen.«

»Ich darf mir helfen lassen.«

Mach es immer allen recht:

Für Personen mit diesem Antreiber sind die anderen immer wichtiger als sie selbst. Sie fühlen sich dafür verantwortlich, dass andere sich wohlfühlen. Von anderen geschätzt und geliebt zu werden, ist ihnen sehr wichtig. Eigene Bedürfnisse und Wünsche werden, solange sie überhaupt bewusst sind, nicht angesprochen. Friede, Freude und Harmonie stehen im Vordergrund, denn Kritik wird als persönliche Niederlage empfunden.

Erlauber für den Rechtmacher:

»Ich darf mich wichtig nehmen und herausfinden, was ich selbst will.«

»Ich habe das Recht auf eigene Meinung.«

»Ich darf meine Wünsche mitteilen.«

Und ganz wichtig »Ich darf auch mal Nein sagen« – eine Anleitung dazu finden Sie in diesem Buch ☺.

Sei immer stark:

Das bedeutet, sich keine Blöße zu geben und Vorbild für andere zu sein. Dieser Antreiber verhindert, dass die »Starken« Hilfe annehmen – dies wäre ja ein Zeichen der Schwäche. »Gelobt sei, was hart macht«, »Indianer kennen keinen Schmerz«, »Das macht mir gar nichts aus«, sind typische Redewendungen. »Sei immer stark« ist ein Aufruf zum Heldentum und eine Warnung davor, zu viele Gefühle, wie Ängste oder Trauer zu zeigen.

Erlauber für den Starken:

»Ich darf stark sein und zugleich Bedürfnisse haben.«

»Ich brauche niemanden zu beeindrucken, um gemocht zu werden.«

»Ich darf Hilfe annehmen und mich an Teamwork beteiligen!«

Tipp: Wenn Sie das Antreibermodell spannend finden, dann empfehle ich Ihnen den dazugehörigen Fragebogen einmal für sich auszufüllen. Sie werden ihn wahrscheinlich im Internet finden, meistens jedoch ohne eine gute Auswertung. Ich finde es daher besser, ihn lieber im Rahmen eines Coachings oder eines Seminars kennenzulernen. Dann können Sie mit professioneller Anleitung die für Sie wichtigen Fragen klären und Handlungsmaßnahmen bestimmen.

15. Durchhaltetipps für Durststrecken

Die Angst vor dem Nein des Kunden überwinden

Erinnern Sie sich an die »Happiness Twin«-Studie und den Glücksfixpunkt aus Kapitel 1?

Der Harvard Psychologe Daniel Gilbert schreibt dazu in seinem Artikel »Glücklich im Job«: »Menschen rechnen damit, dass positive Ereignisse ihnen sehr viel größere Glücksgefühle bescheren werden, als es hinterher tatsächlich der Fall ist.«

Wir kennen das aus dem Vertrieb sehr gut. Ist der neue Firmenwagen endlich da oder das gesteckte Umsatzziel erreicht, ist die Freude darüber gar nicht so groß wie vorher angenommen. Gilbert führt interessanter Weise weiter aus: »Ebenso überschätzen die Menschen die Auswirkungen negativer Ereignisse!« Und das ist doch jetzt mal eine gute Nachricht, wenn es zum Beispiel um das gefürchtete »Nein« eines wichtigen Kunden geht.

Warum macht uns das Nein eigentlich wirklich so viel aus? Warum scheut der Verkäufer das Nein des Kunden, wie der Teufel das Weihwasser oder der Vampir den Knoblauch? Ich glaube, die größte Falle, in die wir dabei tappen, ist das Nein auf uns persönlich und auf unsere Leistung zu beziehen. Und da sind wir wieder bei unseren verinnerlichten Überzeugungen angelangt. Auch hier mischen unsere inneren Antreiber ganz gehörig mit, wie Sie gleich erkennen werden:

Innerer Antreiber	Gedanken, bei einem »Nein« des Kunden
Sei perfekt: • Verkäufer mit Sinn für Vollkommenheit • Hohe Analysekompetenz bezüglich Bedarf • Organisationstalent Überzeugung: Nur durch eine perfekte Leistung bekomme ich die Anerkennung des Kunden.	»Ich muss ein noch perfekteres Angebot abgeben!« »Ich muss ihn noch besser beraten. Wahrscheinlich ist der Nutzen nicht wirklich rüber gekommen!« »Ich sollte noch mehr über mein Produkt wissen!«

Innerer Antreiber	Gedanken, bei einem »Nein« des Kunden
Sei schnell: • Verkäufer, die zügig auf Kundenanfragen reagieren • Finden schnell eine passende Lösung • Agieren zielstrebig und kommen in der Regel schnell zum Abschluss. Überzeugung: Ich muss schnell sein, bevor sich ein anderer den Kunden schnappt oder er es sich anders überlegt.	»Da beeile ich mich schon so, und jetzt sagt der Nein. Das gibt es doch nicht!« »Mist, schon wieder Zeit verschwendet!« »Jetzt muss ich schnell noch andere Kunden ansprechen, damit ich diesen Zeitverlust wieder ausgleiche!«
Streng dich an: • sehr fleißige Verkäufer • große Anzahl an Kundenkontakten • hohes Durchhaltevermögen Überzeugung: Ein Ja des Kunden muss ich mir erst erkämpfen. Ohne Fleiß kein Preis.	»Ich muss noch mehr leisten!« »Ich muss dem Kunden einen noch besseren Preis machen!« »Wahrscheinlich war ich einfach nicht hartnäckig genug!«
Mach es allen recht: • sehr liebenswürdige Verkäufer • verkauft auf der Beziehungsebene • Kümmerer des Kunden Überzeugung: Der Kunde kauft nur, wenn er wirklich zufrieden ist. Ich sollte alles tun, was nur irgendwie möglich ist.	»Der Kunde mag mich nicht!« »Ich habe mich nicht von meiner besten Seite gezeigt!« »Vielleicht sollte ich günstiger werden/mehr bieten?«
Sei stark: • Verkäufer mit kämpferischer Natur • Argumentieren sachbezogen und durchsetzungsstark • Gute »Verhandler« und »Abschließer« Überzeugung: »Nein« heißt »Noch ein Impuls nötig«.	»Bei mir geht keiner raus, ohne zu kaufen!« »So leicht kommst Du mir nicht davon, lieber Kunde!« »Habe ich irgendwann im Gespräch eine Schwäche gezeigt?«

Fazit:

Für alle Verkäufertypgen gilt: Schaffen Sie einen Abstand zwischen sich selbst und der Leistung, die Sie anbieten. Das Nein des Kunden muss zwangsläufig nichts mit Ihnen persönlich oder Ihrem Angebot zu tun haben. Vielleicht war es einfach nicht der richtige Zeitpunkt, heißt der Kunde hat aktuell keinen Bedarf, kein Budget oder keine Zeit. Immer vorausgesetzt, Sie haben Ihren Zielkunden richtig definiert, gefährdet ein einmaliges Nein noch nicht den

Status des »Schon-bald-Kunden«. Sie geben einfach weiterhin ihr Bestes, ohne sich dabei zu sehr zu stressen oder die eigenen Bedürfnisse dauerhaft hinten an zu stellen.

Hören Sie auf sich selbst ein Bein zu stellen!

Wenn wir eine Phase mit vielen »Neins« des Kunden überstehen müssen, dann kann es passieren, dass negative Glaubensätze unser ohnehin schon angekratztes Verkäufer-Selbstbewusstsein noch weiter schwächen. In unserem Unterbewusstsein spricht dann eine Stimme, die negative Überzeugungen formuliert.

Kennen Sie den Gollum aus *Herr der Ringe*? Der ehemaligen Hobbit Smeagol hat eine gespaltete Persönlichkeit. In seiner Höhle im Nebelgebirge hat er sich nach und nach zu dem kleinen Monster Gollum verändert. Genauso ein ekliges, kriechendes, missgünstiges Ding stelle ich mir vor, das in den Tiefen unserer geplagten Verkäuferseele wohnt – so einen inneren Nörgler, ein richtiges »Abschlusszweifelmonster« eben.

Dieser Miesmacher in uns sagt dann Dinge wie zum Beispiel: »Ich habe den Auftrag nicht bekommen, weil ich mich nicht verkaufen kann. Ich bin eben kein guter Verkäufer!« Richtig gemein, oder?

Aber aufgewacht, die Stimme sind wir selbst. Und unser eigenes Unterbewusstsein hat diese Aussage geformt. Was genau ist das Problem dabei? Es ist die Verallgemeinerung, dass etwas immer so ist: »Ich kann mich nicht verkaufen und das wird sich auch nie ändern!« Damit bekommt der Glaubenssatz die Wirkung einer Handlungsanweisung, und wir stellen uns so lange selbst ein Bein, bis wir es schaffen, diesen aufzulösen oder den ekligen Gollum loszuwerden.

Der berühmte amerikanische Automobilhersteller Henry Ford sagte einmal: »If you believe you can do it, or if you believe you can't, you are right!«

Ich übersetze seine Aussage mal so: »Ob du glaubst, du kannst es erreichen, oder ob du glaubst, du kannst es nicht erreichen, du hast immer recht!«

Dieser Ausspruch beschreibt sehr schön, dass wir es selbst in der Hand haben, wie wir mit einer Durststrecke umgehen.

Wir haben die Wahl, wie wir die Tatsache eines entgangenen Auftrags oder eines verlorenen Kunden betrachten. Die Situation können wir nicht ändern, unsere Einstellung hingegen schon. Die Aussage »Jemand anderes hatte die bessere Wellenlänge zum Kunden. Das nächste Mal bin ich wieder dran!« klingt doch schon ganz anders und formuliert eine positive Anweisung an uns selbst.

Nach einem anspruchsvollen Kundengespräch können wir entweder zu uns selbst sagen: »Ich hätte mich mehr vorbereiten sollen!« Oder etwa: »Wieder etwas dazu gelernt. Ich entfalte mein Verkaufstalent jeden Tag ein Stück mehr!«

Also, hören wir auf, uns selbst im Weg zu stehen und uns zu demoralisieren. Motivieren wir uns besser selbst, das ist am wirkungsvollsten!

Übung:

Mit welchen Glaubenssätzen stellen Sie sich selbst ein Bein? Tragen Sie auch so einen Gollum mit sich herum? Falls Ihnen jetzt solche inneren Abschlusshemmer ins Bewusstsein kommen, dann sprechen Sie sie ein letztes Mal laut aus, nein besser schreiben Sie sie hier auf und formulieren Sie sie im gleichen Zug um:

Alter Glaubenssatz	Neue Handlungsanweisung

Und, wie fühlen Sie sich? Haben Sie Ihren Gollum vernichtet? Wenn Sie mit dem Ergebnis zufrieden sind, dann übertragen Sie am besten Ihre neuen Handlungsanweisungen in Ihr Erfolgstagebuch – nur für den Fall, dass das Abschlusszweifelmonster wieder einmal die Überhand bekommt.

Aktives Verkaufen bringt Glück!

Der Vater hatte seine Söhne an sein Bett gebeten. »Ihr wisst, was ich besitze«, sagte er. »Ich hinterlasse euch nur einen Weinberg. Aber ich habe bis zum Ende meines Lebens gewartet, um euch ein Geheimnis zu erzählen: Dort ist ein Schatz vergraben.« Dann legte er sich nieder und starb. Die Söhne sahen einander an, nahmen ihre Spaten und gingen zum Weinberg. Sie begannen zu schaufeln und zu graben. Jeden Zentimeter des Weinbergs nahmen sie sich vor. Aber sie fanden nichts.

Ihre Enttäuschung war groß. Der Vater hatte sie doch nicht zum Narren gehalten?

Einige Wochen später beschlossen sie, dass sie wahrscheinlich nicht sorgfältig genug gesucht hätten und begannen erneut zu graben und zu schaufeln. Einen Schatz fanden sie dennoch nicht. Ein Jahr später trugen die Reben mehr Trauben als je zuvor. Die Brüder konnten sich die Fülle nicht erklären. Die Botschaft ihres Vaters ist dennoch deutlich: Es hat keinen Sinn, einen Schatz zu suchen. Das Glück ist das Graben selbst, es bringt Wohlstand.

(Quelle: *Eine Schatzkiste voll Glück. The World Box of Happiness.* Dumont Verlag 2011)

Ich finde, das ist eine wundervolle Geschichte und ich habe mich sehr gefreut, als ich sie entdeckt habe. Die Parabel zeigt ganz deutlich, wie sich das mit dem Verkaufen verhält. Wenn man den Verkaufserfolg wie ein Unternehmen betrachtet, dann ist die Investition leider stets im Voraus zu erbringen. Um sicher zu gehen, dass Sie genügend in das aktive Verkaufen investieren, empfehle ich Ihnen klare Aktivitätsziele mit sich selbst zu vereinbaren. Anregungen dazu finden Sie im Kapitel 9. Worauf sollen sich Ihre Aktivtätsziele beziehen? Neukunden- und/oder Bestandskundenkontakte? Nachfrage nach Empfehlungen? Gezielte Social-Media-Aktivitäten? Möglichkeiten gibt es viele um stetig aktiv im Verkauf zu sein!

Erinnern Sie sich an die Erfolgspyramide aus Kapitel 4? Die Teilerfolge im Verkauf, die Sie Stück für Stück erzielen, bevor Sie einen Verkaufsabschluss machen?

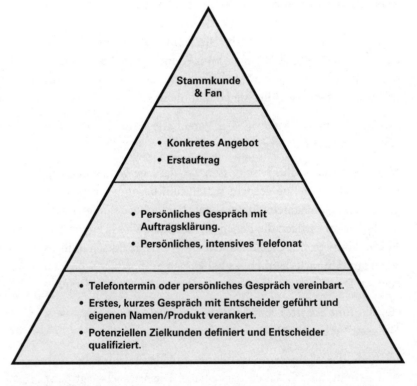

Abbildung 25: Die Erfolgspyramide

Man kann die Erfolgspyramide auch so sehen, dass wir das Geld für einen Auftrag auch für die Neins auf dem Weg dorthin bekommen. Jedes Nein führt uns also näher an das nächste Ja und den nächsten Auftrag heran.

Ein Sportler hört auch nicht beim ersten Misserfolg auf. Er probiert es immer wieder, bis er gewinnt. Dafür trainiert er tagtäglich. Der berühmte kanadische Eishockey-Spieler Wayne Gretzky wurde einmal von einem Journalisten gefragt, warum er immer mehr Tore schieße als jeder andere Spieler in der Liga. Die Eishockey-Legende soll geantwortet haben: »Du musst bei jeder Gelegenheit auf das Tor schießen. Ich habe hundertmal mehr auf das Tor geschossen als jeder andere Spieler!«

Zum Erfolg im Verkauf gehören ein gewisses Durchhaltevermögen, die richtige Strategie und eine optimistische Grundeinstellung.

Eine optimistische Wahrnehmung entwickeln

Zunächst gleich mal eine gute Nachricht: Wir Menschen haben eine große und verlässliche Stärke – wir entdecken fast in jeder Situation einen Lichtblick. Die Wissenschaftlerin Elaine Fox schreibt in Ihrem Buch *In jedem steckt ein Optimist* über zwei bekannte Optimisten: »Sie sind Realisten, die genau wissen, dass sie mit Problemen rechnen müssen, sowie Rückschläge erleiden werden und dass sie flexibel und kreativ sein müssen, um Lösungen und Auswege zu finden.«

Das unterscheidet eine optimistische Grundhaltung deutlich von dem oft zitierten Blick durch die rosarote Brille. Es geht nicht darum, ausschließlich positiv zu denken. Im Gegenteil, es hilft, von vornherein auch Hindernisse und Herausforderungen zu sehen. Denn erst das versetzt uns in die Lage, eine Bewältigungsstrategie zu entwickeln.

Und genau das macht den realistischen Optimisten im Verkauf erfolgreich. Er nimmt Probleme und Hindernisse wahr und entscheidet sich dann, seine Energie auf die Lösungsfindung zu fokussieren.

Der Unterschied zwischen Optimist und Pessimist beginnt bereits bei der Wahrnehmung von Informationen. Die beiden sehen die Welt durch unterschiedliche Filter – einmal den positiv eingefärbten und einmal den negativen.

Wie eine Radarantenne scannt der Optimist seine Umwelt nach positiven Eindrücken und Informationen. Bei ihm dominiert, vereinfacht ausgedrückt, das Lustzentrum, was dazu führt, dass er hauptsächlich positive Informationen wahrnimmt und sich überwiegend an diese erinnert. Dahingegen wird der Pessimist von seinem Angstzentrum ständig dazu angehalten, die Welt nach Bedrohungen und Gefahren zu untersuchen. Er nimmt überwiegend negative Informationen wahr und speichert diese ab.

In der Praxis können wir uns das folgendermaßen vorstellen: Ein Optimist und ein Pessimist nehmen an dem Jahres-Kickoff-Meeting ihrer Firma teil. Der Geschäftsführer präsentiert den Jahresrückblick und die Strategie für das kommende Jahr.

Beim Mittagessen unterhalten sich die beiden Teilnehmer miteinander. Der Optimist sagt solche Dinge, wie: »Wir können echt stolz sein auf unsere Leistung im vergangenen Jahr. Das haben wir gut hinbekommen!« Und: »Das finde ich großartig, dass wir uns jetzt verstärkt auf XYZ konzentrieren. Da haben wir ganz neue Chancen am Markt!« Der Pessimist schaut ihn kopfschüttelnd an. Er kommentiert seine Version der Geschäftsführungspräsentation mit bedenklich gerunzelter Stirn: »Im letzten Jahr hatten wir noch Glück mit der Zielerreichung. Ich glaube nicht, dass die Marktentwicklung eine Wiederholung des Ergebnisses in diesem Jahr zulässt!« Und: »Schon wieder ein neues Produktgebiet, in das wir uns einarbeiten sollen. Wir sollten uns eher auf das konzentrieren, was wir können, statt uns neue Probleme zu schaffen!«

Versetzen Sie sich einmal in diese Situation hinein: Sie stehen ebenfalls am Tisch mit dem Optimisten und dem Pessimisten, wem würden Sie eher beipflichten? Und was glauben Sie, wer von beiden wird erfolgreicher sein im Aufbau des neuen Produktfeldes?

Die Wahrnehmung der beiden Vertriebskollegen passiert unterhalb der Schwelle ihres Bewusstseins. Und genauso läuft es auch bei uns. Ein automatisches Verfahren, dass im Alltag blitzschnell und tausend Mal täglich abläuft. Wichtig ist, dass wir uns unsere Wahrnehmungspräferenz bewusst machen.

Was ergibt Ihr Selbstcheck? Erleben Sie die Welt eher mit dem optimistischen oder dem pessimistischen Filter?

Die gute Nachricht ist, wir können unsere Wahrnehmung bewusst steuern und zum Positiven hin wenden, indem wir:

- Einen Realitätscheck machen, das heißt, zwischen Wahrnehmung und Interpretation unterscheiden: Was passiert momentan gerade? Was mache ich in meiner Welt mit dieser Information? Welche negativen oder positiven Gefühle entstehen dabei?

- Einen Perspektivenwechsel vornehmen, das heißt uns bewusst auf die positive Sichtweise konzentrieren: Wie kann ich die Situation auch noch sehen? Welche zweite, positive Seite der Situation gibt es? Welche Chancen ergeben sich daraus?

Ob optimistische oder pessimistische Wahrnehmung - wir haben es mal wieder selbst in der Hand. Eine eher negative Wahrnehmungspräferenz zu verändern, geht nicht von heute auf morgen. Die Arbeit daran lohnt sich auf jeden Fall – denn eine positive Wahrnehmung macht uns handlungsfähiger, lösungsorientierter und dadurch erfolgreicher. Und obendrein glücklicher!

Übung: Der Optimistentag

Nehmen Sie sich einen beliebigen Tag der Woche raus. Wenn Sie eher Anlaufschwierigkeiten am Anfang der Woche verspüren, dann wählen Sie gleich den Montag. Für neuen Schwung in der Wochenmitte sorgt der Mittwoch und wenn Sie sich den Freitag aussuchen, dann starten Sie gut gelaunt ins Wochenende.

Beschließen Sie, an diesem Tag alles von der optimistischen Seite her zu sehen. Wenn Sie morgens Zeitung lesen oder Radio hören, dann lesen oder hören Sie einmal nur auf die positiven Schlagzeilen. Auf dem Weg zur Arbeit betrachten Sie die Welt mal mit neugierigen, gut gelaunten Kinderaugen – was gibt es alles Spannendes zu entdecken? In der Arbeit angekommen, begrüßen Sie alle Anwesenden fröhlich.

Beim Lesen Ihrer E-Mails fragen Sie sich bei jeder einzelnen Nachricht: Was ist daran positiv?

Und so geht es den ganzen Tag weiter. Wenn Sie mögen, können Sie sich ein persönliches Optimisten-Vorbild auswählen, das Sie über den Tag begleitet und sich immer fragen: Wie würde er oder sie das jetzt sehen?

Schreiben Sie gleich jetzt hier auf, wann Sie Ihren nächsten Optimistentag einlegen werden:

_____

_____

Am Ende des Tages wird Ihnen Ihr Positiv-Check garantiert besonders leicht fallen. Gehen Sie den Tag in Gedanken nochmals durch und überlegen Sie:

- Was war heute anders als sonst?
- Wie hat sich meine Laune über den Tag entwickelt?
- Welchen Menschen bin ich begegnet? Was habe ich bei deren Laune festgestellt?

- Welche Chancen haben sich mir heute gezeigt?
- Was ist mir heute mit Leichtigkeit geglückt?
- Wann mache ich den nächsten Optimistentag?

Werden Sie zum Stehaufmännchen – Widerstandskraft entwickeln

Als Kind hatte ich eine Holzfigur, die auf einem Kegel stand – ein Stehaufmännchen. Egal in welche Richtung man diesen Holzmenschen anstupste, er kehrte immer wieder zu seiner aufrechten Haltung zurück. Er schlingerte zwar erst noch mal hin und her, aber irgendwann stand er dann wieder wie eine Eins. Der kleine Holzkerl hatte echte Nehmerqualitäten und die brauchen wir im Verkäuferleben auch.

Die Psychologen nennen diesen »Stehaufmänncheneffekt« Resilienz. Resilienz wird vom lateinischen Wort »resilire« abgewandelt und bedeutet laut Wikipedia »zurückspringen« und »abprallen«. Gemeint ist damit die innere Stärke eines Menschen mit Misserfolgen, Niederlagen und kleineren sowie größeren Lebenskrisen umzugehen. Auf www.Lebenshilfe-abc.de habe ich diese schöne Erklärung gefunden:

»Resilienz ist eine Art seelische Widerstandsfähigkeit oder Unverwüstlichkeit, gewissermaßen das Immunsystem der Seele. Resiliente Menschen lassen sich von widrigen Lebensumständen, Lebenskrisen und Schicksalsschlägen nicht unterkriegen. Sie können kreativ und flexibel in Krisen reagieren, in denen andere sich hilflos fühlen.

Belastungen erleben resiliente Menschen eher als Herausforderung denn als Problem oder unlösbare Krise. Sie erholen sich schneller von Fehlschlägen und Niederlagen als Menschen, die über eine geringe Resilienz verfügen.«

Resilienz ist nicht angeboren, sondern im Laufe unserer Kindheit und unseres späteren Erwachsenenlebens erlernt. Durchhaltevermögen, Willenskraft und innere Stärke sind Fähigkeiten, die wir trainieren können. Haben Sie Lust an Ihren Stehaufmännchen-Qualitäten zu arbeiten? Dann nichts wie los!

Übung:

Der erste Schritt zur Resilienz ist, sich selbst zu ermutigen mit positiven Aussagen, wie zum Beispiel:

»Ich schaff das!«

»Ich bin mutig und geduldig!«

»Ich mach das Beste daraus!«

»Ich habe schon ganz andere Dinge gemeistert!«

Fortgeschrittene, die bereits auf ihr robustes Seelenkonstüm vertrauen können, sagen vielleicht sogar: »Ich bin gespannt, was ich jetzt wieder lernen darf!« Ein bisschen Ironie und Galgenhumor ist auch erlaubt!

Der zweite Schritt ist, sich auf die eigenen Stärken zu konzentrieren. Denken Sie zurück an Kapitel 5 und den Stärkentest. Was haben Sie dabei über Ihre Stärken herausgefunden? Auf welche Fähigkeiten können Sie sich 100 Prozent verlassen?

Betrachten Sie eine aktuelle kritische Situation einmal ganz bewusst und überlegen Sie sich, wie sie diese mit Hilfe Ihrer fünf Hauptstärken bewältigen können.

Der dritte Schritt ist, sich auf Ihr soziales Netzwerk zu besinnen. Sie müssen nicht jedes Tal der Tränen alleine durchwandern. Mit welchen positiven Menschen können Sie sich umgeben? Wer kann Ihnen seelischen Beistand leisten? Wer kann Ihnen Hilfe anbieten und Sie unterstützen. Sie müssen zwar viel tun, aber nicht alleine.

Haben Sie alle drei Schritte erledigt? Dann habe ich jetzt noch einen letzten Impuls für Sie: Legen Sie das Buch mal zur Seite und gehen Sie raus in die Natur. Jede Form von ausdauernder Bewegung ist gut für Sie. Wandern oder schwimmen Sie, laufen Sie, walken Sie. Tun Sie einfach, was Ihnen gut tut. Das stärkt Ihre körperliche Resilienz und fördert Ihr Glücksgefühl durch Abbau von Stresshormonen und die Ausschüttung von Endorphinen.

3 weitere Tipps, wie Sie Durststrecken noch leichter bewältigen

Tipp Nr. 1 Humor:

Der Mediziner und Glücksforscher Eckart von Hirschhausen schreibt im Haufe *Personalmagazin*: »Humor ist einer der zentralen Widerstandskräfte gegen das Verzweifeln. In der Psychologie nennt man die Fähigkeit, mit Belastungen umzugehen ›Resilienz‹, und die kann man stärken und trainieren. Humor ist ein Gradmesser, denn lange bevor ich krank werde, verliere ich den Spaß an den Dingen. Die Deutschen sagen gerne: Erst die Arbeit, dann das Vergnügen. Wer beim Arbeiten kein Vergnügen hat, macht etwas Grundsätzliches falsch!«

Also, amüsieren Sie sich. Entdecken und zelebrieren Sie Situationskomik. Lachen Sie über witzige Bemerkungen Ihrer Gesprächspartner. Schauen Sie amüsante Youtube-Filme an. Lesen Sie ein erheiterndes Buch oder schauen Sie sich eine Comedy-Show im Fernsehen an. Egal was, sorgen Sie dafür, dass Sie etwas zum Lachen haben, und die Welt sieht gleich ganz anders aus!

Und übrigens, das Zitat von Joachim Ringelnatz kann ich Ihnen nicht vorenthalten: »Humor ist der Knopf, der verhindert, dass uns der Kragen platzt!«

Tipp Nr. 2 Das Grübelmonster besiegen

Ihnen ist partout nicht zum Lachen zu Mute? Dann regiert in Ihrem Inneren wohl im Moment das Grübelmonster und schickt Ihnen trübe Gedanken.

Das Problem mit den schlechten Gedanken ist, dass sie immer dann auftauchen, wenn man sie am wenigsten gebrauchen kann. Wenn wir nachts unruhig schlafen zum Beispiel oder uns gar schlaflos von einer Seite zur anderen drehen. Morgens beim Aufwachen oder später am Tag, wenn wir uns gerade auf ein wichtiges Meeting vorbereiten. Oder wenn wir eigentlich unseren Positiv-Check am Abend durchführen wollen.

Ich plädiere nicht dafür, diesen negativen Gedanken gar keinen Raum zu geben, aber ich weigere mich, mich von ihnen zu sehr vereinnahmen zu lassen.

Deshalb räume ich dem Grübelmonster befristete »Fresszeiten« ein. Wenn mir zum Beispiel beim Positiv-Check partout nichts Positives einfallen will, dann grüble ich einfach mal eine Runde und überlege mir, warum das so ist. Nach spätestens 15 Minuten ist dann aber auch Schluss mit Trübsal blasen und ich beschließe aktiv, mich angenehmeren Dingen zu zuwenden.

Was aber, wenn das Grübelmonster in immer kürzeren Abständen auftaucht? Dann hat das wohl auch einen guten Grund. Unsere Ängste wollen uns nämlich vor Fehlern bewahren. Eine gute Idee, um das Grübelmonster in so einem Fall zu besiegen, ist die »Wenn dann Liste«. Schwelgen Sie einfach einmal so richtig in Ihren Ängsten und Befürchtungen. Am besten Sie schreiben Sie alle auf und dann erarbeiten Sie Lösungsstrategien. Sollte sich Ihre Befürchtung wirklich bewahrheiten, was werden Sie konkret tun? Zwei Dinge werden beim Erstellen der »Wenn-dann-Liste« passieren: Erstens, sobald Sie sich mit Ihren Ängsten konkret auseinandersetzen, wirken diese weit weniger bedrohlich. Zweitens, durch die erarbeiteten Handlungsstrategien haben Sie einen Notfallplan. Dieser gibt Ihnen Sicherheit und Zuversicht.

Tipp Nr. 3: Ins Tun kommen – Hoffnung ist gut, Handeln ist besser!

Raus aus der Opferrolle – rein in die Aktivität. Wann war Ihr letzter Optimistentag? Optimisten haben einen klaren Vorteil während vertrieblicher Durststrecken: Sie fühlen sich nicht wohl in der Opferrolle. Sie nehmen ihr Schicksal selbst in die Hand und stellen sich den Herausforderungen. Diese Stärke mit Rückschlägen umzugehen, sollten wir kultivieren und das »Optimistengen« in uns weiter ausbauen.

Kennen Sie das Buch *Die Mäusestrategie* von Spencer Johnson? In der Geschichte geht es darum, dass zwei Mäuse und zwei Zwergenmenschen in einem Labyrinth gefangen sind. Sie ernähren sich von Käse aus einem zentralen Käselager. Weil sie zu sehr daran gewöhnt sind, dass sich dieses Lager immer wieder erneuert, bemerken sie nicht, dass der Vorrat an Nahrung drastisch abnimmt, bis er irgendwann ganz aufgebraucht ist. Spannend ist, was jetzt passiert: Während die Mäuse ohne zu zögern ins Labyrinth aufbrechen und neue Wege gehen, entbrennt bei den beiden Zwergenmenschen ein heftiger, mehrtägiger Disput darüber, was zu tun ist.

Der Pessimist unter den beiden ist sauer, dass der Käse nicht mehr wie sonst geliefert wird, scheut aber zugleich die Unsicherheit des Labyrinths. Der optimistische Zwergenmensch beschließt schließlich, alleine nach einer Lösungsstrategie zu suchen. Er macht sich auf den Weg, neues Terrain zu erkunden und wird natürlich dafür auch belohnt.

Okay, es ist eine amerikanische Geschichte und natürlich gibt es daher auch ein Happy End. Aber mal ganz ehrlich, Aktivität wird immer belohnt – also mal raus aus der Komfortzone und ran an den Kunden!

16. Dauerhaft glücklich als Verkäufer

Jetzt sind wir bereits in Kapitel 16 von *Happy Sales* angekommen. Die Zeit mit Ihnen, lieber Leser, verging wie im Flug. Seit 2x8 Kapitel beschäftigen wir uns mit emotionaler, strategischer und organisatorischer Selbstführung im Vertrieb. Dabei ist es kein Zufall, aber bestimmt ein Glücksfall, dass die Zahl 8 eine unbedingte Glückszahl ist und zwei mal acht heißt dann bestimmt doppelt so viel Glück. Also auf geht's in das letzte Kapitel von *Happy Sales*, in dem wir uns nochmal voll und ganz dem Glück widmen!

Das eigene Glück messen

Der Physiker und Buchautor Stefan Klein schreibt in seinem Buch *Die Glücksformel*: »Glück ist weniger eine Frage der Lebenssituation, als vielmehr eine Folge bestimmter Gewohnheiten, die sich jeder aneignen kann.«. Glücklich zu werden erfordert ein ähnliches Verhalten, wie auf eine sportliche Leistung zu trainieren. Es kommt auf die tägliche Praxis an, es kommt auf die eigene Konsequenz an und es kommt darauf an, die eigenen Fortschritte regelmäßig zu messen. Und genau das wollen wir jetzt einmal gemeinsam tun! Erinnern Sie sich noch an ihre persönliche Glücksskala? Das Kreuz, das Sie im allerersten Kapitel dieses Buches auf die Fordyce-Skala gesetzt haben? Jetzt ist es an der Zeit, Ihr momentanes Glück noch einmal einzuschätzen.

Übung:

Auf einer Skala von 0 bis 10, wobei 0 der niedrigste Wert und 10 der höchste Wert ist, wie glücklich fühlen Sie sich gerade? Generell oder als Verkäufer?

Notieren Sie bitte wie viel Zeit zwischen Ihrer ersten Einschätzung und dieser hier liegt:

_____

_____

_____

Wie hat sich Ihr Glückslevel verändert?

_____

_____

_____

_____

Worauf führen Sie diese Veränderung zurück?

_____

_____

_____

_____

Was können Sie daraus lernen? Was wollen Sie künftig noch verstärken?

Was wollen Sie weglassen?

_____

_____

_____

_____

Ich hoffe sehr, dass sich Ihr Glückslevel auch mit Hilfe dieses Buches zum Positiven hin verändert hat. Bleiben Sie auf jeden Fall weiter dran. Und messen Sie Ihren Glückslevel regelmäßig. Machen Sie jetzt gleich einen Termin mit sich aus für die nächste Einschätzung und halten Sie ihn hier schriftlich fest:

Um sicher zu gehen, dass Sie den Messtermin nicht verpassen, bitte jetzt auch noch gleich in Ihren Kalender eintragen. Danke, dass Sie so verbindlich mit sich selbst sind!

Glück kann man trainieren – den eigene Glückslevel täglich steigern

Erinnern Sie sich noch an den täglichen Positiv-Check aus Kapitel 4? »Was heißt da erinnern!«, werden Sie jetzt entrüstet ausrufen, denn schließlich führen Sie tagtäglich Tagebuch über Ihre Erfolge und Glücksmomente im Verkauf, oder?

Das ist ganz prima, wenn Sie das tun. Denn dieser Positiv-Check ist ein ganz wertvolles Werkzeug, damit Sie Ihren Glückslevel dauerhaft steigern. Vergleichbar mit einem Taschenmesser hilft er in allen Lebenslagen. Und sie müssen ihn beim Fliegen noch nicht mal zurücklassen. Jetzt ergänzen wir diesen Positiv-Check mit einer wöchentlichen Zusatzaufgabe: der Dankbarkeitsübung. Der Psychologe Robert Emmons ist der führende Forscher zum Thema Dankbarkeit.

Er konnte in zahlreichen Studien nachweisen, dass Dankbarkeit unmittelbar mit dem Gefühl des Wohlbefindens (»well-beings«) zusammenhängt und das Glückslevel nachhaltig steigert. Durch das Empfinden und Ausdrücken von Dankbarkeit verstärken wir unsere Fähigkeit positive Gefühle zu erleben. Ein weiterer angenehmer Nebeneffekt setzt dadurch ein, dass wir beim schriftlichen Formulieren der Dankbarkeit positive Worte und Ausdrücke verwenden und sich dadurch wiederum unser Denkmuster hin zum Positiven wendet. Am gängigsten ist, die Dankbarkeitsübung regelmäßig in ein Tagebuch oder Bullet Journal zu schreiben.

Es geht also darum einmal wöchentlich die nachstehende Frage schriftlich zu beantworten:

»Wofür bin ich dankbar?«

Damit Ihre Gedanken leichter fließen, können Sie über folgende Frage zusätzlich nachdenken:

Was gibt es Schönes in meinem beruflichen und privaten Leben?

Welchen wertvollen Menschen bin ich diese Woche begegnet?

Womit hatte ich Erfolg?

Welche Glücksmomente durfte ich erleben? Was hat mich gefreut?

Averil Leimon und Gladena McMahon schreiben in ihrem Buch *Positive Psychologie für Dummies*, ebenfalls im Wiley-Verlag erschienen, zum Thema Dankbarkeit: »Forschungen belegen, dass Menschen, die Dankbarkeit zeigen können, intensivere positive Gefühle empfinden, zufriedener mit ihrem Leben sind, ihre Vitalität steigern und optimistischer gestimmt sind. Dankbarkeit für das, was man hat, und für die Menschen, mit denen man zusammenlebt, fördert die Entstehung positiver Gefühle und die Fähigkeit zu vergeben.(…) Dankbar zu sein heißt nicht, dass man die negativen Aspekte des Lebens leugnen oder ignorieren muss.«.

Also, ich bin der Meinung, wenn es so einfach ist, gute Gefühle zu erzeugen, dann sollten wir doch auf die Methode der Dankbarkeit auf gar keinen Fall verzichten, oder?

Übung:

Am besten wir machen die Dankbarkeitsübung jetzt sofort für diese Woche hier im Buch. Wofür sind Sie dankbar?

_____

_____

_____

_____

_____

Wenn Ihnen die Beantwortung der Frage etwas Mühe macht, dann denken Sie an all die kleinen Dinge, für die Sie dankbar sein können. Senken Sie Ihre Maßstäbe etwas und die Übung wird Ihnen deutlich leichter fallen.

Machen Sie diese Dankbarkeitsübung ab sofort wöchentlich. Im Gegensatz zum Positiv-Check empfehle ich Ihnen die Frage »Wofür bin ich dankbar?« ganzheitlicher zu beantworten und nicht ausschließlich auf den Verkauf anzuwenden. Sie werden feststellen, dass Sie bei Ihrer Dankbarkeitsrückschau auf grundlegendere Themen stoßen als bei Ihrem Positiv-Check. Darum reicht dies auch einmal wöchentlich aus, denn sonst wiederholen Sie sich zu oft und das Dankbarkeitsgefühl nutzt sich ab.

Und dennoch ist die Dankbarkeitsübung gerade in schwierigen vertrieblichen Zeiten ein gutes Gegenmittel gegen Trübsal und Demotivation. Unser Fokus richtet sich dadurch auf die wesentlichen Dinge und lässt uns so manche Alltagssorge als belanglos erscheinen.

Eine optimistische Grundhaltung bewahren

Vertriebsleiter Otto Müller und sein Mitarbeiter Ernst Meier sitzen nach einem langen Tag im Außendienst bei einem Kaffee an der Autobahnraststelle zusammen. Der Sinn des gemeinsam verbrachten Tages ist ein Coaching des Vertriebsmitarbeiters hinsichtlich Gesprächsführung und Neukundenakquise. Jetzt lassen die beiden Herren den Tag Revue passieren und Herr Müller gibt seinem Vertriebler Feedback: »Also Ernst, die Gespräche bei den Bestandskunden sind ja schon sehr schön gelaufen. Ich merke, Du hast eine gute Beziehungsebene zu den Leuten und sie sind mit unserer Leistung zufrieden. Das läuft gut.« Ernst Meier nickt mäßig begeistert, denn er ahnt schon, dass das »Aber« noch nachkommt. »Was noch steigerungsfähig ist, ist dein Vorgehen bei der Kaltakquise. Da verstehe ich einfach deine Scheu nicht. Warum hast Du Angst, die Leute direkt anzusprechen? Die waren doch heute ohnehin alle freundlich, keiner hat uns direkt wieder rausgeworfen!«, gibt Otto Müller weiter Feedback. Ernst Meier erwidert: »Ja, so kann man das auch sehen! Ich denke mir immer, ich störe die nur und die haben doch bestimmt schon einen Dienstleister. Auf uns haben die doch nicht gewartet!« Sein Chef betrachtet ihn mit einem Seufzer und einem Stirnrunzeln. Nach einer kleinen Pause fährt er fort: »Ernst ich möchte dir eine Geschichte erzählen:

»Ein weiser Indianerhäuptling sitzt mit seinem Sohn, der bald seine Nachfolge antreten soll, auf einem Berggipfel. Ihr Blick ist zurück ins Tal auf ihr Indianerdorf und die friedlich grasende Büffelherde gerichtet. Der Häuptling erzählt seinem Sohn, dass im Inneren jedes Menschen zwei Wölfe wohnen. Einer der Wölfe steht für alle negativen Emotionen des Menschen wie Wut, Hass, Neid, Jähzorn, Misstrauen und Ärger. Der andere Wolf verleiht dem Menschen positive Gefühle wie Freude, Glück, Liebe, Zufriedenheit und Harmonie.

Der Stammesälteste richtet das Wort an seinen Sohn: ›Na, künftiger Führer unseres Stammes, lass mich mal hören, wie weise du bist. Was glaubst du, welcher Wolf bekommt die Oberhand?‹

Der junge Häuptling überlegt, wiegt den Kopf und antwortet schließlich: ›Vater, den Wolf den ich nähre, der trägt den Sieg davon!‹«

Ernst Meier schaut seinen Chef überrascht an. Dann kommt ihm die Erleuchtung. »Chef, du meinst, mit meiner pessimistischen Einstellung gewinn ich so schnell keine Neukunden für mich, oder?« Otto Müller lacht auf: »Ganz genau Ernst, mach mal deinem Namen nicht so viel Ehre und sieh die Dinge etwas lockerer und vor allem zuversichtlicher!«

(Quellenangabe: Geschichte frei nach *Das kleine Übungsheft Optimismus*)

Es sind die Vielzahl der kleinen Momente, die uns glücklich machen!

Eine wissenschaftliche Erkenntnis von Ed Diener, unserem Dr. Happiness, finde ich besonders spannend: Er hat nachgewiesen, dass die Häufigkeit positiver Erlebnisse ein viel besserer Garant für unser Glück ist, als deren Intensität. Es geht also um die Anzahl der Glücksmomente, die wir während eines ganz normalen Arbeitstages erleben. Wenn Sie jeden Tag ein Dutzend ganz netter Erlebnisse haben, dann sind Sie wahrscheinlich glücklicher als jemand, der vor nicht allzu langer Zeit ein ganz besonderes Glückserlebnis hatte. Denn wir wissen aus der Glücksforschung, dass sich unser Glück nach besonderen Ereignissen verbraucht und wir binnen sechs Monaten wieder auf unserem ursprünglichen Glückslevel angekommen sind. Also, was macht Ihnen wirklich Spaß – an Ihrem Beruf und darüber hinaus? Mir zum Beispiel geht es besonders gut, wenn ich mit einem Kunden ein positives Nachbetrachtungsgespräch geführt habe. Damit meine ich einen Zufriedenheitsanruf nach einem erfolgreichen Bühnenauftritt oder Verkaufsseminar.

Das macht mir sogar doppelt Spaß, denn wer hört zum einen nicht gerne, dass er einen Kunden zufriedengestellt, ja vielleicht sogar begeistert, hat? Zum anderen bietet sich bei solchen Telefonaten ganz oft die Gelegenheit, ein Nachfolge- oder Zusatzprodukt zu verkaufen.

Verkäufer-Herz, was willst Du mehr! Bin ich selbstgefällig? Ich glaube nicht und trotzdem lese ich mir gerne hin und wieder meine Referenzen durch und freue mich, was ich mit meinem Engagement für meine Kunden und zusammen mit ihnen schon alles erreicht habe.

Zu dem Zweck der positiven Erinnerung habe ich auch eine kleine, ganz persönliche »Hall of Fame« in meinem Büro mit netten Trainings- und Auftrittsfotos, Dankesschreiben meine Kunden, tollen *Happy-Sales*-Rezensionen und mit Auszeichnungen, auf die ich stolz bin, wie zum Beispiel mein Professional Speaker Zertifikat der GSA.

Es gehört zu meinem Job als Verkaufsexperte, dass ich viel reise. Das ist manchmal stressig und verlängert so einen Arbeitstag schon mal auf 14 bis 16 Stunden. Es gibt mir aber auch die Gelegenheit mal einen Nachmittag oder Abend eine Stadt zu erkunden, in die ich nicht so oft komme. Ich liebe zum Beispiel Städte wie Hamburg, Münster, Lübeck. Vielleicht, weil sie so gegensätzlich zu meiner bayerischen Heimat sind. Ich bin jedes Mal voller neuer Impulse, wenn ich durch Berlin oder Köln gelaufen bin. Und ich schätze die Schönheit von Städten wie Salzburg und Wien. Großartig finde ich sowieso alle Orte, die am Wasser sind, wie zum Beispiel Zürich oder Luzern. Jetzt höre ich auf, bevor ich ins Schwärmen komme. Aber noch während ich diese Zeilen schreibe, kommen jede Menge schöne Bilder in mir hoch und ich bin spontan glücklich.

Eine To-do-Liste der angenehmen Art – die Schmunzelliste

Der Weg zum Glück gelingt mit Hilfe der Freude. Manchmal sind wir so in unsere Arbeit vertieft oder mit Aufgaben überhäuft, da vergessen wir doch tatsächlich, uns zu freuen. Es ist in so einem Moment auch nicht leicht, sich auf positive Dinge zu konzentrieren oder schöne Erinnerungen im Kopf hervorzukramen. Und genau für solche Situationen oder vielleicht sogar Tage werden wir jetzt präventiv tätig!

Welche Dinge bereiten Ihnen Freude? Bei welchen Gelegenheiten ziehen sich Ihre Mundwinkel unweigerlich nach oben? Welche Beschäftigungen zaubern Ihnen garantiert ein Lächeln ins Gesicht? Hoffentlich fallen Ihnen jetzt gleich ganz viele Dinge ein, denn dann werden Sie richtig Spaß haben bei der nächsten Aufgabe. Sie sollen nämlich eine »Schmunzelliste« erstellen oder eine »Schmunzel-Mindmap«, wenn Sie das Format kreativer sein lässt.

Wozu das gut ist, fragen Sie sich? Ganz einfach, um Sie an trüben Tagen parat zu haben, dann wenn ein Lächeln wirklich guttut, sich aber partout keins spontan einstellen will. Mit einem Blick auf die Schmunzelliste können Sie nachhelfen, in Erinnerungen schwelgen oder Vorfreude entwickeln

Diese Liste aller Dinge, die Ihnen Freude machen, eignet sich auch sehr gut zur emotionalen vertrieblichen Vorbereitung, immer dann, wenn Sie sich in gute Stimmung versetzen wollen, zum Beispiel, wenn Sie sich mental auf zwei Stunden Telefonakquise vorbereiten. Oder auch zur Nachbereitung nach einem nicht ganz so toll gelaufenen Gespräch, wenn Sie sich wieder motivieren wollen, oder … oder … oder …

Der wichtigste Zweck der Schmunzelliste ist es, sich damit Anlässe zur Freude zu schaffen! Ich bin mir sicher, Ihnen fallen gute Gelegenheiten ein, wann Sie einige Aktivitäten von der Schmunzelliste in die Tat umsetzen können. Am besten Sie planen diese kleinen »Freu-Einheiten« in Ihren Tag und in Ihre Woche ein, wenn Sie mögen mit einem Symbol wie einem Smiley oder Ähnlichem.

Auch Vorfreude ist erlaubt und erwünscht, denn das Gehirn unterscheidet in Sachen Emotionen nicht zwischen Vergangenheit, Gegenwart und Zukunft.

Auf meiner Schmunzelliste stehen zum Beispiel kleine Körper-
übungen aus dem Yoga, zum Beispiel der Löwe, bei dem Sie eine
Grimasse schneiden, die Zunge rausstrecken und dazu einen
richtigen Urschrei ausstoßen, Gute-Laune-Musik, mit netten
Menschen telefonieren oder sich treffen, Youtube-Videos bzw.
Kanäle, die mich zum Lachen bringen, Zeitungen, die ich gerne
lese, Routen für nette Spazierrunden, Lieblingscafes etc.

Meine Schmunzelliste ist ein elektronisches Mindmap, das ich
immer mal wieder aktualisiere und als Ausdruck in meinem
Positiv-Check-Buch griffbereit halte.

Übung:

Und jetzt sind Sie gefragt. Brainstormen Sie doch einfach mal los.
Was kommt Ihnen in den Sinn? Haben Sie etwas Geduld mit
sich, die freudigen Ideen für kürzere und längere Aktivitäten
zum Abschalten, Genießen, Lachen, in Erinnerung schwelgen
etc. entwickeln sich beim Schreiben.

_____

_____

_____

_____

_____

_____

_____

Und Schmunzelliste erstellt? Wie hat sich das Verfassen ange-
fühlt? Welche Dinge stehen denn so auf Ihrer Liste? Seien Sie
nicht überrascht, wenn es sich um kleine, einfache Dinge handelt. Glück ist nicht anspruchsvoll und es speist sich aus zwei
Quellen. Welche das sind, erfahren Sie gleich im Anschluss

Die zwei Glückskomponenten: Eudaimonia und Hedonia

Was lässt das Leben gelingen? Diese Kernfrage zu beantworten, das ist das Streben der Positiven Psychologie. Erinnern Sie sich an die PERMA-Formel von Martin Seligman aus dem ersten Kapitel? Und an das M=Meaning, auf Deutsch »Sinn«?

Durch sein eigenes Tun Sinn zu stiften, ist eine der beiden wesentlichen Glückskomponenten, genannt Eudaimonia.

Schon Albert Einstein wusste: »Wer sein eigenes Leben und das seiner Mitmenschen als sinnlos empfindet, der ist nicht nur unglücklich, sondern kaum lebensfähig.« (http://zitate.net/leben.html) Der begnadete Denker war offensichtlich nicht nur Physiker, sondern auch Philosoph. Und natürlich war er bei Weitem nicht der Erste, der zu dieser Erkenntnis kam. Ist doch die Beantwortung der Sinnfrage die Grundlage jeder Religion. Von der menschlichen Frühgeschichte an bis heute gilt: Wir sind deutlich zufriedener, wenn wir das eigenen Leben als sinnvoll ansehen.

Die Quelle des Sinns kann dabei für jeden Menschen eine andere sein. Und es gibt meistens auch nicht nur eine Quelle, sondern gleich mehrere, die den Sinn in unserem Leben mehren. Spiritualität, zum Beispiel, also der Glauben an etwas Höheres, das unserem Leben über den Tod hinaus Sinn gibt. Es gibt natürlich auch sehr viele irdischere und praktische Ansätze: von Zeit mit Freunden und Familie, über Engagement für Politik und Umwelt bis hin zur Ansammlung von Wissen und persönlicher Weiterentwicklung. So schildert zum Beispiel Alexandra Reinwarth auf witzige Art und Weise in ihrem Buch *Das Glücksprojekt*, wie sie ein Jahr lang fast alles versucht hat, um wirklich richtig glücklich zu werden. Was nach diesem sinnvollen Selbstversuch überbleibt ist: »Gutes Tun«. Anderen zu helfen, wird von den meisten Menschen als sehr sinnvoll und damit als glücklich machend empfunden. Und da sind wir doch wieder auf wunderbarer Weise bei *Happy Sales* angekommen. Verkaufen macht glücklich, wenn wir es mit der richtigen Gesinnung tun!

Allerdings, wenn wir unser Leben darauf konzentrieren, nur Sinn zu stiften, dann fehlt uns eindeutig die zweite wichtige Glücks-Komponente: das Vergnügen und die Lust, genannt Hedonia.

»Ein Weg zum Glück führt über die Freude. Freude ist das schöne Gefühl, das aus der Befriedigung so grundsätzlicher Bedürfnisse wie Hunger, Durst, sexuelle Triebe und körperliches Wohlbefinden entsteht.«, schreiben Leimon und McMahon in ihrem Buch *Positive Psychologie für Dummies*. Und sie sprechen mir aus dem Herzen, wenn sie weiter ausführen: »Freude hat nichts mit Überfluss und Übertreibung zu tun. Es geht mehr darum, an allem Freude zu finden, was Sie tun.« Fällt es Ihnen leicht, am Wochenende oder im Urlaub glücklich zu sein? Dann ist das schon mal ein sehr gutes Zeichen, denn Sie wissen offensichtlich etwas mit sich und Ihrer Umgebung anzufangen. Was durchaus nicht selbstverständlich ist. Die Frage ist, wie leicht fällt es Ihnen, im Alltag glücklich zu sein? Es geht darum, alle Tage Freude zu empfinden, bei dem, was Sie tun. Und was Ihnen Freude macht, das können Sie nur selbst für sich beantworten. Wenn Sie Ihre Antwort gefunden haben, dann integrieren Sie Miniurlaube in ihre Woche. Damit erhöhen Sie das Glücksgefühl in Ihrem Alltag garantiert.

Zu viel Genuss bringt auch nichts!

Kennen Sie den Begriff des Grenznutzens aus der Wirtschaft? Er besagt, dass der Zuwachs des Nutzens bei der Sättigung mit einem Gut mit jeder weiteren Produkteinheit zunehmend geringer wird. Leider verhält es sich mit dem Ansammeln von materiellen Gütern oder der Erfüllung von Wünschen ähnlich.

Mein Partner und ich habe ein Faible für Reisen. Und ich bin ein bekennender Genussmensch. Also haben wir eine Zeit lang recht aufwändige Urlaube gemacht. Ich habe Stunden um Stunden damit zugebracht, diese Reisen perfekt zu planen und die schönsten Hotels und Locations ausfindig zu machen.

Irgendwann hat sich der Lustgewinn aus diesen Reisen deutlich abgeschwächt. Dummerweise ist das »Downsizing«, also das Einschränken gar nicht so einfach, wenn man sich einmal an einen gewissen Standard gewöhnt hat. Nichtsdestotrotz haben wir uns jetzt mal wieder auf ganz gewöhnliche Ferienreisen konzentriert und siehe da, jetzt freuen wir uns auch wieder auf die nächste größere Reise!

Später habe ich herausgefunden, dass dieses Prinzip des immer geringer werdenden Zuwachses von Nutzen tatsächlich auch einen Namen in der Glücksforschung hat. Man bezeichnet es als hedonistische Tretmühle: Um den gleichen Grad an Glück aus Freude an materiellen Gütern und Erlebnissen zu empfinden, müssen wir uns immer neue Belohnungen für uns selbst ausdenken. Die Folge ist eine steigende Unzufriedenheit.

Also, wie so oft im Leben, die Mischung macht's. Nämlich ein gelungenes Gleichgewicht aus Sinnerfüllung und Freude am Genießen. Martin Seligman bezeichnet diesen persönlichen Zustand als Flourish = Aufblühen.

Wie dieser Zustand eintreten kann zeigt uns die Abbildung 26.

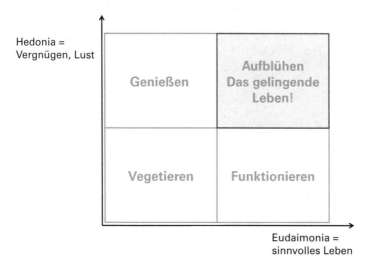

Abbildung 26: Hedonia und Eudaimonia

Fehlt es uns sowohl an Sinn, als auch an Vergnügen, dann vegetieren wir so dahin. Wir empfinden unser Leben als stumpf, mühsam und freudlos.

Ist unser Leben voller Sinn, weil wir viel Gutes tun und uns um das Wohl der anderen kümmern, fehlt uns dazu aber der genussvolle Ausgleich, dann funktionieren wir nur. Das wird irgendwann dazu führen, dass wir ausbrennen.

Wenn wir übermäßige Anhänger von Hedonia sind, dann landen wir relativ schnell in der hedonistischen Tretmühle und stellen uns die Frage: »Ist es das schon gewesen?« »Was soll jetzt noch kommen?« Uns fehlt der Sinn.

Das Ziel ist es, für ein ausgeglichenes Verhältnis von Eudaimonia und Hedonia zu sorgen, dann blühen wir auf und steigern unser Glücksempfinden wirklich langfristig.

Fazit:

Die beiden zentralen Glücksfragen lauten:

Was macht uns Spaß und bereitet uns Freude?

Was erachten wir als sinnvoll und was wollen wir in unserem Leben tun?

Die Macht der Gewohnheit

»Ein kleiner Elefant wurde gefangen und sollte domestiziert werden. Damit er nicht davon lief, kettete man ihn an einen kurzen Pflock. Weil der Elefant noch klein war, hatte er nicht die Kraft, sich zu befreien. Er versuchte es zwar, doch er lernte bald, dass der Pflock und die Kette stärker waren als er. Eines Tages gab er schließlich auf. Jahre vergingen und als er längst groß und kräftig geworden war, reichte es, wenn ihn sein Herr mit einer dünnen Schnur an einen kurzen Holzpflock band. Er versuchte erst gar nicht mehr, sich zu befreien.«

(Quelle: Paolo Coelho: *Der Wanderer: Geschichten und Gedanken*)

Ich wünsche Ihnen von ganzem Herzen, dass Sie nie aufhören, Ihre Gewohnheiten zu hinterfragen. Ich wünsche Ihnen, dass Sie sich genug Freiräume gönnen, um zu leben und glücklich zu sein. Und ich wünsche Ihnen, dass Sie möglichst viele verkäuferische Herausforderungen annehmen und sie als Wachstumschance begreifen.

Apropos Wachstumschance: Erinnern Sie sich an den Sales Competence Check aus Kapitel 6? Welche Fähigkeiten haben Sie für sich identifiziert, die Sie weiterentwickeln wollen? Wie sind Sie damit zwischenzeitlich vorangekommen? Bitte machen Sie es sich nicht zu gemütlich in Ihrer Komfortzone der angestammten Fertigkeiten und Möglichkeiten. Denken Sie an meinen Leitsatz »better innovate yourself, than disrupt yourself!« – sorgen Sie rechtzeitig für persönliches Wachstum, bevor Sie die Marktgegebenheiten dazu zwingen.

Die Happy Sales KPI's (Key Performance Indicators)

Und noch ein Gedanke zum Thema Wachstum. Dieser Begriff wird im Verkauf häufig nur mit Umsatzwachstum oder maximal noch mit der Vergrößerung des eigenen Marktanteils und dem Erorbern neuer Märkte verbunden.

Bei einem internationalen Sales-Kick-off, auf dem ich die Eröffnungskeynote gehalten habe, fand am Abend das »Presidents Club Dinner« statt. Zu diesem Dinner waren nur die umsatzstärksten Verkäufer des vergangenen Jahres eingeladen. Der Rest der Truppe musste oder durfte – da gingen die Meinungen auseinander ☺ – im Hotel bleiben. Daraus ergab sich eine

Zweiklassengesellschaft unter den Verkäufern, die noch zusätzlich durch unterschiedlich farbige Badges visualisiert wurde. Ich habe auf der Konferenz lange nachgedacht, wie es mir mit dieser Art von Incentive geht und es beschäftigt mich immer noch. Verstehen Sie mich nicht falsch, ich habe nichts gegen Erfolg und diesen an Zahlen zu messen, gehört im Verkauf dazu. Und doch ist es mir zu einseitig und zu kurzfristig gedacht.

Wenn wir Verkaufserfolg im Sinne von *Happy Sales* messen wollen, dann gehören dazu noch weitere KPIs, Key Performance Indicators, also Leistungskriterien und Kundenglückskriterien wie:

- Marge und Deckungsbeitrag: Die Profitabilität ist für mich auch ein Zeichen dafür, wie viel wert der Kunde auf unsere Leistung legt, oder ob er aufgrund günstiger Preise bei uns kauft.
- Umsatzanteil beim Kunden & Kundendruchdringung: Denn diese Faktoren geben darüber Auskunft, wie zufrieden der Kunde ist und wie gut sich der Verkäufer um ihn kümmert.
- Kundenloyalität: Wie lange dauert die Geschäftsbeziehung bereits an? Wie glücklich ist der Kunde über unsere Zusammenarbeit?
- Weiterempfehlungsquote: Wie häufig wird der Verkäufer/das Unternehmen weiterempfohlen und wie positiv bewertet der Kunde das Unternehmen/den Verkäufer?

Leider sind diese KPIs, die hauptsächlich auf der Zufriedenheit des Kunden beruhen, nicht so leicht messbar wie Umsatzsteigerung. Wichtig sind sie dafür umso mehr.

Denn stimmen diese Indikatoren, so stimmt auch Umsatz und Ertrag – und zwar langfristig!

Mindestens genau so bedeutend wie die Kundenzufriedenheit ist an dieser Stelle natürlich auch die Mitarbeiterzufriedenheit – nein besser der Glückslevel der Mitarbeiter:

- Wie glücklich fühlen sich die Vertriebsmitarbeiter?
- Betrachten sie ihre Tätigkeit als Job oder als Berufung?
- Wie positiv beurteilen sie die Unternehmenskultur und die Zusammenarbeit?

Im Oktober 2019 wurde von der Said Business School, der Universität von Oxford die erste mir bekannte Studie veröffentlicht, die belegt, dass glückliche Mitarbeiter mehr verkaufen. Untersucht wurden über sechs Monate sechs Call Center der British Telecom. Professor De Neve, der Verantwortliche der Studie, berichtet über die Ergebnisse: »Wir haben herausgefunden, dass glücklichere Angestellte, schneller und effizienter gearbeitet haben, also mehr Anrufe pro Stunde durchgeführt haben. Und, was sehr wichtig ist, mehr Anrufe in einen Abschluss umwandeln konnten!« (Quelle: https://www.sbs.ox.ac.uk/news/ happy-workers-13-more-productive-finds-oxford-said-research; Übersetzt aus dem Englischen)

Nicht immer sind die Auswirkungen von Glück auf Kundenloyalität und Produktivität so messbar. Das bedeutet aber nicht, dass wir es nicht zumindestens versuchen sollten!

Auf einer individuellen Ebene können Sie persönlich diese Messungen auf jeden Fall durchführen. Tracken Sie doch einfach in Ihrem Erfolgstagebuch die wöchentliche Stimmung und die Verkaufserfolge und überprüfen Sie, ob Sie einen klaren Zusammenhang erkennen! Es würde mich wundern, wenn nicht!

Schon jetzt für einen glücklichen Rückblick sorgen!

Damit es Ihnen nicht geht, wie dem Elefanten aus der Geschichte von vorhin, oder noch schlimmer, damit Sie nicht irgendwann am Ende Ihres Verkäuferlebens zurückblicken und unglücklich sind, empfehle ich Ihnen eine letzte Übung. Aus eigener Erfahrung weiß ich, das ist eine Übung, die es in sich hat! Im positiven Sinne natürlich ☺.

Übung: Ein ruhmreiches Verkäuferleben

Stellen Sie sich vor, Sie sind kurz davor, in Ruhestand zu gehen und sind Gast auf Ihrer eigenen Abschiedsfeier. Ihr Chef oder wenn Sie selbstständig sind, der Vorsitzende Ihres Unternehmerverbands, hält eine Rede und blickt auf Ihre erfolgreiche Karriere zurück. Er beschreibt Sie als Mensch, lobt Ihre Stärken und würdigt Ihre Erfolge.

Was wird er über Sie berichten? Denken Sie noch einmal an die schönen Seiten des Verkäuferberufs und die DNA des *Happy Sellers*. Schreiben Sie jetzt nachstehend Ihre eigene Laudatio in Bezug auf Ihr berufliches Leben:

_____

_____

_____

_____

_____

_____

_____

_____

Übungsalternative: Wenn Ihnen das mit der Laudatio nicht liegt oder zu förmlich ist, dann überlegen Sie sich stattdessen, was Ihre Lieblingskunden auf dieser Feier über Sie berichten würden:

_____

_____

_____

Auf die Gefahr hin, am Ende des letzten Kapitels noch etwas theatralisch zu werden, möchte ich Ihnen trotzdem noch kurz von Bronnie Ware erzählen. Die australische Krankenschwester betreute jahrelang todkranke Menschen. Ihre Erfahrungen hat

Ware in einem Buch festgehalten, dessen Lektionen jedem von uns zu denken geben sollten. Der Buchtitel lautet *Top Five Regrets of the Dying*, was frei übersetzt so viel heißt wie »Die fünf Dinge, die Todkranke am häufigsten bereuen«.

Ein Thema, mit dem sich Bronnie Ware gut auskennt – denn sie arbeitete jahrelang auf der Palliativstation eines Krankenhauses. Bei der Palliativmedizin geht es nicht mehr darum, Menschen zu heilen, denn dafür ist ihre Krankheit zu schwer. Es geht vielmehr darum, ihnen einen möglichst angenehmen Tod zu ermöglichen. Und dafür war Bronnie Ware da. Aufgrund ihrer Erfahrungen hat Sie für uns alle die Essenz aus ihren Gesprächen mit den Patienten zusammengefasst.

5 Dinge, die Sterbende bedauern:
- Ich wünschte, ich hätte mein Leben nach mir selbst, und nicht nach den Erwartungen anderer ausgerichtet.
- Ich wünschte, ich hätte nicht so hart gearbeitet.
- Ich wünschte, ich hätte den Mut gehabt, meine Gefühle auszudrücken.
- Ich wünschte, ich wäre mit meinen Freunden in Kontakt geblieben.
- Ich wünschte, ich hätte mir erlaubt, glücklicher zu sein.

(Quelle: http://www.alltagsforschung.de/die-lebenslektionen-von-bronnie-ware-was-menschen-im-sterben-bereuen/)

Auf Basis der Erkenntnisse von Bronnie Ware habe ich mein Rezept für ein glückliches Leben für mich und Sie verfasst. Ganz im Sinne von *Happy Sales* ist dies natürlich positiv formuliert!

Mein Rezept für ein glückliches Leben

- Sei dir selbst treu und gib deine Träume nicht auf.
- Habe genug Zeit für die schönen Dinge des Lebens und lebe im Augenblick.

- Sprich aus was du fühlst. Habe keine Angst, andere zu enttäuschen.
- Gib mehr als du nimmst. Habe Zeit für Freundschaften.
- Entscheide dich, glücklich zu sein und steigere deinen Glückslevel tagtäglich.

Fast hätte ich jetzt noch ein »Amen« drunter gesetzt. Das traue ich mich nun doch nicht. Ich wünsche Ihnen auf jeden Fall ein glückliches Leben, egal nach welchem Rezept Sie sich richten.

Und denken Sie immer daran: Verkaufen macht glücklich, also tun Sie es, so oft Sie können!

Die Essenz aus *Happy Sales* und das Schlusswort

Liebe Leser, herzlichen Dank dafür, dass Sie sich aufmachen werden und *Happy Sales* aktiv praktizieren. Ich habe Ihnen nachstehend zwei Mal acht Kernpunkte aus meiner Sicht noch einmal zusammengefasst:

16 Erfolgsfaktoren für *Happy Sales* – so werden Sie aktiv und glücklich im Verkauf:

1. So oft wie möglich lachen und sich selbst und seinen Kunden damit Gutes tun.
2. Täglich eine optimistische Grundhaltung pflegen und dadurch mehr Positives wahrnehmen.
3. Die eigenen Ideale leben, Sinn stiften und symbiotisch verkaufen.
4. Die eigene Verkaufsmotivation kennen und klar vor Augen haben.
5. Seine Stärken bewusst einsetzen und das eigene Verkaufstalent fördern.
6. Seinen Idealkunden identifizieren und gezielt ansprechen.
7. In jedem Kundengespräch für echte AHA-Momente sorgen.
8. Eine klare digitale und persönliche Verkaufsstrategie definieren und umsetzen.
9. Seine Verkaufsfähigkeiten regelmäßig »updaten«.
10. Chancen erkennen und den Optimistendreisprung praktizieren.
11. Feste Verkaufs- oder Marketingblöcke pro Woche einplanen.
12. Mehr Freiraum für den aktiven Vertrieb schaffen und täglich aktiv verkaufen.
13. Durch »Freu-Anlässe für Glücksmomente im Alltag sorgen.
14. Die Erfolge mit dem täglichen Positiv-Check und den *Happy Sales* KPIs messen.

15. Ein Nein des Kunden als Wachstumschance sehen.
16. Erfolge feiern und Spaß beim Verkaufen haben!

Ich bin mir sicher, Sie haben zusätzlich zu diesen 16 Punkten während des Lesens und während der Übungen nochmals eigene Kernpunkte für sich gefunden. Dann ergänzen Sie diese doch für sich hier:

_____

_____

_____

_____

Ich wünsche Ihnen ganz viel Erfolg bei der Umsetzung von *Happy Sales* – verkaufen Sie sich glücklich!

Ihre Sandra Schubert

Danksagung

Ich bin dankbar für alle Glücksmomente im Verkauf, die ich bis dato erleben durfte und noch erleben werde, denn sie machen mich zu einer leidenschaftlichen und glücklichen Verkäuferin und Verkaufsexpertin. Ich bin dankbar für meine Kunden und Teilnehmer, die mir immer wieder praktische Situationen liefern und mich dadurch dazu anregen, die *Happy-Sales*-Philosophie zu verfeinern und weiterzuentwickeln. Ich bin dankbar für die Inspirationen durch Glücksscout Eva-Imana Meier. Sie hat mich zur Positiven Psychologie gebracht, die so vieles theoretisch erklärt und untermauert, was ich seit Jahren für mich selbst lebe. Und ich bin dankbar für meinen Lebenspartner, der ein wesentliches Stück zu meinem persönlichen Glück beiträgt und sich während der Erstellung dieses Buches so extrem geduldig gezeigt hat. Jetzt freue ich mich wieder auf ganz viele hedonische Glücksmomente mit ihm gemeinsam!

Über die Autorin

Sandra Schubert (geb. 1970) ist ein geborenes Verkaufstalent und Deutschlands charmanteste Verkäuferin.

Als erfahrene Expertin für Emotionale Intelligenz, Verkauf und Positive Psychologie »schubst« sie ihr Publikum, ihre Teilnehmer und ihre Leser buchstäblich zum Erfolg.

Deshalb ist sie national und international einfach als »die SCHUBs« bekannt und beliebt.

Seit dem Jahr 2000 trainiert und coacht Sie Unternehmer, Verkaufsleiter, Verkäufer, Innendienst- und Außendienstmitarbeiter. Sie verfügt über einen praktischen Einblick in viele Branchen und zählt namhafte Markenunternehmen zu ihren Kunden. Und sie ist der lebende Beweis dafür, dass Verkaufen lachend einfach leichter geht!

Sandra Schubert ist Professional Speaker (GSA/SHB) und als Vortragsrednerin und Autorin eine echte Impulsgeberin. Sie regt an, entwickelt Ideen, vermittelt Zusammenhänge. Und zwar mit jeder Menge Kompetenz, Witz und Spaß an der Sache.

Näheres unter +49-8031-67228 oder per
E-Mail kontakt@schubs.com.

Literaturverzeichnis

Asgodom, Sabine, *So coache ich. 25 überraschende Impulse, mit denen Sie erfolgreicher werden*. Kösel-Verlag, München, 4. Auflage 2013

Asgodom, Sabine, *12 Schlüssel zur Gelassenheit. So stoppen Sie den Stress*. Kösel Verlag München, 2. Auflage 2005

Blickhan, Daniela, *Positive Psychologie – ein Handbuch für die Praxis*, Junfernmann Verlag, Paderborn, 2. überarbeitete Auflage 2018

Biswas-Diener, Robert et al., *The strengths book*, Capp Press, UK, 2010

Bormans, Leo, *Eine Schatzkiste voll Glück. The World Box of Happiness*. Dumont Buchverlag 2011

Crabbe, Tony, *Busy – How to thrive in a world of too much*, Piatkus Verlag, UK 2014

Csikzentmihalyi, Mihaly, *Flow im Beruf. Das Geheimnis des Glücks am Arbeitsplatz*. Klett- Cotta, Dritte Auflage 2012

Fredrickson, Barbara, *Die Macht der guten Gefühle. Wie eine positive Haltung ihr Leben dauerhaft verändert*. Campus Verlag, Frankfurt/New York 2011.

Fredrickson, Barbara, *Die Macht der Liebe. Ein neuer Blick auf das größte Gefühl*. Campus Verlag, Frankfurt

Frank, Renate, *Glück- Lebe Deine Stärken*. Patmos Verlag Düsseldorf 2008

Hübner, Sabine, *Empathie*, Gabal Verlag, Offenbach 2017

Johnson, Spencer, *Die Mäusestrategie für Manager: Veränderungen erfolgreich begegnen*, Ariston Verlag 2000

Klein, Stefan, *Die Glücksformel oder wie die guten Gefühle entstehen.* Rowohlt: Reinbek 2002

Leimon, Averil und McMahon, Gladeana, *Positive Psychologie für DUMMIES.* Wiley Verlag Weinheim, 2. Nachdruck 2014

Nussbaum, Cordula, *Organisieren Sie noch oder leben Sie schon?*, Campus Verlag, Frankfurt 2012; http://de.wikipedia.org/wiki/Spezial:ISBN-Suche/3498035096

Reinwarth, Alexandra, *Das Glücksprojekt – wie ich (fast) alles versucht habe, der glücklichste Mensch der Welt zu werden.* mvg Verlag, 2010

Schandl, Gabriel, »Das beste geben – Wege zum Leistungsglück«, Goldegg Verlag, 2014

Scherer, Hermann, *Glückskinder.* Campus Verlag, Frankfurt 2011

Schneider, Maren, *Stressfrei durch Meditation*, O.W. Barth Verlag 2012

Schöler, Gina, *Das kleine Glück möchte abgeholt werden.* Campus Verlag, Frankfurt

Schuseil, Petra, *Finde Dein Lebenstempo – mit dem richtigen Tempo zu mehr Leben.* Gabal Verlag, Offenbach 2013

Seiwert, Lothar, *Wenn Du es eilig hast, gehe langsam: das neue Zeitmanagement in einer beschleunigten Welt. Sieben Schritte zur Zeitsouveränität und Effektivität*, Campus Verlag, Frankfurt 2003

Seligman, Martin E.P., *Flourish - Wie Menschen aufblühen: Die Positive Psychologie des gelingenden Lebens.* Kösel Verlag

Seligman, Martin E.P., *Der Glücks-Faktor. Warum Optimisten länger leben.* Bastei Lübbe 2005

Thalmann, Yves-Alexandre, *Das kleine Übungsheft Optimismus*. Trinity Verlag 2012

Weidner, Jens, *Optimismus*, Campus Verlag, Frankfurt, 1. Auflage 2017

Westphal, Susanne, *Die neue Lust an der Arbeit*, Campus Verlag, Frankfurt, 2018

Zach, Davis *Vom Zeitmanagement zur Zeitintelligenz*, Peoplebuilding-Verlag, Geretsried 2011

Stichwortverzeichnis